Hans Werner Dannowski

Klosterfahrten

Hans Werner Dannowski

Klosterfahrten

Zwischen Harz und Heide,
Weser und Leine

schlütersche

Bibliografische Information Der Deutschen Bibliothek
Die Deutsche Bibliothek verzeichnet diese Publikation in der Deutschen Nationalbibliografie; detaillierte bibliografische Daten sind im Internet über http://dnb.ddb.de abrufbar.

ISBN 3-87706-696-8

Anschrift des Autors

Hans Werner Dannowski
Kaiser-Wilhelm-Straße 18
30559 Hannover

© 2003   Schlütersche GmbH & Co. KG, Verlag und Druckerei,
         Hans-Böckler-Allee 7, 30173 Hannover

Umschlaggestaltung: Kerker + Baum GbR, Hannover
Satz u. Gestaltung: Schlütersche GmbH & Co. KG, Verlag und Druckerei
Druck und Bindung: Druckhaus „Thomas Müntzer" GmbH, Bad Langensalza

Inhalt

Einleitung

Dies ist ein Buch, das aus der Freude an der reichen norddeutschen Klosterlandschaft zwischen Weser, Harz und Heide geschrieben ist. Alle diese Klöster sind, wenn man ein Auto hat, in einem Tagesausflug von Hannover zu erreichen. Die sechs Heideklöster gehören dazu (Ebstorf, Isenhagen, Lüne, Medingen, Walsrode, Wienhausen), die fünf Calenberger Klöster (Barsinghausen, Mariensee, Marienwerder, Wennigsen, Wülfinghausen). Die drei Klöster, die in der Verfassung der Ev.-luth. Landeskirche Hannovers auftauchen (Amelungsborn, Bursfelde, Loccum) und das Gethsemanekloster in Riechenberg. Als Beispiel eines katholischen Klosters war mir Marienrode wichtig. Das nicht mehr zu Niedersachsen gehörende Kloster Corvey habe ich wegen seiner Bedeutung für den gesamten norddeutschen Raum hinzugenommen.

Es gibt bekanntere und unbekanntere Klöster. Zu den bekannteren gehören die Heideklöster, die mit ihren Kunstschätzen jedes Jahr größere Besucherströme anziehen. Sie wirken vielfach für sich selbst. Ich habe mich daher entschlossen, den unbekannteren, oft kleineren Klöstern einen umfangreicheren Platz einzuräumen. Ausnahmen (Corvey, Loccum, Wienhausen) bestätigen die Regel.

Ohne dass ich es beabsichtigt hatte, ist dieses Buch ein kleines Loblied auf die Arbeit der Klosterkammer in Hannover geworden. Eine weise Entscheidung der klugen Herzogin Elisabeth von Calenberg ist es 1542 gewesen, das ehemals kirchliche Vermögen nicht in die allgemeine Staatskasse hinein zu konfiszieren, sondern im »Allgemeinen Hannoverschen Klosterfonds« in eine gesonderte Verwaltung zu nehmen. Die Weiterentwicklung ist dann ein längerer Prozess. 1818 ist die Klosterkammer Hannover feierlich konstituiert. Es ist nicht hoch genug zu veranschlagen, wie segensreich und wichtig die Klosterkammer nicht nur bei der Erhaltung des vielfältigen kulturellen Erbes der Klöster gewirkt hat, sondern auch bei der Revitalisierung ihrer geistigen und geistlichen Substanz. Nicht überall kommt es in den Einzelkapiteln heraus, deshalb sei hier gesondert und nachdrücklich noch einmal darauf hingewiesen. Die Arbeit der Klosterkammer verdient einen vollen Dank.

Damit bin ich bei den Danksagungen angelangt. Den vielen Gesprächspartnerinnen in den Klöstern möchte ich danken für ihre Bereitschaft, mich ohne Vorbehalte und Reserven zu empfangen und mit mir zu reden. Dieses Buch wäre ohne diese Gespräche nicht zu schreiben gewesen.

Linde Sturm, meine ehemalige Sekretärin, hat wieder einmal meine unleserliche Handschrift in lesbare Schreibmaschinenschrift und in Disketten verwandelt. Für ihre unerschöpfbare Begleitung und Beratung meiner Arbeit sage ich ihr von Herzen Dank.

Christian Pietsch von der Klosterkammer Hannover danke ich, dass er den Text auf grobe Irrtümer hin durchgesehen hat. Die trotzdem sicher verbliebenen Versehen und Fehler gehen natürlich ganz auf mein Konto. Meinem Lektor Hans Martin Ulrich und dem Hersteller Heiner Niens, beide in der Schlüterschen, Hannover, danke ich für ihre einfühlsame Beratung.

Dies Buch widme ich Edith Dannowski, meiner Frau, die mich auf vielen der Klosterfahrten – mit eigener Freude und mit eigenem Gewinn – begleitet hat.

Hannover, im August 2002   Hans Werner Dannowski

»Horstet über der Leine«

Das Kloster Marienwerder

Eine leise Erregung spüre ich, wenn ich vor einem Kloster stehe. Mir ist, als würde ich etwas verpassen, wenn ich nicht sofort durch die Klosterpforte oder in die Kirche gehe. Vielleicht startet gerade eine Führung, und es ist vielleicht die letzte an diesem Tag.

Ich gehe langsam auf dem Fußweg an der Leine entlang, schaue auf die Südfront des Klosters Marienwerder, und sofort ist diese innere Erregung wieder da. Dabei weiß ich längst, dass es im Kloster Marienwerder keine festgesetzten Führungszeiten gibt. Ist es die Ahnung von der großen Bedeutung, die die Klöster für die Geschichte unseres Landes und für die Geschichte Europas haben? Die verborgen in mir schlummert und beim Anblick eines Klosters vorsichtig, aber unaufhaltsam ins Bewusstsein steigt? Das, was wir europäische Geschichte nennen, hat der Historiker Otto Borst geschrieben, ist ohne die klösterliche Elite des Mittelalters überhaupt nicht zu verstehen. Das Kernideal des mönchischen Lebens, die vita apostolica, so wie Christus und die Apostel zu leben in Demut, Enthaltsamkeit und Askese, habe schon die Spätantike und erst recht das Mittelalter in seinem Hang zu Reichtum und Ausschweifungen ins Mark getroffen.

Eine wahnsinnige Spannung ist es, das Leben als eine Pilgerschaft zur himmlischen Heimat zu verstehen, auf die man sich mit moralischer Disziplin und ständigem Gebet rüsten müsse. Und diese Wanderschaft in einer lokalen Klausur zu praktizieren, an einem geschlossenen Ort hinter einer Klostermauer, den man nicht verlassen darf. Als eine geistige Himmelsreise, die den Körper mitzunehmen versucht, so stelle ich mir das vor.

Den Bezug zur Wirklichkeit haben die Klöster darüber nicht verloren. Nicht nur die Künste, die Wissenschaften und die Philosophie lagen in den Händen der Mönche. Sie haben Wälder gerodet und Sümpfe ausgetrocknet, haben Brücken und Straßen gebaut und den Weinanbau veredelt. Die Konversen, die Laienbrüder und Laienschwestern, haben die Arbeiten geleistet, die außerhalb des Klosters nötig waren.

Die wissenschaftlich-technische Führungsrolle einzelner Orden wie der Zisterzienser ist unbestritten. Die Polemik Martin Luthers gegen das Klosterwesen hat dieses, in der eigenen Glaubensbiographie als Augustinermönch erlitten und durchlebt, in seiner theologischen Verfallsform, in seiner Werkgerechtigkeit vor Augen. Wir können uns heute unbefangener den Klöstern nähern, denke ich. Den Mönch in mir und in unserer gemeinsamen Geschichte kann ich und will ich nicht länger unterdrücken.

Die heile Welt dort hinter den Klostermauern war damals und ist heute nicht zu erwarten, vermute ich. Die kleine Geschichte aus dem Mittelalter hat mich immer schon erheitert. Der Besucher einer Stadt wundert sich, dass so wenig Teufel vor dem Rathaus anzutreffen sind. Die seien alle vor den Kirchen und vor den Klöstern, bekommt er zur Antwort. Im Kestner-Museum in Hannover ist ein kleines Löwen-Aquamanile aus dem 13. Jahrhundert zu sehen. Der Gießlöwe, mit dem der Priester die zeremonielle Handwaschung bei der Messe vollzogen hat, verschlingt gerade einen Mönch. »Seid nüchtern und wachet«, haben die Mönche und Nonnen jeden Abend in der Complet gesungen, »denn euer Widersacher, der Teufel, geht umher wie ein brüllender Löwe und sucht, wen er verschlinge«. Wer sich ganz einsetzt, ist doppelt gefährdet. Die Verfallszeiten der Klöster kommen nicht von ungefähr. Aber es ist gerade auch dieser Spannungsbogen des gewagten Lebens, der mich reizt.

Noch immer schlendere ich auf dem Fußweg an der Leine auf und ab, schaue aus der Ferne, von der Fußgängerbrücke über die Leine, und aus der Nähe auf das Kloster. Die Leine mäandert hier gewaltig, wird geradezu nach der größten Nähe vom Kloster wieder weggeführt. Fast ein Steilufer hat sie im Augenblick. Die Wurzeln der Bäume sind ausgespült, man kann sich vorstellen, wie bei der Schneeschmelze im Harz das Wasser steigt und die Wiesen überschwemmt. 1196 ist das Kloster Marienwerder gegründet worden. Ob als Augustiner-Chorherrenstift zunächst, wie Nachrichten aus dem späten Mittelalter besagen, oder als Doppelkloster von Mönchen und Nonnen, wie damals vielfach üblich (H. Otte), das mag offen bleiben. Jedenfalls sind zwanzig Jahre später, ab 1216 nur noch die Nonnen als Augustinerinnen da.

Als Hauskloster der Grafen von Roden ist Marienwerder gegründet worden. Graf Konrad I. hat es aus seinem Familienbesitz mit Ländereien gut versorgt. Das Kloster ist natürlich auch die Grablege der gräflichen Familie gewesen, die eine Zeitlang auf einer Burg in Limmer gesessen hat. Das Begräbnisdatum des Enkels des Klosterstifters in Marienwerder, des Grafen Konrad III., wissen wir mit dem 23. August 1239 sogar auf den Tag genau. Aber die in der entsprechenden Literatur verbreitete Feststellung, die Klöster hätten vorrangig die Aufgabe des Totengedächtnisses (der »memoria«) und der Fürbitte für die lebenden und gestorbenen Stifter und die adligen Verwandten gehabt, scheint mir sehr einseitig und eine Auswirkung der protestantischen Polemik gegen das Klosterwesen zu sein. Sie verkennt die Wucht der spirituellen Aufbruchstimmung des mönchischen Ideals, auch und gerade im 12. und 13. Jahrhundert.

Jede Woche ist in den Klöstern der Augustiner und Augustinerinnen die gesamte Regel des Hl. Augustinus verlesen worden, die die Nonnen und Mönche als »Liebhaber der geistigen Schönheit« beschreibt. Den »Wohlgeruch Christi« sollen sie durch ihren »guten Wandel« verbreiten, »nicht in Sklaverei unter dem Gesetz, sondern wie Freie unter der Gnade« (Zweite Regel, Zwölftes Kapitel). Der aufrechte Gang wird, wenn Gott Gnade gibt, in den Klöstern in einem lebenslangen Exerzitium eingeübt.

Dies gilt anscheinend in besonderer Weise für die Frauenklöster. Erst allmählich kommt in unser Bewusstsein, dass die mittelalterlichen Frauenstifte eine erste Welle der Emanzipation der Frauen erlebt haben. Nicht nur die großen Frauengestalten, die heute viele Menschen beschäftigen, wie die Benediktinerin Hildegard von Bingen (1098-1179) oder die Begine Mechthild von Magdeburg (1212-1280) meine ich damit. Auf breiter Linie setzt offenbar eine Entwicklung ein, die den Beitrag der Frauen zur Kulturgeschichte der Neuzeit unübersehbar und unentbehrlich macht. In dieser Tradition kann sicher auch Elisabeth von Calenberg gesehen werden.

Die Bedeutung der Frauenklöster auch für die Entwicklung der deutschen Sprache kommt mir in den Sinn. Heinz Schlaffer hat es in seiner »Kurzen Geschichte der deutschen Literatur« (2002) schön herausgestellt. Die Sprache der gelehrten Welt und vor allem des Klerus war Latein. Das konnte nicht die Sprache der Frauen sein, die keinen Zugang zu den Lateinschulen und zu den Universitäten hatten. Wollte man von den anspruchsvollen Gläubigen und von den gelehrten Laien verstanden werden – und die meisten von ihnen saßen in den Klöstern –, dann mussten auch die gelehrten Männer das Hochdeutsche oder das Niederdeutsche reden. So ist schon im 12. Jahrhundert das »St. Trudperter Hohe Lied« in der Volkssprache geschrieben: Ein Seelsorger spricht zu den ihm anvertrauen Nonnen. Meister Eckharts Schriften sind für den Klerus lateinisch, für die Erbauung der Laien deutsch geschrieben.

Noch immer hoffe ich, dass eines Tages ein Archivar eine Schrift der »Jungfrau Langhage« auffindet, die um 1278 Nonne im Kloster Marienwerder war und durch ihre Schriftstellerei weithin bekannt geworden ist. Ich bin überzeugt, sie hat in niederdeutsch geschrieben. Auch an den unterschiedlichen Sprachen der Grabsteine und Epitaphien, lateinisch für die Kleriker, niederdeutsch für die Nonnen und die Laien, wird man das alles feststellen können. Martin Luther konnte mit seiner deutschen Bibelübersetzung in ihrer Breitenwirkung auf die bauen, die durch die Schule der Klöster gegangen waren. Es ist kein Widerspruch dazu, denke ich, wenn sich der Konvent von Marienwerder kräftig zur Wehr setzte, dass im Jahr 1626 – also schon weit in reformatorischen Zeiten – durch ein Dekret des Landesherren die lateinische Sprache bei den Stundengebeten durch die deutsche Sprache ersetzt werden sollte. Die Macht der Gewohnheit bei der Rezitation der ständig wiederholten und vertrauten Psalmentexte sitzt immer tief. Das Lebensgefühl war sicherlich längst ein anderes geworden.

Noch immer umkreise ich das Kloster. Die besten Gedanken kommen mir sowieso am Schreibtisch und beim Gehen. Man darf sich nicht verleiten lassen, denke ich, vom geparkten Auto in der kleinen Stichstraße »Am Quantelholz« direkt in das Kloster hineinzumarschieren. Man muss das Kloster von der Leine aus studieren. Diese hohe Rationalität der Kloster-architektur, die man – mit typischen Varianten – bei jedem Kloster wieder finden kann. Diese gedrängten, aufeinander bezogenen Formen. Alles ist mit möglichst kurzen Wegen zu erreichen, ohne auch nur von ferne den Eindruck von Kasernen oder von Schulen zu erwecken. Die Klosterarchitektur ist der sinnliche Ausdruck der zentralen Idee des Klosters: Gemeinschaft. Die Regel des Augustinus legt darauf einen ganz besonderen Akzent. »Das erste Ziel eures gemeinschaftlichen Lebens ist, in Eintracht zusammenzuwirken und ein Herz und eine Seele in Gott zu haben« (Zweite Regel, Erstes Kapitel). Und die in Jahrhunderten gewachsene Rationalität der Formen und Bewegungen ist zu einem Hauptmerkmal des klösterlichen Lebens geworden. Max Weber hat den mittelalterlichen Mönch als den »ersten rational lebenden Menschen« bezeichnet.

Dabei stammen die Gebäude, die ich von der Leine aus in ihrer ganzen Breite sehe, nicht aus der Frühzeit des Klosters, aus dem Mittelalter. Ja, Ulfrid M., der gerade an einem neuen Führer über das Kloster und die Klosterkirche Marienwerder arbeitet, ist sogar der Meinung, dass das ursprüngliche Kloster gar nicht an dieser Stelle gestanden hat. Möglicherweise ist es, bis zu seiner weitgehenden Zerstörung im Dreißigjährigen Krieg und dem zweiten Großbrand im Jahr 1687, auf der anderen Seite der Kirche, auf der Nordseite gewesen. Wie wäre es sonst zu erklären, dass bei dem ersten Großbrand im Jahr 1335 mit dem Kloster das Nordschiff der Kirche eingeäschert worden ist, das dann – bis zum heutigen Tage – nicht wieder aufgebaut wurde. Der Rote Hahn wird doch nicht von Süden über die Kirche hinübergesprungen sein, um nur das Nordschiff zu versehren. Kloster und Klostergut hätten dann auch viel enger beieinander gelegen.

Jedenfalls: Als es um die Wiederherstellung des Klosters ging, baute man es im Süden der Kirche wieder auf. Von meinem Standort aus kann ich die verschiedenen Stadien gut auseinanderhalten. Links der schlichte Südflügel, der direkt nach dem Brand im Jahr 1688 gebaut worden ist. Die schönen Dachgauben sind erst in den siebziger und neunziger Jahre des 20. Jahrhunderts bei den grundlegenden Umbauten des Traktes zu einem Pflegeheim eingesetzt. Den im gleichen Jahr und im gleichen Stil gebauten Westflügel kann ich von hier nicht sehen. Deutlich hebt sich der 1704 gebaute Mittelflügel ab, in dem jetzt die Wohnung der Äbtissin ist. Noch später, 1721, ist der zwei- bis dreistöckige Ostflügel gebaut, in dem sich die meisten Wohnungen der Konventualinnen befinden. Hoch setzt rechts die untere Fensterreihe an, um die Schräge des abfallenden Geländes auszugleichen. Ein schön gegliedertes Ensemble ist das Kloster. Die Kirche mit dem Turm und dem Dachreiter schaut von Norden her knapp herüber.

Eine letzte geistige Dimension will ich auf meinen Gängen an der Leine entlang noch zu erfassen suchen. Untrennbar ist das Kloster Marienwerder, schon von seinen Ursprüngen her mit dem vorbeifließenden Wasser verbunden. Da gibt es die Legende, dass ein Fischer oder ein Flussschiffer eben an dieser Stelle am Ufer der Leine ein hölzernes Marienbild aufgefunden habe. Dies sei das göttliche Zeichen zur Gründung eines Klosters an diesem Ort gewesen. Überall gibt es bei den Klöstern solche Gründungslegenden, und wo man sie nicht mehr weiß, da sind sie sicher verlorengegangen. Von mythischem Denken ist das ganze Mittelalter durchdrungen. Der von der Landschaft oder der Umgebung günstige Ort zur Gründung eines Klosters scheint sekundär zu sein. Eine Ursprungsgeschichte wird erzählt, die die Gegenwart dieses Klosters bis in alle Zukunft hier bestimmt. Ein heiliger Ort ist damit ausgewiesen, von der Profanität des Raumes und der Geschichte ist er ausgegrenzt. »Fürwahr, der Herr ist an dieser Stätte, und ich wusste es nicht!« (1. Mose 28, 16). Die Zeit- und die Raumstruktur bekommen Löcher, die Ewigkeit schaut herein.

Natürlich muss dann das Kloster und der spätere Ort nach Maria benannt werden. »Werder« kann nach dem »Brockhaus« eine Flussinsel heißen (»Nonnenwerth im Rhein«). Als »Werder« kann auch eine trockengelegte Landschaft zwischen den Flüssen angesehen werden (»Danziger Werder«). Das Mittelalter ist offensichtlich davon ausgegangen, dass das Kloster einmal auf einer Leineinsel stand. »Insula Sanctae Mariae« ist seine ständige Bezeichnung. Unsinn, sagen die Geologen. Der Ton und das Mergelgestein, auf dem das Kloster steht, ist derart hart und fest, dass die Leine gehindert wird, näher an diesen Ort heranzukommen und bald nach Süden und dann nach Südwesten abgeleitet wird. Trotz aller Überflutungen der Wiesen und des Parks ist das Kloster und der dahinterliegende Teil auf einem absolut trockenen Ort angelegt. Allenfalls von einer Halbinsel könne man reden. Die Glaubensgeschichte des heiligen Ortes hat eben ihre eigene Topographie. Mit Reliquien, wie Teilen des Rockes und des Haares der Hl. Jungfrau, ist die herausragende Bedeutung des Klosters Marienwerder unterstrichen. Der Wunderglaube lebt von der Entgrenzung. Der Wallfahrtsort entwickelt seine eigene Suggestion.

Ich gehe zum Portal am Eingang der Klosterkirche hinüber. Zur 800-Jahr-Feier des Klosters 1996 ist die Bronzetür gestiftet und angefertigt worden. In sechs Bildern ist die Geistesgeschichte des Klosters in die Gegenständlichkeit gehoben. Die beiden oberen Felder, gestaltet von Karl Wientzek, drücken die Glaubenserfahrung der Jahrhunderte aus. Die drei

Kloster Marienwerder – gegründet 1196.

15

Gestalten unter dem Kreuz, wird mir erklärt, heben die Spaltung der einen Gemeinschaft in die römische, die protestantische, die orthodoxe Kirche ins Bewusstsein. »Auf dass sie alle eins seien« (Johannes 17): Ist das Wunsch oder Wirklichkeit? Auf jeden Fall Existenz pur der Kirche unter dem Kreuz. Die Ausgießung des göttlichen Geistes daneben enthebt das Ereignis der bestimmten geschichtlichen Situation. Ist Hinweis auf die Kraft von oben, die in allen Menchen wirksam werden kann.

Die beiden unteren Felder, Siegfried Zimmermann hat sie (zusammen mit den Türgriffen) geschaffen, greifen in eindrucksvoller Plastizität die Sorge um den Menschen auf. Die Welt wird durch Barmherzigkeit zusammengehalten, das wird so bleiben. Die Achtung vor den Kindern, die aufmerksame Begleitung der alten und der kranken Menschen gehört essentiell dazu. Mein Auge bleibt an der kleinen Szene auf dem rechten unteren Bild hängen: Ein Bauer gräbt um einen Baum herum. »Herr, lass ihn noch dies Jahr, bis ich um ihn grabe und ihn dünge« (Lukas 13, 8). Das ist die Quintessenz der Geduld Gottes mit den Menschen, die der Hinwendung der Liebe den langen Atem gibt.

In der Mitte der Bronzetür dann die beiden Bilder, die ich im Augenblick hier suche. Der eine Fischer kniet vor dem angeschwemmten Marienbild, das der Künstler wie ein Holzrelief gesehen hat. Das göttliche Zeichen für den besonderen Ort ist das, aus dem dann (rechts) das Kloster mit den Häusern des hannoverschen Vorortes Marienwerder wird. Die Leine hat Helge Michael Breig wie einen reißenden Gebirgsbach gestaltet. Sozusagen aus dem Fluss ist das Kloster Marienwerder herausgestiegen. »Das Kloster horstet über der Leine«, wird Pastor Gerd B. sagen, als ich mit ihm auf den Turm der Kirche mit dem achteckigen Dachreiter steige und durch die Luke schaue. Auch aus dem Fenster des Bibelzentrums kann man weit über die Landschaft sehen. Da unten nimmt die Leine in dem tief ausgeschnittenen Flussbett seit Jahrtausenden ihren häufig wechselnden, aber nie aufhörenden Lauf.

Eine Stunde der Entspannung, ein Gang durch den Hinüberschen Garten scheint mir angesagt. Dagmar A., die das inte-

16

ressante Buch »Heute in Marienwerder« herausgegeben hat, begleitet mich mit dem Fahrrad, fährt voraus und hinterher. Sie macht mich auf dieses und jenes aufmerksam, was ich sonst übersehen hätte. Jobst Anton von Hinüber (1718-84), seit 1760 Amtmann des Klostergutes Marienwerder, hat nach seiner zweiten Englandreise 1766 nach den Vorbildern des Windsor Parks und der Kew Gardens, diesen Landschaftspark angelegt. Sein Bildnis zeigt einen eleganten, schlanken Herrn im Stile des Rokoko, und so elegant und stilvoll ist auch der Park. Geschickt hat er Naturelemente wie die (seltenen) aufgewehten Binnendünen und die kleinen Wäldchen (Quantelholz) mit eigenen Landschaftsgestaltungen (Wegen, Teichen, Perspektiven, Bauten) kombiniert. Als das Musterbeispiel eines »sentimentalen Gartens« hat der Gartentheoretiker Hirschfeld den Park sehr zutreffend in seiner »Theorie der Gartenkunst« gewürdigt (1783). Die näheren Beschreibungen sind überschwänglich, der emotionale Überdruck des »Sturm und Drang« lässt grüßen (1774 ist Goethes »Werther« erschienen). Der Park in Marienwerder sei ein Hort der Empfindungen wie »Heiterkeit, Freude, sanfte Melancholie, süße Schwermut, Liebe der Ruhe und der Einsamkeit, der Freundschaft und der Tugend, Vergessenheit der Sorgen, Erhebung über die Thorheit des Lebens und selbst ein Vorgefühl der Scenen einer noch schöneren Welt«.

Gleich neben der Klosterkirche und dem Eingang beginnt der Park. Der frühere Standort des stattlichen Amtmannhauses, das 1907 leider abgerissen worden ist, ist mit ein paar Steinen markiert. Gleich links der erste Sandhügel, in dem im Krieg der Bunker für Marienwerder war, rechts der Teich mit der kleinen Blumeninsel. Dagmar A. führt mich auf den Hügel zu den Resten des Druidenaltars. Vier Findlinge von erheblichem Umfang hat Jobst Anton von Hinüber hier zusammenkarren lassen. Ich beginne, leise vor mich hin zu schmunzeln. Sentimental: Das heißt auch ein spielerischer Umgang mit der Religion. In den Tagen, in denen ich in Marienwerder bin, ist gerade in der Universitäts-Bibliothek von Leipzig eine Ausstellung über die Religion der Kelten zu besichtigen. »Fromm, fremd, barbarisch« ist ihr Titel. An die Menschenopfer auf dem Druidenaltar hat von Hinüber wahrscheinlich nur nebenher gedacht.

Zu diesem sentimentalen Umgang mit den Religionen gehört der schlichte ägyptische Obelisk auf dem Glockenberg jenseits der Garbsener Landstraße. Das kleine Häuschen der Einsiedelei ist verschwunden, wie auch der fiktive Friedhof und der chinesische Pavillon. Aber die »Hexenküche« ist noch da, auf die man seit der EXPO auch hinaufsteigen kann, mit dem weiten Blick über die Wiesen. Ein Suchspiel legt sich nahe, nicht so sehr nach den Frauen auf dem Besenstiel, als vielmehr nach den Bruchstücken von alten Kirchen, die vom Sakramentshäuschen bis zu Skulpturen dort vermauert sind. Direkt neben dem Kloster also ein Umgang mit Religion, den man synkretistisch nennen könnte, wenn er nicht vor allem eben – sentimental und heiter wäre.

Zur Leine hin, im Quantelholz, zeigt mir Dagmar A. in der Lücke der Baumkronen, wo einmal die Tausendjährige Eiche stand. Die also schon da war, als es das Kloster noch gar nicht gab. Quanteln seien die Ureinwohner von Marienwerder, die Stockenten, sagt sie auf meine Frage. Auf den rosa und violett und weiß blühenden Lerchensporn macht sie mich aufmerksam, der Aronstab kommt erst später.

Überschwemmungsgebiet ist das hier im Quantelholz. Ich frage, ob man in Marienwerder viel mit Mücken und Fliegen zu tun habe, so dicht am Wasser. Die berühmte Stelle aus dem »Hortus deliciarum« der fleißigen »Biene im Lustgarten der Scholastik«, der Benediktinerin Herrad von Hohenburg schießt mir gerade durch den Kopf (1178-96 ist sie im Kloster Hohenburg bei Straßburg Äbtissin gewesen). Die Rolle der Fliegen und Mücken im Schöpfungswerk Gottes hat sie dahingehend bestimmt, die Menschen wegen ihrer Überheblichkeit zu züchtigen. Aber nein, darüber haben die Nonnen in Marienwerder nicht nachzudenken gehabt. Der häufige Wind vertreibe diese Ausführungsorgane himmlischer Bestrafung.

Noch ein letzter langer Blick auf das Kloster von dem schlichten Gedenkstein der Cecilie von Issendorf, die mit 19 Jahren durch einen Unfall mit ihrem Pferd 1818 hier verunglückt ist. Von dem erhöhten Standort kann man alles wunderbar überschauen. Dann ist es wirklich an der Zeit, das Kloster zu betreten.

Die Tür zum Kloster wirkt sehr geschlossen. Man sollte sich davon nicht beirren lassen: Offen ist sie, die Eingangshalle und der rechte Klostergang sind tagsüber frei zugänglich für die Besucher, die das Kloster anlockt. Die Kirche ist leider nur an Sonntagen und zu verabredeten Führungszeiten zu besichtigen. Es ist ein herrlicher Frühlingstag, aber die Kälte des Winters steckt noch voll in den Klostermauern. Hustend, von einer starken Erkältung gezeichnet, kommt mir der Gemeindepastor entgegen: Bei der Eröffnung der Osterausstellung im Klostergang habe er den Mantel zu lange ausgezogen. Auch ich bin viel zu leicht bekleidet und beschränke mich darauf, im hinteren Klostergang die mittelalterlichen Grabplatten anzuschauen.

Mir gefallen immer wieder die alten Ritzzeichnungen der frühen Kunst, besonders, wenn der Verstorbene mit dem Gesicht seiner Auferstehung erscheint. Die Namen von Alten tauchen dreimal auf, einmal von Heimburg: Hannoversche Adelsgeschlechter, die am Ende des Mittelalters das Privileg hatten, sich in Marienwerder beerdigen zu lassen. Dort, wo ihre Schwestern und Töchter im Klosterkonvent waren und in geschwisterlicher Gemeinschaft den Lobpreis Gottes sangen. Familienzusammenführung zu guter Letzt. Kalt ist es in den Klöstern, denke ich. Aber die Äbtissin wird mir später sagen, dass die kühle Temperatur im Kloster (bei geheizten Zimmern natürlich) offenbar lebensfördernd wirkt. Das Durchschnittsalter im Pflegeheim sei knapp unter 90 Jahren.

Beim nächsten Besuch sitze ich lange in der Kirche, betrachte alles sehr genau, und lasse die Jahrhunderte an mir vorüberziehen. Den Blick nach vorne nimmt die niederdeutsche Kreuzigungsgruppe auf dem Triumphbalken aus dem späten 13. Jahrhundert gefangen. Maria steht auf dem Drachen, die neue Eva ist sie, das Böse ist besiegt. Den Johannes mit dem nachdenklichen Gesicht und der sinnend erhobenen Hand liebe ich besonders. Die Glasfenster im Chor sind aus dem Jahr 1898, und die alt- und neutestamentlichen Geschichten, auch gerade in ihrem wechselseitigem Bezug zu entziffern, ist ein lohnendes Unterfangen. Aus der gleichen Zeit stammt auch die Ausmalung des Chors mit der großen Gestalt des Weltenrichters.

Vor 150 Jahren wäre ich hier, in der Mitte des Kirchenschiffes, unter einer Empore gewesen. Die Nonnenempore reichte von hinten über das ganze Hauptschiff bis zur Vierung hin. Der Zustrom der Frauen nach Marienwerder, das am Ende des Mittelalters immer mehr zum »Hauskloster der stadt-hannoverschen Oberschicht« wurde (M. Hamann), muss zeitweise gewaltig gewesen sein. Ein numerus clausus musste eingeführt werden, die Höchstzahl der Nonnen (ohne die Konversen) wurde auf 60 begrenzt. Platz mussten sie alle finden auf der Empore, die wahrscheinlich ursprünglich in Holz gehalten, dann ab 1476 eine mit gewölbten Ziegeln auf vier Backstein-Stützen ruhende gewaltige Konstruktion in der Kirche war. Der »Nonnenstein«, der mit einem Hinweis auf das Gründungsjahr des Klosters 1196 das Baujahr der Empore 1476 angibt, ist hinten in der Kirche, in der Westwand eingemauert.

Sechs Gebetsgottesdienste (Horen), die nahezu nur aus Psalmen und biblischen Lesungen bestanden, sah die Regel des Augustinus täglich vor. Mit der Matutin, zum Sonnenaufgang, also oft um 6.00 Uhr morgens, begann der Tag. »Meine Seele ist stille zu Gott, der mir hilft«: Mit Psalm 62 fing das Tagewerk an. Nach drei Stunden die Terz, dann die Sext, die Non. Nach dem Essen, das am späten Nachmittag offenbar eingenommen wird, die Vesper, und vor dem Schlafengehen am späten Abend die Nokturn. Am Vormittag wird gearbeitet, zwischen Sext und Non gelesen und meditiert, dann wieder gearbeitet. Zwischen Vesper und Nokturn werden die Lektionen gelesen und die Instruktionen vorgetragen.

Das Klosterleben in Marienwerder scheint im allgemeinen in guter Disziplin verlaufen zu sein. Als im Zuge der Windsheimer Reformbewegung der Visitator Johannes Busch, von dem ich bei den anderen Calenberger Klöstern noch viel zu erzählen habe, das Kloster Marienwerder besucht, findet er nicht allzu viel auszusetzen. Wohlwollender und besser zu behandeln als die Nonnen der anderen Klöster seien die in Marienwerder, schreibt Busch in seinem Visitationsbericht. »Da sie sämtlich von guter Herkunft waren, willigten sie schneller in die Reformation ein«. Nachhilfeunterricht in den Zeremonien des Ordens und des Gottesdienstes und im Singen erteilt ihnen Johannes Busch. Eine einzige Nonne widersetzt sich und verlässt nach heftigem Widerspruch von der Empore herab das Kloster. Ihre leibliche Schwester bleibt und wird in Marienwerder bald Priorin.

Auch die Reformation Martin Luthers ist solch ein fließender Übergang. Es wird kein Zwang gebraucht, die Frauen können bleiben oder können gehen, die einen tun dies, die anderen das. Aber den Klöstern ist mit der Reformation der theologische Impuls genommen. Der Schwerpunkt wandert von der vita contemplativa zur vita actica, und die vollzieht sich außerhalb der Klöster. Das Auf und Ab der Klostergeschichte seit dem 16. Jahrhundert werde ich besser an den anderen Klöstern schildern. In Marienwerder wird das Kloster, bei Aufrechterhaltung des Ideals einer christlichen Lebensgemeinschaft immer mehr nahezu ausschließlich zu einer Versorgungsanstalt der »hübschen Familien«, der führenden Kreise in Hannover. Die Zahlen nehmen ab, die individuellen Lebensformen wie abgeschlossene Wohnungen nehmen zu. Bemerkenswerte Frauen gibt es weiter.

Da ist die Domina (so heißt die Äbtissin jetzt) Sophia von Holle, die sich in den Verwüstungen des Dreißigjährigen Krieges mit den letzten vier Konventualinnen, die ausgeharrt haben, in den Marienwerder Hof in der Burgstraße von Hannover rettet. Bewegend hat sie über die Nöte der Zeit geschrieben. Ihr schlichtes Epitaph steht – der prächtigen Grabtafel der Priorin Clara Eleonore von Ilten gegenüber – im Durchgang von der Kirche zum Klostergang. Die Grabplatte ihres Klosterpastors Mögelke ist im Haupteingang der Kirche angebracht.

Caroline Maria Julia Freiin von Bremer muss ich erwähnen, die 1827 zur Domina des Klosters gewählt wurde und mit ihrem »freiwillig nie« den Abriss der längst weithin funktionslosen Nonnenempore verhinderte, unter der es der immer größer werdenden Gemeinde (der Ort Stöcken gehörte damals auch dazu) an Licht und Luft sehr mangelte. Dabei wohnte die Domina überwiegend in Hannover. Erst nach ihrem Tod, bei der großen Kirchenrenovierung der Jahre 1858-61 unter der Leitung des hannoverschen Baurats Conrad Wilhelm Hase ist die Empore abgerissen und durch die kleine Westempore, auf der die Orgel steht, ersetzt. Hase hat natürlich alles untersucht und soll die gotische Wölbung über dem romanischen Schiff für ursprünglich gehalten haben. Die archaischen Buckel der einzelnen Gewölbe, die ich mit Pastor Gerd B. auf dem Kirchendach mir anschaue, kommen in der Tat von ganz weit her.

Beim Verlassen der Kirche werfe ich noch einen Blick auf die Damenempore rechts im Südschiff, die früher einmal die Empore der Mägde war. Ein schlichter Apostelaltar steht dort; die Hälfte der Apostelfiguren soll noch aus dem Mittelalter stammen. Im Klostergang halten mich lange die Epitaphien aus der späteren Klosterzeit fest. Die Grabplatte des Dietrich von Reden (gest. 1541), der mit seiner Frau und drei Kindern unter dem Kreuz kniet, das Schriftband weht in kühnem Schwung vom Kreuz herab (an der Querhauswand). Das Epitaph der Agatha Mecken (gest. 1564) mit der schönen niederdeutschen Inschrift »Christus is min Levendt undt Starven is min Gewinst«. Der Grabstein der Konventualin Marie Klara Gerber mit Klostertracht, Andachtsbuch, Rosen und Schleier (gestorben durch einen Unglücksfall 1699).

Den Namen Anna Blume hat Kurt Schwitters vielleicht von dem Epitaph der Ehefrau Anna Dorothea Blume aufgenommen (gest. 1725), das damals noch an der Außenwand des Turmes stand. Die Transformation in eine ganz andere Welterfahrung hat Schwitters mit seinem bekanntesten Gedicht vorgenommen, Liebeswahnsinn mit Banalität gemischt. »O du Geliebte meiner siebenundzwanzig Sinne, ich liebe dir!« Der hohe Ton der Liebeslyrik wird radikal demontiert. Die leise Heiterkeit muss man im Hintergrund erst finden.

Ich gehe dann auch noch eine Weile auf dem Klosterfriedhof hinter der Kirche auf und ab.

»Chanoinessen« haben sich die Konventualinnen einige Jahrzehnte französisch elegant genannt, die Sprache der gebildeten Kreise zieht spät in das Kloster ein. Die reformatorischen Kirchen sind den Klöstern vieles schuldig geblieben, denke ich. Die Ortsbestimmungen, die nachdrückliche Förderung, vor allem die Visionen blieben aus. Aber die Klöster sind im niedersächsischen Bereich noch da, das ist das Verdienst all der Frauen, die hier liegen und einer ewigen Bestimmung entgegenschlafen. »Instandbesetzer« seien sie, hat die jetzige Äbtissin gemeint. Bewahrerinnen eines Erbes, das sich über seinen Bestand unsicher geworden ist. Aber seit Jahrzehnten regt sich – vorsichtig – neues Leben in den Klöstern unseres Landes.

Bevor ich mich ganz der Gegenwart im Kloster von Marienwerder stelle, fahre ich in das Kestner-Museum in Hannover. Wenn ich gewusst hätte, welche Mühe ich dem Direktor, Wolfgang S., mit meinem Wunsch mache, die drei Antependien aus Marienwerder anzuschauen, ich hätte die Bitte wahrscheinlich nicht geäußert. Aus einem hohen Regal des Textilmagazins muss das älteste Antependium, von zwei Männern auf hohen Leitern, vorsichtig herabgehievt werden. Das zweite Antependium wird, in dünnes Pergamentpapier gewickelt, sorgfältig aus – und später wieder eingepackt. Beim dritten, dem größten Antependium, das nach den Photographien in einem schlechten Erhaltungszustand ist, verzichte ich – zur Erleichterung der Anwesenden – auf den Besichtigungswunsch. Die Kunsthistorikerin Anette B. ist ständig dabei, die Restauratorin Sigrid M. schaut von Zeit zu Zeit herein, damit nichts passiert.

Aber welche Schätze sind im Magazin des Kestner-Museums verborgen! Das Antependium aus dem 14. Jahrhundert begeistert mich rundrum. Der chinesische Seidendamast leuchtet in einem kräftigen, in keiner Weise verblassten Rot. Mit vergoldeten Silberplättchen ist das ganze Antependium übersät. »Etwas Freudiges« hat der Vorhang, sagt Anette B., und ich pflichte ihr mit Überzeugung bei. In der Mitte des Antependiums Christus in der Mandorla; von den vier Evangelistensymbolen ist er umgeben. In der Darstellung der Tiere sind die Nonnen von Marienwerder an ihre künstlerische Grenze geraten; der Adler des Johannes ist fast zu einem Frosch geworden. Interessanterweise ist die Szene der Verkündigung an Maria weit auseinandergerückt. Links, neben der großen Christusdarstellung, der Engel der Verkündigung. Rechts, neben dem Christusbild, die Maria. Beide, der Engel und Maria stehen, echt norddeutsch, auf einem dreistufigen Backsteinsockel. Besser: Sie schweben darüber, das gibt dieser Darstellung etwas Leichtes, Luftiges.

Das Besondere dieser Teppiche aus Marienwerder ist vor allem die Stickerei mit den kleinen schimmernden Kügelchen. Flussperlen sind es. Da steht dann wieder das Kloster an der Leine vor meinen Augen. Die graugrünen Muscheln mit den Perlen gab es im Mittelalter noch in vielen Flüssen. Eine Kostbarkeit aber waren sie schon damals, und das hing sicher nicht nur mit ihrer komplizierten Genese, die die Muscheln in den Kiementaschen der Bachforellen den Winter überleben ließ, zusammen. Krönungsornate der Könige und Kaiser waren mit Flussperlen bestickt und auch die Messgewänder für die Hochämter des Bischofs. Ein königliches Antependium scheint mir diese Stickerei aus Marienwerder zu sein.

Schlichter ist das andere Antependium: Grüner Samt italienischer Herkunft mit einem Granatapfelmuster, aus dem 15. Jahrhundert. Aber die Stickerei, noch massierter ist jede Figur mit hunderten von Flussperlen gestaltet, hat es in sich. Das große Kreuz in der Mitte, das von oben bis unten reicht, ist mit kleinen Quadraten der Einhornjagd gestaltet. Sieben Darstellungen sind in der Senkrechten zu erkennen, drei in der Waagerechten, abwechselnd seitenverkehrt der Jäger mit Maria und dem Einhorn.

Das Einhorn: Dieses weiße, pferdeähnliche Fabelwesen mit dem einen Horn auf der Stirn, das man schon seit der Antike kannte und von dem man bis ins 17. Jahrhundert glaubte, dass es wirklich existiert. Das Einhorn, das man nach der Legende nur im Schoß einer Jungfrau fangen kann. In christlicher Zeit ist das Einhorn zum Symbol für die Jungfräulichkeit Marias geworden. Genauer: Als Symbol für die Menschwerdung Christi durch die Jungfrau Maria hat sich die alte Geschichte ausgestaltet. Der Erzengel Gabriel habe, als Jäger verkleidet, das Einhorn gejagt, und da habe es sich im Schoße der Jungfrau Maria geborgen. Welche sinnliche Kraft steckt doch in dieser mittelalterlichen Darstellung der Verkündigung an Maria und der Menschwerdung des Gottessohnes. Kein Wunder, dass die Einhornlegende im höfischen Minnesang dann ganz unverholen ihre erotische Kraft entwickelt hat.

Ich sehe die Augustinerinnen von Marienwerder über diesem Teppich sitzen und ihre Stickereien des Jägers mit seiner Lanze und der Maria mit dem Einhorn im Schoß auch mit heiteren Scherzen begleiten. Es ist doch nur unsere Phantasie, dass das mittelalterliche Kloster eine weltentrückte und weltunkundige Einrichtung gewesen sei. Die Antependien von Marienwerder beweisen das Gegenteil. Und das Kestner-Museum sollte unbedingt in die Lage versetzt werden, seine unglaublichen Kunstschätze an Textilien wenigstens von Zeit zu Zeit zu zeigen. Nur weniges davon, wie das große Banklaken mit der Georgsgeschichte aus dem Kloster Lüne, ist oben in der Schausammlung zu sehen.

Dann sitze ich, in ihrer Wohnung, der Äbtissin des Klosters gegenüber. Der Blick geht aus dem Fenster nach Süden in die Obstwiese, von der im Herbst zentnerweise die Äpfel und die Quitten geerntet werden. Die Sonne flutet geradezu durch die Fenster in die Wohnung. An den Wänden ist unter den Bildern ein Aquarell, das den Blick über die Leine auf das Kloster zeigt, und eine Porträtzeichnung der Oberin Kühne, der tatkräftigen Äbtissin der Nachkriegsjahre, als das Kloster voller Flüchtlinge war. Christel L. ist vor 12 Jahren zur Äbtissin von Marienwerder berufen, Sozialpädagogin an einer Schule in Neustadt war sie damals. »Dass ich nach dem frühen Tod meines Mannes auch als Außenhandelskauffrau ausgebildet bin, kommt mir bei der Verwaltungsarbeit im Kloster sehr zugute«, sagt sie. Der Konvent besteht, einschließlich der Äbtissin, aus zehn Frauen. In einem Prozess der Verjüngung scheint er zu sein, die jüngste Konventualin – die sich in der Umschulung befindet – ist in den vierziger Jahren. Eine christliche Lebensgemeinschaft in der Mitte zwischen Distanz und Nähe versuchen sie zu verwirklichen. Die Verpflichtung zielt auf die spirituellen und sozialen Ziele des Klosters unter Einschluss der Präsenz. Sechs Wochen Urlaub und Abwesenheit räumt die Klosterordnung ein.

Dann ist da das Pflegeheim. Als Pflegeheim für die Konventualinnen der Calenberger und Lüneburger Klöster wurde es in den sechziger Jahren gegründet. Für die Frauen, die sich nicht mehr allein helfen konnten. Vor wenigen Jahren ist der Süd- und der Westtrakt in einem großen Umbau noch einmal auf den neuesten Stand gebracht. Als die Nachfrage vor einigen Jahren nicht so groß war, hat man auch einige Frauen aus der Kirchengemeinde aufgenommen. Jetzt steht man von den Klöstern her wieder Schlange. 17 Wohnungen haben sie im Pflegeheim des Klosters Marienwerder. »Die Würde des Alters wahren, das ist das oberste Gebot«. Äbtissin Christel L. wird sehr lebhaft, ich spüre, da schlägt ihr Herz. »Man kann nicht Menschen in ihren letzten Lebensjahren mit fremden Menschen zusammensperren«. So hat jede ihre eigene Wohnung, kann Bücher, Möbel, Bilder mitbringen, alles, was sie zu einem Zuhause braucht. Und die Begleitung in den letzten Lebensmonaten und –tagen ist sehr wichtig, von dem Gedanken der Hospizbewegung ist sie ganz erfüllt. Mit vier Konventualinnen ist sie in der Sterbehilfe ausgebildet, fährt mit in die Krankenhäuser, sorgt dafür, dass die Frauen wieder nach Hause können und in einer Atmosphäre von Liebe und Aufmerksamkeit und menschlicher Nähe sterben können.

Wir besuchen gemeinsam eine Dame im Pflegeheim, die ich kenne: Sie schreibt gerade am Computer, im ganzen Zimmer sind die aufgeschlagenen Bücher ausgebreitet. Unten im Speisesaal wird um 12.00 Uhr an zwei langen Tischen gegessen; die Damen, die nicht mehr gehen können, werden im Rollstuhl herbeigefahren. Nach jedem Mittagessen hält die Äbtissin eine Andacht. Viel ehrenamtliche Arbeit wird im Pflegeheim von den Konventualinnen geleistet; aber dann gibt es natürlich auch etwa 15 fest angestellte Teilzeit-Arbeitskräfte.

Die Äbtissin zeigt mir den Konventssaal, am Westende des Osttraktes, die schöne alte Treppe kann man so wunderbar leicht hinaufschreiten. Eine barocke Stuckdecke, die aus dem Herrenhaus Dieckhorst hierhergekommen ist, mit einer heiteren Szenerie von Liebe und von Eifersucht: Zeus versetzt den schönen Hirten Endymion, in den sich seine Geliebte, die Mondgöttin Selene, verliebt hat, in den ewigen Schlaf. Was doch alles in einem Kloster Platz hat!.....

Mit Pastor Gerd B. fahre ich hinauf. Der gläserne Fahrstuhl ist phantastisch in die Klosterarchitektur eingepasst, und von oben hat man über den Klosterhof und das ganze Klostergelände den schönsten Blick. Zu einem »Bibelzentrum« ist das Dachgeschoss des Mitteltraktes ausgebaut, das stehengebliebene und erneuerte Gebälk lässt die Konstruktion des Hauses gut erkennen. Im biographischen Zugang wird in anschaulicher Darstellung die Bibel nahegebracht. Geboren werden – Kind sein – Nach Orientierung suchen – Unterwegs in ein neues Land – Nach Hause kommen – Im Du sich selbst finden – Unter die Räuber fallen – Zukunft gestalten – Den Tod überwinden: Das sind die Stationen einer Lebensreise, die mit biblischer Erkenntnis von der Schöpfung bis zur Auferstehung verknüpft sind und die Bibel als ein Lebensbuch verstehen lassen. Veranstaltungen vom Erzählcafé bis zu Vorträgen und Seminaren ergänzen die Besuche der Gruppen von Erwachsenen und Konfirmanden. Touristen wagen sich bisher noch viel zu wenig hinauf, sagt der Pastor. An den Wochenenden ist das Bibelzentrum von 11.00 bis 17.00 Uhr geöffnet, sind die ehrenamtlichen Betreuerinnen da. Es ist Leben im Kloster Marienwerder, das lässt sich deutlich spüren.

Auf der Fahrt vom Kloster wieder nach Hannover hinein stoppe ich in einer Schneise am Ausgang von Marienwerder, halte eine kurze Besinnung am Mahnmal von Hans-Jürgen Breuste. Wie eine Galgenstätte ragt die eindrucksvolle Skulptur in die Luft. Erinnerung ist sie an die unzähligen Opfer und Leiden in dem Konzentrationslager Stöcken nebenan. Nein, es ist keine heile Welt, in der wir leben. Im Kloster nicht und auch in der Umgebung nicht. Aber Orte sind es, auch hier am Mahnmal, in denen die Erinnerung an die Würde, an die Kostbarkeit, an die Unverletzbarkeit des Menschen hochgehalten wird. Das macht Hoffnung. Das lässt uns weiter unsere Straße ziehen.

»Wo Phantasien und Traumgestalten«

Das Kloster Mariensee

Der Schritt ist leicht, die Treppe hinauf zu unserer Wohnung. Wunderbare Treppen hat man im Barock gebaut. Breit und ausladend sind sie, die Stufen in der richtigen Höhe des langsamen Gehens. Die Gästewohnung in der Nr. 11 hat die Äbtissin von Mariensee meiner Frau und mir zur Übernachtung zugewiesen. Drei Zimmer mit fünf Betten, eine riesige Küche, Bad und Flur. Bei der »Internationalen Musikakademie«, die jedes Jahr im Frühjahr stattfindet, wird jedes Bett belegt sein. In dem Zimmer, das wir uns für unseren Aufenthalt wählen, hängt ein Porträt von Ludwig Christoph Heinrich Hölty. Das wird uns in Mariensee begleiten: »Wo Phantasein und Traumgestalten immer / Vor mir vorüberfliehn«. In der Ecke des Zimmers reicht ein weißer Kachelofen bis an die hohe Decke, goldfarbene Einsätze mit Blumen und einem Füllhorn machen ihn lebendig. Wir werden ihn nicht brauchen in diesen warmen Junitagen und Juninächten.

Mit großen Ziffern sind die Nummern an den Eingängen zu den Wohnungen im Klostergang angebracht. Von 1 bis 12 reicht die Reihe. Die Wohnräume waren früher offenbar alle im ersten Stock. Unten befanden sich die Küchen und die anderen Funktionsräume, mit direktem Zugang in den dahinter liegenden Garten der jeweiligen Wohnung. Im zweiten Stock sollen hier und da Kammern für die Bediensteten ausgebaut sein, nachgeprüft habe ich das natürlich nicht. Nach der Renovierung und Modernisierung sind hinter jeder Nummer zwei ganze Wohnungen verborgen. Raum gibt es also im Kloster Mariensee genug. Die Nr. 13 ist die Wohnung der Äbtissin, mit einem offenen Aufgang und einer wunderschön geschwungenen Treppe geht der Weg vom Klostergang aus nach oben.

Ein Kloster ist nicht aus der Welt. Gerade an diesem Abend feiern die Abiturienten des Gymnasiums aus Neustadt am Rübenberge im Gasthaus Kuckuck ihren Abschlussball. Der Saal des Gasthauses liegt nicht unmittelbar neben dem Kloster, Pfarrhaus und Pfarrgarten und Gemeindesaal sind dazwischen. Aber der sonore Rhythmus der Techno-Musik überbrückt die Distanzen und geht durch alle Mauern, das Ausschwärmen der jungen Leute spart die lauschigen Ecken um das Kloster herum nicht aus. Gut angezogen sind sie, nett anzusehen im Ballkleid oder Anzug, die Zeit der alternativen Abgerissenheit ist offenbar vorbei. In der Frühe werden wir von einem kräftigen Gewitter geweckt. Der Regen ist schnell vorüber, und die Luft, die durch das offene Fenster hereinströmt, atmet den Geruch der Bäume, der Erde und tut einfach gut.

Nach dem Frühstück beginne ich meine Kreuzgangrunden. Sicher, das Kloster ist in dieser barocken Gestalt erst nach den Verwüstungen des Dreißigjährigen Krieges 1727-29 gebaut worden. Die mittelalterlichen Funktionen eines Kreuzgangs als Ort der Klausur, des Schweigens, des gehenden Lesens im Brevier oder der Rosenkranzgebete haben diese Räume nicht mehr erlebt. So hat sich vielfach die Bezeichnung eines »Klosterganges« eingebürgert. Aber die sakrale Dimension ist durch den Wechsel der Zeiten und der Konfessionen doch nicht verschwunden! Nicht für den schnellen Schritt, der den Ausgang sucht: Für den langsamen Gang sind diese Räume gebaut. Nicht die laute Unterhaltung, das aufmerksame Hören hat den Vorrang. Es muss in dieser Welt auch Wege geben, die nicht von ihrem Ziel aus gedacht sind. Die man nicht möglichst schnell hinter sich zu bringen gedenkt, die ihren Wert und ihre Substanz in sich selber haben. Kreuzgänge sind Orte des Verweilens, Orte der Meditation des Kreuzes, und als solche möchte ich sie wenigstens annäherungsweise erhalten wissen.

In Mariensee stimmt am Eingang die verletzte Christusgestalt des »Ecce Homo« von Peter Marggraf auf die Würde des Ortes ein. Die Ausstellung der »Lichtkörper« von Simona Pries ist im Kreuzgang gerade zu Ende gegangen. Immer wieder habe ich vor diesen Stelen mit dem geheimnisvollen Licht gestanden, Wahrnehmungsräume, in denen die eigene Seele zu schwingen begann. Auf einmal hörte ich die Vögel im Innenhof singen, störten mich die lauten Stimmen, die aus einer für mich nicht einsehbaren Seite des Kreuzgangs herübertönten. Voller Freude entdecke ich, dass noch zwei der »Lichtkörper« dageblieben sind, der »Frühlingsmorgen« und der »Sommertag«. Die beiden großformatigen Gemälde von Jacques Gassmann »Johannes der Täufer« und »Passion X«, die Stickarbeiten von Elke Hirschler: Kunst wird nicht zur Dekoration in diesen Gängen, sie unterstreicht den Sinn, erhöht die Sensibilität in der Bewegung.

Mariensee hat unter den Calenberger Klöstern die einzige absolut gleichförmige und nicht unterbrochene Vierflügelanlage. Vergleichbar ist allenfalls Wülfinghausen. Auch dort ist die Kirche im nördlichen Bereich, greift aber stärker in den Kreuzgang ein. Hier wie dort liegen die Langseiten im Osten und im Westen, die kürzeren im Norden und im Süden. Langsamen Schrittes mache ich im Kreuzgang von Mariensee meine Runden. Der Blick geht immer wieder nach links auf den schlichten Innenhof, mit der breiten Kastanie und der hohen Eibe. Früher war hier einmal der Klosterfriedhof. Die offenbar häufige Ankunft des Waldkauzes in einem der beiden Bäume habe ich leider in diesen beiden Tagen nicht miterlebt. Der unheimliche Vogel, der die Krähen so sehr stört, dass sie einen

Das Kloster Mariensee hat unter den Calenberger Klöstern die einzige gleichförmige Vierflügelanlage.

31

Riesenaufstand machen. Rechts gleiten die Wohnungstüren mit den Nummern an mir vorbei, gelegentlich bleibe ich stehen und lese, wer dort residiert.

Ich mache eine Runde nach der anderen, verliere das Gefühl für Raum und Zeit. Ich weiß nicht mehr, auf welcher Seite ich mich befinde, wie lange ich schon gegangen bin. »Man verliert das Gefühl für die Zeit im Kloster«, höre ich immer wieder. Der Stundenschlag der Uhr wird wichtig. Der Blick ist immer mehr nach innen gerichtet, auf das, was man bedenkt und fühlt und meditiert. Die normierte Struktur der Kreuzgänge, dass sich im Norden die Kirche anschließt, im Osten der Kapitelsaal (hier: die »Abtei«), im Süden das Refektorium (das man offenbar als gemeinsamen Speiseraum in der nachreformatorischen Zeit nicht mehr brauchte): All das wird zur Hilfe, die Beine wieder auf die Erde zu bringen und die Orientierung nicht gänzlich zu verlieren.

Am Freitag um 18.00 Uhr trifft sich der Konvent zur Abendandacht. Die Damenempore ist direkt von der Wohnung der Äbtissin aus zu erreichen. Errichtet wurde sie erst, als die Kirche 1867/68 nach Plänen des Neugotikers C. W. Hase restauriert worden ist und die große Nonnenempore, die weite Teile des Kirchenschiffs überspannte, endgültig verschwand. Die wenigen mittelalterlichen Kunstwerke, die sich in Mariensee erhalten haben, sind überwiegend hier zusammengeführt oder von dort aus zu sehen (unter Freund und Feind hat das Kloster Mariensee im Dreißigjährigen Krieg mit Abstand am meisten gelitten). Dem spätromanischen Kruzifix an der Nordwand der Kirche, aus der ersten Hälfte des 13. Jahrhunderts, ist man auf der Damenempore direkt gegenüber. Der Gottessohn am Kreuz: Das ist Majestät und Demut und einsatzbereite Liebe bis zum Letzten in einer einzigen Gestalt. Die deutliche Herausarbeitung der Sehnen und der Rippen lassen schon die kommende Betonung der Schrecklichkeit des Leidens und der damit verbundenen Totalität der göttlichen Hingabe in der Gotik ahnen.

Zwei Fragmente eines spätmittelalterlichen Marienaltars sind auf den beiden Querseiten der Damenempore aufgebaut: Eine Kreuzigungsszene auf der einen Seite und die Anbetung der

Könige mit einer Annaselbdritt auf der anderen. Unbeholfen sind viele Figuren geschnitzt; die Starrheit, wie im Gesicht der Maria bei der Anbetung, macht sie schon wieder eindrucksvoll. Gut gefällt mir die fränkische Marienfigur vom Ende des 15. Jahrhunderts mit dem übergroßen Kopf. Das gelockte Jesuskind, das fast schwerelos auf dem Arm der Maria thront, scheint mich richtig anzulachen. Die Damenempore ist wohl nie der Sitz der Konventualinnen bei den Gottesdiensten der Gemeinde gewesen, obwohl man die Kanzel ganz gut sehen kann. Vorne rechts im Kirchenschiff sitzen sie jetzt.

Wir sind zur Teilnahme an der Abendandacht eingeladen. Die Leitung der Andacht geht reihum. In ihren eindrucksvollen schwarzen Chormänteln kommen die Konventualinnen herein, beim schnellen Gehen weht der Mantel und lässt das silberne Seideninnere sehen. Die Andacht ist kurz: Eine Zeit der Stille, ein Lied, eine Bibellesung mit knapper Auslegung, ein Gebet mit Vaterunser, Segen. Zum anschließenden gemeinsamen schlichten Abendessen mit Brot, Butter, Käse und einer Flasche Rotwein finden sich alle im Konventssaal wieder ein. Die Runde, die in dem Zimmer mit dem alten Mobiliar und den Bildern an den Wänden aus dem 18. Jahrhundert sitzt, imponiert den beiden Gästen.

Die Alt-Äbtissin ist auf Reisen, die anderen sieben Damen des Konvents sind da. Das Besondere des Klosters Mariensee? »Die Schönheit des Ortes«, kommt es sofort mit lebhafter Zustimmung von allen Seiten. »Hingerissen war ich von den Gebäuden, von der Geschlossenheit der Anlage, mit den wunderbaren Gärten drumherum«. Dass die Hausgärten auf drei Seiten direkt am Kloster liegen, ist einmalig, meinen alle. »65 Jahre habe ich in Berlin gelebt«, sagt Hedda F., »und ich habe mir nicht vorstellen können, irgendwo anders meinen Lebensabend zu verbringen. Aber die Umgebung, die Landschaft ist so schön«. Ihre vielen Berliner Gäste führt sie immer zum Steinhuder Meer. Dozentin für Geige an der Musikhochschule ist sie gewesen, und die Musiktradition des Klosters hat sie hierher geführt.

Die andere ist die Leiterin der »Schreibwerkstatt«, die – vor allem in den Wintermonaten – das »Kreative Schreiben« übt.

Eine andere ist Malerin, malt Pflanzen, die sie in den Kloster-gärten sieht, ganz präzise und mit erstaunlicher Resonanz. Eine Dritte organisiert die Einkehrtage mit »Meditativem Tanz«, die eine Pastorin aus Hannover leitet; ist außerdem eine Fachfrau für außereuropäische Musik. Eine andere wiederum ist die Gästeschwester und modelliert, wenn sie ein paar Tage frei hat, im Waschhaus mit Beton. Tiere, besonders auch Katzen sind ihre Spezialität. Man spürt ein Klima von Sympathie, jede streicht die besonderen Leistungen der Anderen heraus.

Auch ein Neuling gehört zur Runde, ein Jahr auf Probe kann man wohnen, wenn der Konvent der Aufnahme zugestimmt hat. Ihre Schwerpunkte wird sie noch suchen, aber die Werkstatt mit dem »Sticken im Klosterstich«, die die Alt-Ätbissin leitet, hat es ihr besonders angetan. Mehrere Frauen wirken dort mit. Die Popularisierung des Klosterstichs ist mit dem Kloster Mariensee verbunden. Demnächst werden sie Teppiche im Klosterstich für Hollywood und Los Angeles arbeiten, der Auftrag sei schon erteilt, wird uns lachend erzählt.

Geprägte Persönlichkeiten sind sie alle. Die Äbtissin hat sicher die Aufgabe, mit Takt und Feingefühl die verschiedenen Begabungen zu integrieren und die Atmosphäre im Hause entscheidend mitzuprägen. Im Alter nicht allein zu leben, sei die stärkste Motivation für den Eintritt in den Konvent, sagt sie. Viele Anfragen und Bewerbungen könnten allerdings nicht berücksichtigt werden. Die ungelösten Probleme eines Menschen lösen sich nicht in der Gemeinschaft, und Einsiedlerinnen machen dem Konvent das Leben schwer. Den Geist eines Konvents, selbst in einer so lockeren Lebensgemeinschaft, ständig im Auge zu haben, scheint uns sympathisierenden Besuchern die wichtigste und schwierigste Aufgabe in der Leitung eines Klosters zu sein. Noch in diesem Jahr geht die Äbtissin Ingmar-Elisabeth H. in den Ruhestand und zieht in ein anderes Kloster. Die Wahl der Nachfolgerin ist in vollem Gang.

So sitzen wir noch lange beieinander. Der Konventsraum hat einfach Stil, lässt sich durch eine Schiebetür mit dem daneben liegenden großen Saal für Vorträge und Musiken vereinigen. König Georg II. schaut aus dem großen Gemälde lässig auf uns herab. Die »Plessen«, das Porträt der Louise Gräfin von Berkentin des Malers Andreas Brynich (1742), die 1744 Christian Siegfried von Plessen heiratete und 1766 Oberhofmeisterin der dänischen Königin Caroline Mathilde wurde, blickt streng und ein wenig schief aus ihren Augenwinkeln. Ganz Distanz ist sie mit dem stilisierten Haar und der weit entblößten Halspartie. Dass sie als moralisch rigoros verschrieen war, will ich von ihrem Bild her glauben. Im März 1768 musste sie auf Anordnung des Königs plötzlich das Land verlassen. Ihre Ablösung leitete den Untergang ihrer Königin ein. 1772 traf sie Caroline Mathilde, die wegen der Struensee-Affäre nach Celle verbannt worden war, dann dort wieder. Das Porträt des Kronprinzen Frederik im Alter von 22 Jahren, der als Frederik VI. später erstaunlicherweise einen Teil der sozialen Reformen des Geliebten seiner Mutter, des Arztes Johann Friedrich Struensee realisierte, erweitert das Umfeld von Mariensee bis hinein in eine andere, von politischen und persönlichen Konflikten durchzogene Zeit. Per Olov Enquist hat gerade in seinem viele begeisternden Roman »Der Besuch des Leibarztes« (2001) die Erfahrungen dieser Jahre lebendig werden lassen.

Als wir am nächsten Morgen durch die Klostergärten streifen, läuft uns – mit Karre und Gartengeräten – die Konventualin Hildegard S. über den Weg. Es wird eine Führung der intimen Art. Der Klosterbach schlängelt sich durch den gesamten Klostergarten. Im Westen des Klosters ist noch der Fachwerkbau des früheren Wasch- und Schlachthauses erhalten. Als Schafstall werden Teile genutzt, jetzt soll bald wieder Geflügel her. Hildegard S. zeigt uns die Stauvorrichtung, mit der das Wasser des Klosterbachs angestaut wurde, um sauberes Wasser zum Waschen und Schlachten zu entnehmen.

Einhundert Meter weiter, auf der Ostseite des Klosters, ist ein noch größeres Fachwerkhaus erhalten. Ein Toilettenhaus gab es bei allen Klöstern, aber hier in Mariensee steht das einzige, das sich erhalten hat. Ein langer dunkler Gang führt vom Kloster dorthin. Mit großer Eile hat man offenbar diesen Ort manchmal aufgesucht, die abgewetzten Ecken lassen das ahnen. Der Klosterbach floss früher unter dem Toilettenhaus hindurch, die abgemauerten Wölbungen sind noch zu sehen. Hier wurde Wasser zum Waschen und Schlachten entnommen, dort plumpste Anderes hinein, und dieses geschah auf die kürzeste Entfernung. Wenn das nicht eine rationelle Nutzung ist! Der Klosterbach fließt übrigens nach etwa einem Kilometer in die Leine.

In einem Buch finde ich einen Aufriss des Toilettenhauses, anscheinend aus dem 18. Jahrhundert: 14 kleine Sitze sind dort eingezeichnet, der 14. war für den Klosterdiener und seine Familie gedacht. Als vor Jahrzehnten Toiletten in die Wohnungen eingebaut wurden, blieb die erwartete Begeisterung aus. »Es war so gesellig«, war das Urteil der Damen.

Hildegard S. schweigt sich hierüber aus, die Geschichte ist mir von anderer Seite zugetragen. Sie hat uns Blühendes zu zeigen. Eine frühere Konventualin hat alte Klostergärten angelegt: Ein Paradiesgärtlein, einen Duft- und Tastgarten, einen Apotheker-Garten, alles nach dem St. Galler Plan. »Wir haben nicht die Kapazitäten, dies zu pflegen und weiterzuentwickeln«, sagt sie. »Wir haben zu viel zu tun«. Sie zeigt uns ihren eigenen Garten: Wegen vieler Gäste sei sie nicht dazu gekommen, das Unkraut zu jäten. »Die Margheriten überwuchern alles«. Aber eine Symphonie von Farben ist daraus geworden, blau und gelb und weiß und rot. Rosen, Klatschmohn, Opiummohn (sie müssen hier früher Mohn angebaut haben), Königskerzen, Nachtkerzen, Storchenschnabel.

Ich begreife auf einmal, weshalb die Klostergärten eine solche Rolle in den Klöstern gespielt haben: Ein Abbild des Paradieses sind sie. Paul Gerhardt, der große protestantische Liederdichter des 17. Jahrhunderts, muss wohl den Klostergarten des »Grauen Klosters« neben seiner Nikolaikirche in Berlin vor Augen gehabt haben, wenn er seine Lieder dichtete, die voll von Blumenmetaphern sind. Nicht nur von den »Narzissus« und den »Tulipan« singt er, die sich viel schöner angezogen haben als »Salomonis Seide«; auch von »Christi Garten«, mit seiner »hohen Lust und seinem hellen Schein«. »Verleihe, dass zu deinem Ruhm / ich deines Gartens schöne Blum / und Pflanze möge bleiben«. Zum Paradies möge Gott den Menschen erwählen: »Und lass mich bis zur letzten Reis / an Leib und Seele grünen«. Existentielle Auslegung einer escha-

tologischen Hoffnung ist das, und die Gärten sind die über-
wältigende sinnliche Anschauung.

So gehen wir langsam durch die Klostergärten von Mariensee,
immer wieder hingerissen von der Pracht der Farben und der
Vielfalt der Formen. Was da alles wächst! 800 Jahre haben
Frauen mit Liebe in diesen Gärten gearbeitet, und man merkt
es ihnen an. Hildegard S. zeigt uns noch den Apfelbaum, an
dem sie am meisten hängt, der nach allen Seiten wuchert und
der wahrscheinlich auf einer Wasserader steht. Dann muss sie
weiter.

Auf die Suche nach den Spuren des mittelalterlichen Mariensee begebe ich mich mit dem Hausmeister des Klosters, Gerd
G. Kurz vor 1207 muss das Kloster, das zunächst in Vorenha-
gen gegründet worden war, nach Mariensee verlegt worden
sein. Eine Schenkungsurkunde belegt die Existenz des Klosters für dieses Jahr, 2007 wird man also hier das 800jährige
Jubliäum feiern. Als Hauskloster der Grafen von Wölpe ist es
entstanden. Das Geschlecht starb allerdings kurz nach 1300
aus, die Grafschaft fiel an die Welfen. 1231 ist die Zugehö-
rigkeit des Klosters zum Zisterzienser-Orden bezeugt, die Verbindung scheint locker gewesen zu sein. Wie überall spielen
die Töchter aus den Adelsgeschlechtern die entscheidende Rolle unter den Nonnen des Klosters, aber auch bürgerliche Namen tauchen auf. Aus den ersten Jahrhunderten sind die Nachrichten spärlich. Aber dann ist für das Jahr 1455 eine Episode
überliefert, deretwegen ich mich mit dem Hausmeister an den
Aufstieg auf den Kirchenboden mache.

Die Klosterreform erreichte in diesem Jahr die Klöster des
Bistums Minden. Wer eigentlich den Wittenburger Mönch
Johannes Busch mit der Klosterreform beauftragt hat, ist mir
anfangs undeutlich geblieben. Der Reformgeist des Klosters
Bursfelde und die geistliche Erneuerung, die aus dem holländischen Windesheim kam, scheint eine starke missionarische
Komponente gehabt zu haben. Rückkehr zu den alten monastischen Idealen, zum Leben in der Gemeinschaft, zum Gehorsam, zu klösterlicher Armut sind die reformerischen Gedanken. Der starke Widerstand aus den Klöstern lässt erahnen,
dass die klösterliche Praxis weithin eine andere war. Persönli-

ches Eigentum, individuelle Verköstigung, ungehinderter Verkehr mit den Familien innerhalb und außerhalb des Klosters sind offenbar die Regel. Pragmatisch, wie Johannes Busch trotz seiner hohen geistlichen Ziele vorgeht, beginnt er seine Klostervisitation mit dem Einsammeln der Kochtöpfe. Da der Bischof von Minden und die Adelsfamilien gegen die Reform sind, steckt sich Johannes Busch hinter den Landesfürsten, Herzog Wilhelm von Calenberg.

Heftigsten Widerstand leisten die Zisterzienserinnen aus Mariensee. So wird mir die Geschichte erzählt: Der Herzog hat vier Wagen vorfahren lassen, um die widerspenstigen Nonnen fortzubringen. Die Frauen sind auf den Kirchenboden gestiegen und haben sich dort verschanzt. Der Herzog lässt Leitern anlegen, will die Frauen herunterholen. Johannes Busch überzeugt ihn von der Gefährlichkeit des Unternehmens. »Den ersten, der hinaufsteigt«, meint er, »werden die Nonnen mit Steinen empfangen«. Busch versucht sich als Vermittler, bittet, droht mit den Gefängnissen in Neustadt und auf der Burg Calenberg. Wie lange die Belagerung dauerte, ist nicht überliefert. Die Frauen kamen schließlich herunter, vielleicht, weil sie keinen Nachschub an Nahrungsmitteln mehr bekamen. Als der Herzog eine widerspenstige Nonne auf den Wagen zerren wollte, griffen die anderen zu. Das Gefolge des Herzogs sah dem handfesten Geraufe, in das sich der Landesherr verwickelt hatte, respektvoll und sicherlich sehr amüsiert zu. Der Konvent nahm schließlich die Reform, mehr nolens als volens an. Ruhe kehrte erst ein, als vier Zisterzienserinnen von Marienrode nach Mariensee transferiert wurden, um die neue Ordnung wirklich durchzusetzen.

Den Kirchenboden will ich unbedingt sehen, auf dem die Nonnen aus Mariensee sich verschanzt hatten. Der Bau der Kirche ist etwa 1215, in frühgotischer Formensprache, begonnen worden; wahrscheinlich ist sie erst nach mehr als 100 Jahren fertiggestellt. Die Renovierungen des 19. Jahrhunderts haben im wesentlichen den Innenraum der Kirche verändert, also muss es den alten Kirchenboden noch geben. Gerd G. führt mich zunächst den bequemeren Weg hinauf. Neben dem Erich-Klahn-Museum ist die Tür, eine steile Treppe führt auf den Dachboden, der über der Hausmeisterwohnung liegt. Dann

noch einmal rechts eine Tür und eine steile Treppe, schon sto-
ße ich mir den Kopf.

Auf der Höhe der nach oben stehenden Kirchengewölbe bin
ich jetzt angelangt. 20 Stufen fehlen noch, und wir sind auf
dem Holzgerüst, das den ganzen Kirchenboden oberhalb des
Gewölbes überspannt. Bretter sind zu sechs Plattformen zu-
sammengeschoben. Dichtgedrängt müssen die 50 Zisterzienserinnen hier gestanden haben, ein bequemer Aufenthaltsort
war dies wahrlich nicht. Gerd G. erinnert sich auf einmal, dass
es da noch eine Wendeltreppe gibt. Wir steigen wieder hinunter zum Kreuzgang, und da, rechts neben dem Aufgang
zur Äbtissinnenwohnung, ist die unscheinbare Tür, die man
so leicht übersieht, und die auch die Belagerer damals sicherlich nicht entdeckt haben. Sofort innen führt links die Wendeltreppe in heftigen Windungen nach oben. So schmal ist sie,
dass ich kaum hindurch komme. Die muss aus dem Mittelalter stammen, enge Treppen hat man im Barock nie gebaut,
schon der eigene Umfang sprach dagegen. Diese Treppe wird
die langgestreckte Nonnenschar hinaufgestiegen sein, die ersten waren schon oben, als die letzten noch im Kreuzgang
gestanden haben. Ich atme die Luft der Jahrhunderte ein und
lächele über mich selbst, dass ich über diese Entdeckung so
glücklich bin.

Dann sitzen wir wieder zu dritt in der Äbtissinnenwohnung
beim Äbtissinnenkuchen, das Rezept wird nicht verraten. Dieses Kloster für die Frauenspiritualität zu bewahren, das ist ein
besonderes Anliegen von Ingmar-Elisabeth H. 350 Jahre katholische Frauen, 450 Jahre evangelische Frauen im Kloster:
Das fordert ökumenisches Denken heraus. Aus der Tradition
der Zisterzienserinnen ist ihr die Gastfreundschaft wichtig,
und die Verknüpfung von spiritueller und handwerklicher
Orientierung. Über die Einkehrtage und die vielen musikalischen Veranstaltungen sprechen wir. 22 Musikstudenten und
-studentinnen zwischen Südamerika und Japan waren bei der
diesjährigen »Internationalen Musikakademie« dabei, das
Kloster vibrierte von morgens bis abends vor Musik. Das Jah-
resprogramm 2002 des Klosters ist ein ganzes Heft geworden.
Der »Marienseer Kreis« ist wichtig, der die Arbeit des Klosters unterstützt.

Und die Stickwerkstatt, das Sticken im Klosterstich. Erst vor kurzem ist das Erich-Klahn-Museum im Kloster Mariensee eröffnet: Das Lebenswerk des verstorbenen Ehemannes der Alt-Äbtissin wird dort in Dauerausstellungen und Sonderausstellungen präsentiert. Ein Meisterstück hat der Architekt der Klosterkammer in dem Ausbau des Klosterdachs oberhalb der Äbtissinnenwohnung geliefert. Alt und neu fügt sich in kühnen Konstruktionen zusammen. Und die handwerkliche Genauigkeit mit ihrer experimentierenden Präzision, die archaischen Formen der gegenständlichen Gestaltungen und die tiefe Durchdringung der biblischen und mythologischen Erzählungen lassen einen so wenig auf Außenwirkung bedachten Maler wie Erich Klahn im Kloster Mariensee wirklich eine Heimat finden. In diesem Jahr sind die »Bildteppiche im Klosterstich« von Erich Klahn zu sehen. »Schauet nicht zurück« (Lot und seine Familie), »Jakobs Kampf«, »Odysseus und Sirene«, »Naomi« (ein Schriftteppich): Diese und andere sind die Themen, die in klaren Konturen auf die Teppiche gestick werden. Erich Klahn hat die Technik des Klosterstichs bei den Restaurationsarbeiten der Wienhäuser Teppiche in Celle kennengelernt. So gehen die Netzwerke der Anregungen von Kloster zu Kloster. Alt-Äbtissin Barbara B.-K. führt die Arbeit in Mariensee weiter. Am Sonnabendnachmittag ist das Musum zu besichtigen.

Dann geht der Besuch in Mariensee dem Ende zu. Wir werden wiederkommen, so hoffen wir, fühlen uns dem Konvent und der Äbtissin nahe. Eines schwingt bei mir immer mit, wenn ich an Mariensee denke. Der bedeutendste Dichter des »Göttinger Hainbund«, Ludwig Christoph Heinrich Hölty, ist am 21. Dezember 1748 als Pfarrerskind im damaligen alten Pfarrhaus neben dem Kloster geboren. Nur 27 Jahre alt ist er geworden, in dem Haus gegenüber der Markthalle in Hannover, das im letzten Krieg zerstört wurde, ist er am 1. September 1776 an der Schwindsucht gestorben. Der berühmte hannoversche Hofarzt Zimmermann konnte ihm auch nicht mehr helfen. Hier in Mariensee hat er seine unerfüllte und unausgesprochene große und einzige Liebe zu der jüngeren Tochter des hannoverschen Superintendenten Hagemann erlebt, deren ältere Schwester mit dem Klosteramtmann verheiratet war. Wir gehen zum Abschied noch einmal zum Klostergut über die Straße. Das »Bundesamt für Tierzucht und Tierverhalten« ist dort mit einem großen Forscherteam in vielen Gebäuden an der Arbeit. Bei einem kurzen Besuch hat mir vor einigen Tagen die Öffentlichkeitsreferentin einen Einblick in die weitgespannten Experimente in der Genetik und der Züchtung von Tieren, auch des Klonens gegeben. Der Geist der modernen Wissenschaft ist dort am Werk. Das alte Gutshaus, in dem Hölty die beiden Hagemann-Töchter besuchte, steht aber noch – frisch renoviert – am alten Platz. Die Jahreszahl 1726 ist in den Balken der Vorhalle eingegraben.

Wir wandern um das Gutshaus herum. Dort hinten wird der Garten gewesen sein, in dem Hölty die heimlich Angebetete, die er nach dem Vorbild von Petrarca »Laura« nannte, zum ersten Mal gesehen und immer wieder getroffen hat. Die Stimme und der Klang romantischer Naturliebe und unendlicher Sehnsucht, die die Stimme und der Klang der Gedichte Höltys ist, liegt heimlich über allem, was ich in Mariensee sehe und erlebe. Erinnerung ist Erfüllung und Abschied, Abschied und Erfüllung, und dieses beides immer zugleich.

Wie in dem Gedicht »An den Mond«:

Gieß lieber Mond, gieß deine Silberflimmer
Durch dieses Buchengrün,
Wo Phantasein und Traumgestalten immer
Vor mir vorüberfliehn.
Enthülle dich, daß ich die Stätte finde,
Wo oft mein Mädchen saß
Und oft, im Wehn des Buchbaums und der Linde,
Der goldnen Stadt vergaß.
Enthülle dich, daß ich des Strauchs mich freue,
Der Kühlung ihr gerauscht,
Und einen Kranz auf jeden Anger streue,
Wo sie den Bach belauscht.
Dann, lieber Mond, dann nimm den Schleier wieder,
Und traur' um deinen Freund,
Und weine durch den Wolkenflor hernieder,
Wie dein Verlaßner weint.

41

»Mitten in der Stadt«

Das Kloster Barsinghausen

Der Klostervorplatz strömt Ruhe aus. Wir haben unser Auto vor dem Rathaus, das früher der Wohn- und Verwaltungssitz des Klosteramtmanns war, stehen gelassen. Sind einmal um den gegenüberliegenden kleinen »Ziegenteich« mit seinen Verbotsschildern herumgelaufen. Wir stehen, neben dem Renaissancebrunnen, vor der Südfront des Klosters. Zwei Ecktürme an beiden Seiten, in der Mitte ein gleichhoher »Mittelrisalit«, wie man das nennt, mit Giebeldreieck. Die Fenster der Wohnetagen über dem Sockelgeschoss sind zu Zweiergruppen zusammengefasst. Solidität strahlt das Klostergebäude aus. Es schafft Vertrauen. Aber kein Mensch ist zu sehen.

Wir gehen durch den Haupteingang hinein. Ein kleiner Vorraum, dann sind wir im unteren Klostergang. Auch hier ist kein Laut zu hören, keine Gestalt zu sehen. Gleich um die Ecke eine Tür, an der »Beth-El« steht. Die Tür zum »Haus Gottes« ist offen: Ein schlichter Andachtsraum mit gewölbter Decke und großen, sorgfältig gesetzten Steinquadern auf dem Boden. Darunter ist die Fußbodenheizung, werde ich mir später erzählen lassen, der Andachtsraum ist erst 1997 umgebaut und hergerichtet. Ein schlichter Altar vorne mit der Dreifaltigkeitsikone von Andrej Rublew darüber. Stühle in der Runde, man kann sich setzen, meditieren, beten. Hier werden die Schwestern einen Teil ihrer täglichen Gebetsandachten halten, die genauen Zeiten sind vorne am Eingang angezeigt. Eine Kommunität ist hier zu Hause, weiß ich, und einige Konventualinnen, die schon länger hier wohnen.

Beim nächsten Raum kann man durch kleine Löcher in die »Töpferei« schauen. »Töpfern im Schweigen« wird angeboten und »Freies Gestalten«. Noch einmal um die Ecke, im nördlichen Teil des unteren Klosterganges, das »Lapidarium«. Reste des mittelalterlichen Kreuzganges sind zu sehen und Architekturfragmente aus dem 13. bis 19. Jahrhundert.

Ob man die Treppe hinaufgehen darf?, fragt meine Frau. Es ist kein Seil davor, also tun wir es. Der obere Klostergang ist hell und weit. Der Wohnbereich ist das hier offensichtlich, gleich vorne die Wohnung der Äbtissin. Der Konventssaal liegt links dahinter, das weiß ich noch von einem Konzert. Truhen stehen auf dem Gang; dass sie nicht aus dem Mittelalter stammen, sieht man sofort. In einem Fenster sind einzelne Ausstellungsstücke untergebracht. Ganz wohl fühlen wir uns hier oben nicht, wie Eindringlinge kommen wir uns vor.

Erst als wir den Prospekt, der unten ausliegt, lesen, verstehen wir: Der Rundgang im unteren und oberen Klostergang ist wirklich offen. Die Stille ist Prinzip. Einführung in das Schweigen, in die konzentrierte Begegnung, in die Meditation will dieses Kloster sein. Man kann auch in den Innenhof gehen, sich im Sommer auf eine Bank setzen oder den wunderschönen Grabstein mit den beiden früh verstorbenen Pfarrerskindern anschauen, von denen mir die Konventualin Hanna B., die die Führungen macht, später sagen wird: Kinder führt der Engel direkt ins Paradies. Nur die Kirche ist geschlossen und bleibt zu.

Barsinghausen ist vermutlich das älteste der Klöster im Calenberger Land. Ein politischer Schwebezustand war nach dem Sturz Heinrichs des Löwen (1180) und vor der Konsolidierung des Welfenhauses (ab 1235) um 1200 herum der Grund für die Erstarkung partikularer Interessen. Die Kirchen und Klöster schießen wie Pilze aus dem Boden, aber die verschiedenen Gründungen haben nur insofern etwas miteinander zu tun, als sie der jeweiligen Sicherung von Gewicht und Macht und Einfluss dienen. Wahrscheinlich um 1193 herum ist das Kloster Barsinghausen » zur Ehre Gottes und seiner Mutter« von einem Grafen Widekind IV. von Schwalenberg und unter der Patronage des Bischofs von Minden gegründet worden.

Ein Doppelkloster von Männern und Frauen ist es zunächst, aber auch hier sind – ab 1229 – nur noch die Frauen da. Der

Abzug der Mönche mag mit der Konkurrenzsituation zum Weltklerus zu tun haben; die Bevorzugung der Frauenklöster mit ihrer leichteren Einordnung in die Diözesanstruktur des Bischofs. Der Zusammenhalt der Männerklöster in den einzelnen Ordensverbänden und ihre Selbständigkeit scheint viel größer gewesen zu sein als die der Frauenklöster, bei denen der Bischof die deutliche Leitungskompetenz behält. Die Regel des Hl. Augustinus ist in Barsinghausen von Anfang an in Kraft.

Aufregende Dinge sind uns aus dem Kloster Barsinghausen nicht überliefert. Das Kloster hat einen starken Rückhalt im umliegenden Adel, die Stiftungen fließen reichlich, das Kloster gilt bald als reich. Die Verarbeitung der Reformbewegung im späten Mittelalter und der Übergang in die reformatorische Ära geht ohne größere Probleme vonstatten. Natürlich gehen in der Zeit nach der Reformation die Zahlen der Frauen im Kloster zurück; 1588 besteht der Konvent in Barsinghausen einschließlich der Domina nur noch aus sieben Frauen. Immer mehr werden die Klöster zu einer Versorgungseinrichtung für die unverheirateten Töchter der umliegenden Familien, und hier in Barsinghausen (wie auch in Wennigsen) fast ausschließlich für die Töchter der adeligen Häuser. Im 17. und 18. Jahrhundert bestimmen Adel und geadelte Beamtenfamilien die Geschicke gerade dieser beiden Klöster.

Manfred Hamann hat in seinem, zusammen mit Erik Ederberg herausgegebenen Buch über die »Calenberger Klöster« in einem ebenso kenntnisreichen wie sprachlich brillanten Artikel gerade diesem Aspekt eine besondere Aufmerksamkeit gewidmet. Die Ansprüche der alt-adeligen Damen in Barsinghausen und Wennigsen, unter sich zu bleiben, werden immer stärker. »Die Klosterordnungen gehen darüber ebenso hinweg wie über die Bevorzugung hannoverscher Bürgertöchter in Marienwerder«. 1716 kam die Regierung dem Adelsstolz entgegen, als sie einem Fräulein von dem Busche attestierte, dass »keine andere als adlige Standespersonen in das Kloster Barsinghausen auf- und angenommen würden« (ebd.). Die Entscheidungen über die Aufnahme in die Klöster wurden beim Herzog und Kurfürsten in Hannover und später beim König in London getroffen.

In sinnlicher Anschauung kann ich manches von diesen Querverbindungen des Klosters Barsinghausen zu den adeligen Familien im Konventssaal des Klosters studieren. Immer wieder zieht es mich in diesen schönen Raum mit den vielen Bildern an den drei Wänden, der Fensterfront gegenüber. Die 1812 verstorbene Konventualin Wilhelmine von Seebach hat diese Bildergalerie ihrer Familie offenbar dem Kloster hinterlassen, seitdem hängen sie hier. Geradezu die Kulturgeschichte einer hannoverschen Familie im 17. und 18. Jahrhundert ist das, und eine Aufstiegsgeschichte von einem Nobody zu einem Adeligen obendrein.

Die Story: Bei den Kämpfen der Reichstruppen gegen den Einfall der Türken, an denen sich auch ein hannoversches Aufgebot unter der Leitung des Erbprinzen Georg Ludwig, des späteren Königs Georg I. beteiligt, fällt auf der Insel Kandia (Kreta) 1669/70 ein Türkenknabe mit dem Namen Mehmet den Hannoveranern in die Hände. (Eine andere Version verlegt die Gefangennahme in das Jahr 1686 und in die Stadt Ofen – dies widerspricht, in der Zeitangabe, dem 1714 gemalten Bildnis des Mehmet, das deutlich einen Mittfünfziger zeigt). Mehmet wird christlich, sicherlich in der Schloßkirche von Hannover, auf den Namen Ludwig Maximilian getauft, steigt zum Kammerdiener und später zum ersten Kammerdiener auf.

Exotische Diener erhöhen offenbar das Ansehen der Herrscher, noch ein zweiter Türke, Mustapha, ist um den Prinzen und späteren König herum. Ludwig Maximilian erwirbt sich volles Vertrauen und verdient es offensichtlich, geht 1714 mit nach England und wird 1716 von Kaiser Karl VI. in den Reichsadelsstand erhoben mit dem sprechenden Namen »von Königstreu«. Er stirbt, ein halbes Jahr vor seinem König, am 1. November 1726 im Kensington Palast in London.

Schon 1706 hat Mehmet, noch in Hannover, eine Hannoveranerin aus angesehenem Hause, die 15jährige Marie Hedwig Wedekind geheiratet. Sieben Kinder haben die beiden, sechs von ihnen sind in der Schloßkirche von Hannover getauft. Das Bild der ältesten Tochter Sophie Caroline (das »Kniestück«) und zwei Bilder des in London geborenen jüngsten Sohnes Georg Ludwig hängen auch in diesem Raum.

Als Ludwig Maximilian Mehmet und seine Frau Marie Hedwig Mehmet 1714 mit dem designierten König nach London fahren, werden sie von dem Londoner Hofmaler Gottfried Kneller gemalt. Ich schaue immer wieder auf die beiden Bilder an der schmalen Wand neben der Tür. Die türkische Herkunft des gesetzten Mannes mit dem runden Gesicht unter der Pelzmütze ist unverkennbar. Marie Hedwig ist, obwohl sie schon fünf Kinder geboren hat, noch immer eine jugendlich wirkende, schöne Frau. Die Züge des Dichters Frank Wedekind, der vermutlich aus ihrer Familie stammt, meine ich in ihrem länglichen Gesicht mit der kräftigen geraden Nase wiederzuentdecken. 2 1/2 Jahre nach dem Tod ihres Mannes, 1729, stirbt auch sie und ist in der Marktkirche in Hannover

Kloster Barsinghausen: Oberer westlicher Gang im Konventsgebäude.

in dem von ihrem Mann erworbenen Erbbegräbnis in der Windheimschen Kapelle begraben.

Tochter Sophie Caroline heiratet in erster Ehe den Geheimen Sekretär Johann Conrad Mohr, in zweiter Ehe den späteren General Georg August von Wangenheim. Die Bilder beider Ehemänner gehören ebenfalls zu dieser Familiengalerie. Bilder der Tochter aus erster Ehe, Marie Caroline Mohr, die einen Alexander Thilo von Seebach heiratet, und verschiedene Bilder der von Wangenheim-Kinder vervollständigen die Ahnengalerie. Die Konventualin Wilhelmine von Seebach, die das Kloster Barsinghausen so intensiv mit ihrer Familie verbunden hat, ist die Urenkelin des kleinen Türkenjungen, der unter dem ersten Welfen auf dem englischen Königsthron eine so große Karriere machte.

Aber nun muss ich, aus der weiten Welt zurückgekehrt, mich wieder vor Ort zurechtzufinden suchen. Ich gehe noch einmal durch die Klostergänge. Nach den Verheerungen des Dreißigjährigen Krieges sind der Süd- und Westflügel 1700-1705, der kürzere Nordflügel erst 1753/54 in einem schlichten Barockstil wieder aufgebaut worden. Abgeschlossene Wohnungen der Konventualinnen waren von da an eine Selbstverständlichkeit. 1972/73 geschah noch einmal eine grundlegende Renovierung mit dem Ausbau von 24 Wohnungen. Die Entwicklung des Klosters schien auf ein Mietshaus zuzugehen. Wenn es nicht alles ganz anders gekommen wäre.... Bei der Äbtissin des Klosters habe ich mich angemeldet.

„Am liebsten würde ich Urlaub im Kloster Barsinghausen machen, wenn ich hier nicht immer wäre", sagt Schwester Barbara S. »Die Stille des Klosters ist wunderbar, gibt so viel Kraft. Man ist mitten in der Stadt, zugleich ist man sofort im Wald und in den Deisterbergen«.

Wir sitzen im Büro der Äbtissin im Kloster Barsinghausen an einem Tisch. An den Wänden eher abstrakte Bilder, Konzentration und Meditation ist angesagt. Es ist ein Dienstagmorgen, ich bekomme durch die Offenheit meiner Gesprächspartnerin einen faszinierenden Einblick in das Werden einer Klostergemeinschaft.

Aus Wolmirstedt bei Magdeburg kommen die sechs Schwestern, die im Augenblick die »Evangelische Kommunität im Kloster Barsinghausen« bilden. 1954 ist die »Diakonische Schwesternschaft in Wolmirstedt« gegründet. Dort, wo Kaiser Karl der Große in einer alten Schloßdomäne angeblich gesagt haben soll »O wie wohl ist mir an dieser Stätte«. Eine Alternative zu den Diakonissen wollten sie sein, mit mehr Freiheit und größerer Selbstbestimmung. Eigener Verdienst, eigene Sozialversicherung, selbstgeordnete Freizeit, selbstbestimmter Urlaub. Über 40 Jahre der Dienst der Schwestern an Kindern und in Heimen für Menschen mit geistigen und körperlichen Behinderungen. Die Arbeit ist schwer, abends Tür zu und Rückzug in das eigene Zimmer. 1980 ist Schwester Barbara in die Schwesternschaft eingetreten, mit einer klaren inneren Berufung.

Dann kommt 1989 die politische Wende. Das Wolmirstedter Bodelschwingh-Haus wird umstrukturiert, der bisherige Leiter und Pfarrer geht weg. Ist das noch unser Weg?, fragen einzelne Schwestern. Der Dienst fordert unsere ganze Kraft und Zeit. Wo bleibt die Gemeinschaft, wo die Besinnung, die Reifung, das Gebet?

Das »Göttliche Abenteuer«, wie es Schwester Barbara nennt, beginnt. Durch eine befreundete Kommunität kommt der Kontakt in die hannoversche Region. Für das Kloster Barsinghausen werde eine Schwesterngemeinschaft gesucht, heißt es. Unsicheres Fragen der Schwestern: Ist das nicht »eine Schuhnummer zu groß« für uns? Eines Tages nimmt die Klosterkammer in Hannover Kontakt zur Gemeinschaft auf. Es kommt zu einem Besuch in Wolmirstedt. Auf die Frage der Leitenden Schwester: »Was erwarten Sie von uns in Barsinghausen?«, ist die Antwort des Präsidenten der Klosterkammer: »Dass Sie da sind, dass Sie das Kloster mit geistlichem Leben füllen«.

Der Weg der Schwesternschaft erscheint auf einmal klar, die Worte sind Antwort auf im Gebet gestellte Fragen. Ein Ringen setzt ein, das an die Substanz geht. Wer geht, wer bleibt? Mit welchem Ziel? Schon nach einem halben Jahr, im Herbst 1996, ziehen die Leitende Schwester und vier weitere Schwestern im Kloster Barsinghausen ein. Das Zentrum der Schwesternschaft wandert von Wolmirstedt nach Barsinghausen. Die meisten Schwestern bleiben in Wolmirstedt, 24 gehören insgesamt im Augenblick dazu.

Der Anfang ist begleitet von Befürchtungen. Wird man uns, aus dem Osten, hier annehmen? Überaus freundlich wurden sie in der Stadt aufgenommen. Ost-West ist hier heute kein Thema mehr, erfahre ich.

1998 kommt Schwester Barbara nach. Eine Ausbildung als Heilpädagogin hat sie inzwischen gemacht. Der Abschied von Wolmirstedt war harte Trauerarbeit, sagt sie, der Beginn im Kloster schwer. Fremd die Umgebung, in die sich die Anderen schon eingewöhnt hatten. Neu und ungewohnt auch die verbindliche Lebensform innerhalb der Gemeinschaft. Die drei evangelischen Räte Ehelosigkeit, Gütergemeinschaft und Gehorsam werden praktiziert. Ungeahnte Möglichkeiten und Chancen liegen darin, aber auch Probleme. »In eine Gemeinschaft muss man viel Zeit und Kraft investieren«, sagt Schwester Barbara. Aufeinander hören wird wichtig. Im Hören zu Gott hin gewinnt auch das gemeinsame Leben an Gestalt, an Tiefe, an Ausstrahlungskraft. »Bloß beten?«, sagen die Leute, wenn sie wissen wollen, was wir hier im Kloster tun. Aber Gebet ist ein Dienst, der den ganzen Menschen fordert. Wir wissen, dass wir hier richtig sind.

Im Jahr 2000 erfolgt ein Leitungswechsel. Schwester Barbara wird als Leiterin der Schwesternschaft und als Äbtissin des Klosters eingeführt. Ihre persönlichen Visionen, ihre Ziele? Das Gebet für die Menschen und für die Stadt ist unser Auftrag, sagt sie. Im Juni jeden Jahres gibt es im Kloster einen »Klostertag« als Tag der Offenen Tür. Im letzten Jahr stand der Klostertag unter dem Wort des Propheten Jeremia: »Suchet der Stadt Bestes und betet für sie«. Ganz konkret ist das gemeint, die politischen Ereignisse – auch in dieser Stadt – sind immer eingeschlossen.

Und immer wieder dieses: Das Kloster als Raum der Stille zu bewahren. Als Ort auch für die Menschen, die für kürzere oder längere Zeit zu Gast sind, um zur Ruhe zu finden. Sich neu zu

orientieren, Antworten auf Lebensfragen und Nöte zu bekommen. Die Begegnungen in der »Klostergrotte« sind
Schwester Barbara wichtig, in der am Dienstagnachmittag
Menschen in gemütlicher Atmosphäre sich öffnen und sich begegnen können. »So viel Schönes erfahren wir durch den Ort,
der uns gegeben ist, und durch die Menschen hier«. Sie begleitet mich hinunter bis an die Eingangspforte, als ich das
Kloster verlassen will.

Wenn ich das, was ich gerade im Gespräch erfahren habe, in
die Vergangenheit projiziere: Was für eine Dynamik hat sich
in diesen Mauern über die Jahrhunderte abgespielt? Ich werde das nicht greifen, ich werde das nicht annähernd erfassen
können. Aber ich gehe, als ich später wiederkomme, mit Augen und Ohren durch das Kloster, die wissen, dass sich hinter
dem, was wir sehen und hören können, noch Anderes verbirgt.

Ich habe mir die Kirche aufschließen lassen, bin über den oberen Klostergang auf die Empore gekommen und sitze nun unten in der Kirche. Eine komplizierte Baugeschichte hat die
Klosterkirche St. Marien, die Konventualin Hanna B., die
Kunstgeschichte studiert hat, weiß darüber hervorragend Bescheid und hat mich bei einem früheren Besuch auf viele Einzelheiten aufmerksam gemacht, die ich leider alle vergessen
habe. Als romanische Hallenkirche in der ersten Hälfte des 13.
Jahrhunderts konzipiert, erscheint sie jetzt eher als ein kreuz-
förmiger Zentralbau, mit frühgotischem Einschlag. Die im 19.
Jahrhundert auf drei Seiten eingebauten Emporen verstärken
diesen Eindruck. Aufgefundene spätmittelalterliche Holzre-
liefszenen aus dem Leben Jesu sind in moderner Hängung in
zwei Reihen zu einer Art Altarblatt zusammengestellt.

Rechts neben dem Altar ist die Grabplatte aus dem frühen 13.
Jahrhundert, die ich ganz besonders liebe. Unter einer Arkade steht im Messgewand, den Kelch in der Rechten und die
Linke achtunggebietend erhoben, der erste Propst des Klosters
Barsinghausen. Bodo steht über seinem Kopf in großen Buch-
staben geschrieben, die segnende Hand Gottes berührt – aus
einem Himmelsgewölbe mit einem Stern – den Kopf des Propstes. Ernst schaut der bärtige Mann mit der hohen Stirn mich
an, der Dialog über acht Jahrhunderte hinweg kann beginnen.

Was hätten wir uns zu erzählen! Die knopfartigen Gebilde, die ihn von allen Seiten umgeben, deute ich als Rosen: So gesegnet ist seine Arbeit offenbar gewesen, und so sinnenhaft wird das ausgedrückt. Scharfe Linien und Spitzen durchziehen das Messgewand. Byzantinisch beeinflusst soll die Grabplatte sein, der erste Kreuzzug hat schon 1096 begonnen und die Kontakte mit dem Byzantinischen Reich reißen von da an nicht mehr ab. Das Reich der Staufer reicht auch bis Sizilien. Dass es keine vergleichbaren Grabplatten im norddeutschen Raum gibt (E. Ederberg), will ich in meiner Begeisterung für den Propst Bodo gerne glauben.

Aber dann ist die Klosterkirche Barsinghausen für mich nicht mehr ein Ort der Phantasie, sondern der Erinnerung. Die Kunstwerke, die die Klosterkirche am stärksten prägen, hat ein Mann geschaffen, den ich gut gekannt und bis in seine letzten Tage hinein begleitet habe. Von Kurt Sohns stammen die acht Glasfenster in der Kirche: Im Altarraum, in der Taufkapelle und oben auf der Nonnenempore, Prieche genannt.

In Barsinghausen ist Kurt Sohns geboren. In Alvesrode bei seinem Großvater aufgewachsen, hat er hier im Ort die Schlosserlehre absolviert und diese 1924 als Bau- und Kunstschlosser abgeschlossen. Sein Zeichentalent hat er dabei weiter ausbilden können. So kommt er 1926 auf die Werkkunstschule in Hannover, schließt dies Studium 1930 mit Erfolg ab und wird schon 1932 eben dort, mit 25 Jahren, als Dozent für Farbenlehre eingestellt.

Seine Entlassung 1937 hat er mir so erzählt: Eine Parteiversammlung ist in der Werkkunstschule einberufen, Erscheinen ist Pflicht. Ein Parteiredner beginnt seine Ansprache mit dem gegrölten Ruf: Alle Juden raus! Hier und da stehen einzelne Studenten auf, verlassen den Saal. Auch in den vorderen Reihen steht einer auf, ein Dozent, geht langsam aus dem Raum, man hört seine Worte: »Hier stinkt es!« Als Kurt Sohns abends nach Hause kommt, ist der Bote mit seiner Entlassungsurkunde schon dagewesen.

Sohns schlägt sich als freischaffender Künstler durch. Schon 1934 hat der begeisterte Skandinavienfahrer die norwegische

Staatsbürgerin Louise Wärness kennengelernt, hat sie 1935 geheiratet. Im Krieg wird er als Dolmetscher im Heimatland seiner Frau eingesetzt, dann kommt er nach Albanien, wird krank. Nach dem Krieg übernimmt er wieder ein Lehramt, kommt an die Technische Hochschule Hannover, als Honorarprofessor, als außerordentlicher, schließlich als ordentlicher Professor am Lehrstuhl für Malen und Zeichnen. 1972/73 wird er emeritiert. Er lebt mit seiner Frau, die Töchter sind schon aus dem Haus, in der Innenstadt Hannovers, in der Burgstraße. Von dem Balkon seines Ateliers hoch oben schaut er hinunter auf den Platz am Ballhof, den er oft gemalt hat. Der Turm der Marktkirche steht mächtig über den Dächern der Innenstadt, den Ausblick zeigt er mir mit Stolz.

Den Auftrag, die Fenster in der Kirche seines Geburtsortes Barsinghausen zu gestalten, hat Kurt Sohns offenbar mit Begeisterung und Genugtuung angenommen. Ich kenne seine Glasfenster im Hamelner Münster und in der Jacobi-Kirche Hildesheim. Die beiden Fenster hoch oben im Chorjoch von Barsinghausen, in den Jahren 1960/62 gestaltet, das Nordfenster und das Südfenster, scheinen mir in der Glasmalerei sein Meisterwerk zu sein. Die drei Mittelfenster vorne in der Apsis stellen die Kraft der Farben und die Brüchigkeit der Flächen gegeneinander. Die Farbe ist die Steigerung der Bedeutsamkeit des Dargestellten, so hat Sohns die ausgesprochene Farbigkeit seiner Arbeiten verstanden wissen wollen. Aber die Farben sind diffus und die Flächen sind zersplittert. Es ist keine heile Welt mehr, auf die sich die Symbole des göttlichen Heilshandelns beziehen. Links der Kelch mit der Dominanz der Farbe Grün, in der Mitte das lateinische Kreuz (Dominanz Rot), rechts die herabstürzende weiße Taube (Dominanz Blau). Auch den Dreiklang von Glaube, Liebe, Hoffnung lese ich heraus. All dies ist nur in den Ambivalenzen des Lebens zu gewinnen, merke ich.

Es ist schön, dass das »Bergwerkfenster« in der Taufkapelle, im südlichen Nebenchor, in der Kirche geblieben ist. Sohns hatte zwischenzeitlich ein anderes Motiv geplant (die Erschaffung des Menschen nach 1. Mose 1, 26-28), das sich inhaltlich und ästhetisch besser mit dem daneben liegenden Fenster des »Daniel in der Löwengrube« vertragen hätte. Aber das Handwerkliche war Sohns wichtig, und so ist es bei diesem Glasfenster mit dem anonymen Bergmann und seiner Grubenlampe und den gegeneinander verkanteten Schachtstützen geblieben. Barsinghausen ist doch jahrhundertelang eine Bergarbeiterstadt gewesen; schon um 1600 wurde nach Kohle geschürft. Erst 1957 ist der Steinkohlebergbau aus wirtschaftlichen Gründen eingestellt worden. Die Erinnerungen daran kann man, etwa im »Besucherbergwerk« oder beim Gang zu den verschiedenen Stollen auf den »Erlebnistouren« erneuern. Die Gewinnung des Sandsteins, mit dem nicht nur die Klosterkirche Barsinghausen, sondern auch die Waterloosäule und das Schloß in Hannover gebaut wurde, ist schon seit dem 13. Jahrhundert nachzuweisen. Das dominierende Gewerbe war im 19. Jahrhundert die Steinhauere. Ein Drittel aller Männer war darin tätig. Auch der Sandsteinabbau ist längst eingestellt. Es ist schön, dass wenigstens in einem Fenster der Klosterkirche an die große industrielle Vergangenheit Barsinghausens erinnert wird.

Dann aber sind da noch die beiden Fenster hoch oben in der Apsis. Für den Blick Gottes sind sie geschaffen; die Menschen müssen sich sehr mühen. Ich bin von einer Seite der Empore auf die andere gelaufen, hin und her und her und hin, um die Zusammenhänge zu begreifen und die Eindrücke zu vertiefen. Das Nordfenster beschreibt den »Alten Bund«: Der Brudermord (Kain und Abel), die Opferung Isaaks, der Traum Jakobs mit der Himmelsleiter, die Arche Noah, die Auffindung des kleinen Mose, der Tanz Israels um das Goldene Kalb. Das Südfenster thematisiert den »Neuen Bund«: Die Geburt Christi, die Flucht nach Ägypten, die Sturmstillung, die Bergpredigt Jesu, die Einsetzung des Abendmahls, die Kreuztragung Christi. Gegenläufig in der historischen Reihenfolge sind die Zyklen angebracht: Die Reihe des »Neuen Bundes« beginnt links oben, die des »Alten Bundes« rechts unten.

Ich überlege lange daran herum, warum dies wohl so ist. Bis ich dahinterkomme: Sohns hat die mittelalterliche Typologie, den Hinweischarakter des Alten Bundes auf den Neuen Bund aufgegriffen und seine eigene Glaubenslehre als eine das Alte und das Neue Testament übergreifende Geschichtsschau zusammengestellt. Ungewöhnliche Kombinationen und Einfälle und Zusammenhänge sind da zu sehen. Die Auffindung des ausgesetzten Moseskindes (Nordfenster, rechts oben) hat als Gegenüber auf der anderen Seite die Geburt Christi (Südfenster, links oben). Der Tanz um das Goldene Kalb (Nordfenster, links oben) stellt mit der Flucht nach Ägypten (Südfenster, rechts oben) den Betrachter offenbar vor die Frage nach der Greifbarkeit und Ausübung von Macht. Die Sturmstillung ist kontrastiert mit der Himmelsleiter, die Zerstörung der Bruderschaft durch den Mord des Kain an Abel mit der Wiederaufrichtung der Gemeinschaft durch das Abendmahl, das Jesus gestiftet hat. Hier spürt man auch das politische Engagement des Kurt Sohns, dem die Versöhnung der Menschen und der Völker so wichtig war. Die letzten beiden Szenen greifen dann noch einmal eine typologische Verknüpfung auf, wie sie seit dem frühen Mittelalter gang und gäbe war, erweisen damit eine Reverenz an die 800 Jahre christlicher Geschichte, wie sie in dieser Kirche und in diesem Kloster sichtbar ist: Die Opferung Isaaks (Nordfenster, unten links) wird zum Hinweis auf das Opfer Christi, mit dem Gott die Menschheit vom Fluch der Gottesferne löst (Südfenster, unten rechts). Der aktive Charakter, das Tragen des Kreuzes, wird dabei von dem Maler besonders betont.

So haben mich die Farbfenster in der Klosterkirche in einen tiefen Dialog mit den Geschichten des Alten und Neuen Testaments verstrickt, aber auch in einen Dialog mit dem Manne, der sie schuf. Sein fröhliches Gesicht mit den munteren Augen sehe ich vor mir.

An seinem Geburtstag am 9. Januar 1990 haben wir den 83 jährigen Malerprofessor auf der Engesohde in Hannover zu seiner letzten Ruhe begleitet. Und alle waren der Meinung, er hätte diesen Zusammenfall von Geburtstag und Beerdigungstag mit den Worten kommentiert: »Wie hat der das bloß fertiggebracht!« Ja, der leise Humor und das laute Lachen war Kurt Sohns ins Gesicht geschrieben. Aber auch die einfühlsame Nähe. Als ich ihn am Heiligabend, vor seinem Tod am 4. Januar, noch einmal besuchte, lag er schon fest darnieder. Ich erzählte ihm von dem Mitternachtsgottesdienst, den ich an diesem Abend in der Marktkirche noch vor mir hätte, und von der Fülle der Menschen, die mich kaum vom Altar auf die

Kanzel würden kommen lassen. Da sagte er leise: »Ich werde in Gedanken auch dabeisein und werde mich ganz dicht an die Kanzel setzen«.

Dann klingt der Abend aus. Ich nehme um 18.00 Uhr an der Vesper teil in dem Andachtsraum »Beth-El«. Freie Gebete in liturgischem Rahmen für die Schwestern- und Bruderschaften in Deutschland und darüber hinaus sind das Gebetsanliegen. Die Schwestern haben mich zum Abendessen eingeladen, die knappe Stunde geht schnell vorüber mit ruhigen Gesprächen. Um 19.30 Uhr die Komplet auf der »Prieche« in der Kirche. Die Schwestern singen die Psalmen leicht und genau, sind gut aufeinander eingestimmt. Vor uns das Glasfenster der klugen und törichten Jungfrauen von Kurt Sohns. Die Trauer der Frauen, die die Stunde der Ankunft des Bräutigams versäumt haben, bewegt mich noch einmal sehr. Ja, der Maler hat auch um die Gottesferne des Menschen viel gewusst. Schwester Barbara, die Äbtissin, bringt den Gast zum Abschied noch einmal bis an die Klosterpforte. Die leise und unaufdringliche Aufmerksamkeit tut gut.

»Wege innen und außen«

Das Kloster Wennigsen

»Omnibus prodesse, nocere nemini«. Die Bürgermeisterin von Wennigsen zitiert das Wort, das am Eingang ihrer Schule im Augustinerinnenkloster von Essen stand. »Allen nützen, niemandem schaden«. Ein hohes Ideal, das dem hochgemuten Geist des alten Kirchenvaters entspricht. Mit weniger wollte sich Augustinus in der Nachfolge Christi nicht zufrieden geben.

Es ist ein Samstag im April. Das neue »Haus für Stille und Begegnung« wird im Kloster Wennigsen eröffnet. 280 Menschen haben sich angemeldet, mehr als 400 sind gekommen. Die Essensplatten sind leergefegt, als ich nach den drei Stunden in der Klosterkirche die erste Etage des Klosters erreiche, in der hinterher gefeiert wird. Eine freundliche Dame teilt die letzten drei Schnittchen, die sie ergattert hat, mit einem Anderen und mit mir. Im Gottesdienst hat die Landesbischöfin von der Hast und Hektik des modernen Lebens gesprochen. Auf der »Überholspur des Lebens« seien viele von uns, in ständiger Bewegung. Aber das Leben lässt sich nicht überholen, es will gelebt sein. Das Kloster sei ein echtes Kontrastprogramm. Orte der Stille werden gebraucht. Orte der Auseinandersetzung auch mit einem selbst. Es braucht die Stille, um Gott zu begegnen. Erneuerung kommt von innen. Von dem großen Schatz hat sie geredet, den wir mit den Klöstern in unserem Lande haben. Dann hat Franz-Xaver J.-S. in seinem schweizerischen Tonfall, der in deutschen Ohren wie ein Singsang klingt, eine Stunde lang über das »Herzensgebet« gesprochen. Das Herz, das die Mitte des Menschen und des Lebens ist, das sich im Gebet in der Geborgenheit des göttlichen Geheimnisses zu Hause fühlt. »Via Cordis« heißt das Haus für Stille im Kloster Wennigsen, das Marianne und Heinz B. leiten werden. »Weg des Herzens«.

Auch in der lateinischen Sprache verknüpft sich die Gegenwart mit der Gründungszeit des Klosters. Und die eindringlichen Gedankengänge des Meditationsmeisters aus der Schweiz münden natürlich in das Zitat des Bischofs Augustinus von dem »Cor inquietum«. »Unser Herz ist unruhig in uns, bis dass es ruht, o Gott, in dir«.

So schließen sich in Wennigsen die Kreise, denke ich, als ich in der Kirche sitze. Vor über 800 Jahren ist das Chorfrauenstift gegründet worden und hat nach der Regel des Hl. Augustin gelebt. »Vor allem, teuerste Brüder (und Schwestern), werde Gott geliebt und dann der Nächste. Dies sind die Hauptgebote, die uns gegeben wurden« (Regel des Augustin). Wer den inneren Weg des Glaubens geht, sucht die direkten Verknüpfungen. Da verschwinden Raum und Zeit. Da kann ich ein Wort des Augustinus meditieren, als sei es heute und als sei es zu mir gesagt. Der Besucher, der von außen kommt, hat es – zumindest an diesem Punkt – schwerer. Er wird nicht die inneren, er wird die äußeren Wege gehen. Er wird die sinnlichen Erscheinungen und Gestalten, die 800 Jahre Klostergeschichte hinterlassen haben, einzuordnen und abzuschreiten suchen.

Differenzen wird er sehen, Abbrüche, unvollendete Räume, die Geheimnisse des Lebens, die sich nicht mehr oder noch nicht entschlüsseln lassen. Die Konzentration des inneren Weges wird er dabei nur selten erreichen können. Aber auch die äußeren Wege reizen und locken die Phantasie heraus.

Schon allein die Wege, auf denen man nach Wennigsen kommt, lohnen die Betrachtung. Die Annäherungen sind für mich wichtig, verknüpfen den Weg mit der Erwartung, die das Ziel in meiner Vorstellung wachsen lässt. Zwei Wege sind mir vertraut. Ich liebe die Lindenallee mit den geschwungenen Kurven, die von Sorsum nach Wennigsen führt. Die Aufmerksamkeit, die die Straße fordert, macht mich wach und versammelt meine Sinne. Bei der Ortseinfahrt von Wennigsen versetzt mir das Neubaugebiet, das mir wie ein Chaos erscheint, einen Schlag direkt ins Gesicht. Immer wieder überraschend, fast überfallartig, taucht rechts die Klosterkirche mit der Ostseite des Klosters auf.

Die andere Straße, von Lemmie nach Wennigsen, ist gemächlich. Von oben kommt man sozusagen. Links unten im Tal liegt Wennigsen, der Kirchturm zeigt die Mitte des Ortes an. Der Ort versinkt, und eine Weile ist nur der Kirchturm zu sehen, der immer spitzer wird. Das lässt mich schmunzeln: Es ist, als spiegele sich der ganze Ort in der Spitze des Turms. Dann sind und bleiben Kirche, Kloster, Ort verschwunden. Durch Degersen links den Berg hinunter, am Bahnhof vorbei: Erst kurz vorher tauchen Kirche und Kloster an der rechten Seite auf. Aber man ist vorbereitet, wenngleich der Anblick aus der Nähe anders ist.

Die Annäherung an das Kloster präsentiert mir ein Problem, das mich die Stunden und Tage in Wennigsen begleiten wird. Auf beiden Wegen, von Sorsum wie von Lemmie, lande ich auf dem Parkplatz und damit sozusagen auf dem Hinterhof. Will ich die Kirche besuchen, muss ich ganz um die Kirche herummarschieren. Will ich zum Haupteingang, muss ich rechts auf einem Privatweg die Ostfront des Klosters passieren. Eine Freitreppe zeigt dort einen Eingang an, aber der ist nicht für mich bestimmt. Das Kloster Wennigsen hat einen prachtvollen Haupteingang. Es ist der schönste, den es in unseren Landen an einem Kloster gibt. In die Klostermauer ist ein rundbögiges Tor eingelassen, ein Giebeldreieck darüber betont die Würde des Ortes, den man betritt. Die Distanz bis zur Freitreppe in der Mitte des Nordflügels ist groß genug, um eine ganze Reihe von Kutschen vorfahren zu lassen. Repräsentativ ist diese Auffahrt, und dass es sich bei dem Kloster Wennigsen um ein »hochadeliges Stift« handelt, wie es auf dem Epitaph der Äbtissin Margareta Clara von Jeinsen zu lesen ist, wird mit einem Schlage klar.

Man sieht geradezu die Equipagen der Adelsfamilien vorfahren zu einem Besuch in dem Kloster, in dem ihre Töchter oder Tanten als Konventualinnen oder Chanoinessen leben. Nur: Klostereinfahrt und Klosteraufgang haben diese Funktion nicht mehr. Eines Tages sehe ich den Hausmeister mit seinen beiden Ponies und einem Wagen im Trab das Eingangsportal passieren, und schon hat sich die Welt verwandelt. Für die »Vorfahrt« ist der Klostereingang von Wennigsen gedacht. Für den festlichen Empfang, bei dem die Hausbewohner sich auf dem obersten Absatz der Freitreppe versammeln und die Ankömmlinge willkommen heißen. Der einsam – vielleicht sogar abends – Anreisende wird vielleicht erst lange um das Kloster herumstreichen, bis er es wagt, die Treppe hinaufzusteigen und die Klingel zu suchen, auf die er drücken kann.

So geht es mir im Kloster Wennigsen auf Schritt und Tritt. Eine andere Gegenwart schimmert durch. Abbrüche sind zu ahnen, Neuanfänge. Diskrepanzen, so als ob unsichtbare Kräfte die Dinge in verschiedene Richtungen ziehen wollen. Und immer wieder im ganzen Kloster und in der Klosterkirche: Ein

Repräsentation bereits am Eingangstor zum »hochadligen Stift« Kloster Wennigsen.

gestaltetes Versprechen. Ein Versprechen der Vergangenheit, das wahrscheinlich größer ist, als es der Besucher erfassen und als es die Gegenwart realisieren kann.

Das beginnt bereits beim Betreten der Klosterkirche: Beim Eingang an der Westwand des Turms, an der Innenseite der Nordwand der Kirche ist ein romanisches Tympanon angebracht. Antje Busch-Sperveslage hat in ihrer Dissertation über »Die Klosterkirche in Wennigsen« (1999) auch die Klostergründung einer eingehenden Untersuchung unterzogen, hat eine Gründungszeit um 1185 wahrscheinlich gemacht und den maßgeblichen Einfluss des Bischofs Thietmar von Minden dabei herausgestellt (die bisher angenommene Reihenfolge der Gründungsjahre der Calenberger Klöster gerät dadurch durcheinander). Der Ort Wennigsen, auch Teile des Kirchturms sind älter. Ebenso stammt das Tympanon, das vielleicht ursprünglich am Eingang der ersten Gemeindekirche angebracht war, sicherlich aus vorklösterlicher Zeit.

Christus sitzt auf einem mit Kissen versehenen Thronsessel, der Kreuzesnimbus definiert ihn, Alpha und Omega, Sonne und Mond sind die Symbole seiner Weltenherrschaft. Der Bogenfries darüber mag den Weltenhorizont abbilden, auch die Unterseite der Skulptur hat wunderschöne Ornamente. Die Welt, in der Christus herrscht, ist eine gestaltete und geordnete Welt, wird mir klargemacht. Die Gestalt Christi ist breit und gedrungen; dies scheint mir gegen den oft behaupteten byzantinischen Einfluss zu sprechen. Die rechte Seite seines Oberkörpers ist bloß; die Massivität des Körpers ist so stark, dass die Brustwarze fast wie eine weibliche Brust erscheint. Von der linken Seite hängt der Mantel lang herab. Immer wieder schaue ich gerade darauf, staune über das kunstvolle Gewirr der Falten.

Links von Christus kniet Abel, schaut den Herrn an und bringt ihm als Opfer ein Lamm dar. Rechts lehnt sich Kain in Richtung des Thrones, schaut den Betrachter an und bringt als Opfergabe eine gebundene Garbe Korns. Die ausgestreckten Hände Christi lassen zu Abel hin den Segensgestus und zu Kain hin eine Rolle erkennen, auf der das Kainszeichen – das Schutzzeichen des Mörders – vermutet werden könnte.

Die geistige und theologische Leistung des Wennigser Tympanons ist überwältigend. Normalerweise kennt man von den romanischen Kathedralen am Eingang die großen Skulpturen vom Weltgericht. Bei der Wiederkehr Christi am Jüngsten Tag trennt sich das Schicksal der Erlösten und der Verdammten. Die kirchliche Disziplinierungsabsicht liegt zutage: Dem in die Kirche Eintretenden wird bedeutet, dass sich hier, in der Begegnung mit dem Heil, sein ewiges Geschick entscheidet. Die um so vieles einfachere Darstellung im Tympanon von Wennigsen ist hintergründiger, in ihrer Multiperspektivität für das mittelalterliche Denken typischer als vieles andere.

Abel erscheint mir als der Prototyp der Anbetung. Kniend, ganz locker die Gestalt, den Blick konzentriert auf den Herrn gerichtet. »Wer Dank opfert, der preiset mich«, wie es in den Psalmen heißt. Die alttestamentliche Geschichte gibt sozusagen nur den ikonographischen Hintergrund ab. Dass dieser Mann, von der Keule Kains getroffen, im nächsten Augenblick zu Boden sinken kann, erscheint mir undenkbar.

Ganz anders Kain. Die Keule, die nach hinten ragt, greift der Geschichte voraus und nimmt den Mord vorweg. Und der Blick, der den Vorübergehenden fixiert, meint offensichtlich den »Kain in uns«. Die Ambivalenz menschlicher Existenz scheint mir in der Kain-Abel-Darstellung in Wennigsen eindrücklich ausgestaltet. Hingabe und Gefährdung als Möglichkeit und als reale Existenzerfahrung. So wie in der thronenden Figur des Weltenherrschers die Gestalt Gottes (mit Vollbart) und die Gestalt Christi (mit Nimbus) als Richtender und als Liebender zusammenwachsen. Seine ausgestreckten Hände können den Abel und den Kain in uns auseinanderhalten wie zusammenführen. Eine auch künstlerisch so überlegene Gestaltung ist dieses Tympanon, dass ich immer wieder vor Bewunderung sprachlos bin. Ob es auch mit der örtlichen Gerichtsbarkeit, dem Gogericht in Zusammenhang zu bringen ist, mag offen bleiben.

Ich gehe langsam durch die Kirche. Die Veränderungen, Erweiterungen, Umbauten durch die Jahrhunderte hindurch hat die erwähnte Dissertation eingehend beschrieben. Es stimmt nicht alles zusammen, was jetzt zusammen zu sehen ist. Ich habe einmal, bei einem Klostertag, hier gepredigt; da sieht man von der Kanzel glücklicherweise in die Augen der Menschen, nicht in die vielen Ecken und Winkel, die ihre Funktionen ständig wechseln. Aber immer wieder gibt es glanzvolle Höhepunkte. Wer beschreibt endlich eingehend das spätmittelalterliche Deckengemälde im Altarraum? Nicht die äußeren Bedeutungen meine ich.

Leicht ist es zu erkennen, dass oben um den Schlusssstein herum Christus und die 12 Apostel sitzen, darunter die Reihe der Propheten (einschließlich des Königs David), dann die Tierdarstellungen als Gleichnisse auf das Wirken Christi (Pelikan, Adler, Löwe) und die Symbole der Evangelisten. Aber dann, im östlichen Chorgewölbe, der Höhepunkt: Der Himmel ist offen. Christus erscheint in der Mandorla, mit Schwert und Lilie. Die Engel musizieren mit allen Instrumenten, die man damals kennt. Sind die Engel in einem Frauenkloster eben doch ausschließlich weiblich? Die Frauen mit der Märtyrerkrone, Elisabeth von Thüringen mit ihrem Korb ist deutlich zu erkennen. Dies alles gemalt in der Zeit der spätmittelalterlichen Klosterreformen. Wie ist das theologisch zu bewerten? An den Konsolsteinen des Chores sind die Kirchen- und Klosterpatrone in herrlich naiven Darstellungen zu sehen: Die Krönung Mariens und Petrus mit der Märtyrerkrone. Die Engel sind überall dabei.

Den Priechengang im Kloster suche ich auf. Stunden kann man hier zubringen, ein kleines Museum ist entstanden. 1908 hat man bei Renovierungsarbeiten der Kirche, auf der Nonnenempore, unter Balken sorgfältig versteckt, eine Reihe mittelalterlicher Holzskulpturen aufgefunden. Haben Nonnen bei der Einführung der Reformation im Kloster diese »Gnadenbilder«, die offensichtlich in der neuen, auf Predigt und Glaube konzentrierten Epoche nicht sonderlich geschätzt wurden, zu »retten« versucht? Oder haben die Stiftsdamen sie vor den Marodeuren des Dreißigjährigen Krieges in Sicherheit gebracht? Wieder eine dieser Geschichten, die man endlos fortspinnen kann, weil man Sicheres nicht weiß.

Am stärksten ins Auge fällt sofort die »Gnadenbildmadonna« (»Mantelmadonna«); sie war wohl der Anlass für die mittelalterlichen Wallfahrten zum Kloster Wennigsen. In strenger Frontalität sitzt Maria (auf einem unsichtbaren Stuhl oder Thron) dem Betrachter – leicht lächelnd, wie mir scheint – gegenüber. Das Christuskind, als kleiner Erwachsener, in absoluter Symmetrie auf ihrem Schoß. Da geht kein Blick verloren. Zu der langen Tradition der »schwarzen Madonna« scheint die Skulptur zu gehören, die die besondere Erdverbundenheit der Gottesmutter, ihre magischen Kräfte zum Ausdruck bringt. Der Mantel der Maria ist später (unter Verwendung älterer Materialien) umgehängt, der Kopf erneuert. Eine ganz archaische Darstellung, möglicherweise aus der Gründungszeit des Klosters, scheint dies zu sein.

Verschiedene Mariendarstellungen (mit und ohne Kind), eine Pietà, der Hl. Augustinus mit Bischofsstab und dem von zwei Pfeilen durchbohrten Herz, an dessen Regel sich das Kloster im Mittelalter hielt: Raum für immer neue Meditationen und Entdeckungen. Besonders beeindruckt mich die Pietà, die rechts vor dem Aufgang zur Damenempore steht. Die trauernde Maria greift mit der linken Hand in ihr Kopftuch, als wolle sie sich daran festhalten oder ihre Tränen trocknen. Flach liegt Christus auf ihrem Schoß, die Augen sind fest geschlossen, die Beine hängen wirklich leblos herunter, der Körper ist von kleinen Blutflecken überzogen.

Für das bedeutendste Kunstwerk im Priechengang will ich mir aber noch zusätzlich Zeit nehmen. Es ist im Priechengang zwar nur in einer Kopie vorhanden, aber die Kopie ist gut, man kann sich in das Bild hineinarbeiten, um es dann später im Original in der Mittelalterabteilung des Niedersächsischen Landesmuseums in Hannover intensiver studieren zu können. Es ist eine der frühesten gotischen Tafelmalereien in Deutschland, eine – wahrscheinlich als Altarretabel gedachte – Darstellung des »Marientodes«. Maria liegt nach ihrem Hinscheiden mit gekreuzten Armen auf einem Ruhebett. Christus ist in einer (außerordentlich massiv gemalten) Mandorla gekommen, nimmt ihre Seele in der Gestalt eines Kindes auf den Arm und segnet sie. Um sie herum stehen die 12 Apostel in langen, vielfarbigen Gewändern. Der Rahmen, der nicht mehr unversehrt ist, enthält einige Blattornamente und Medaillons von Heiligen.

J. Gardill und M. Wolfson haben den Wennigser »Marientod« 1992 einer eingehenden stilistischen und ikonographischen Analyse unterzogen. Das Nebeneinander von harten und weichen, kantigen und schwungvollen Formen der Gewänder und der Gesichter erklären sie mit der Spannung zwischen der Zitation eines älteren Marientodbildes und dem eigenen zeitgenössischen Stil. Byzantinischer Einfluss aber ist in der Eleganz des ganzen Bildes spürbar. Auch inhaltlich ist das zu verstehen. Gardill/Wolfson haben es anhand der byzantinischen Bildtradition wahrscheinlich gemacht, dass die 13. Männergestalt mit dem Bischofsstab (gleich links neben Christus) nicht – wie bisher angenommen – als Ordenspatron der Hl. Augustinus, sondern der Athener Bischof Dionysius Areopagita ist, der von Paulus bekehrt wurde und der schon in der »Legenda aurea« als Zeuge des Marientodes beschrieben wird. Um 1300/1320 ist das Wennigser Bildnis demnach entstanden.

Ich stelle mir vor, dass der »Marientod« für die Nonnen im Kloster Wennigsen das tröstlichste Bild von allen gewesen ist. Maria, die Urmutter des Glaubens auch im Sterben. So sterben zu dürfen: Von Christus empfangen, von der Kirche umgeben. So werden die Frauen im mittelalterlichen Kloster gestorben sein. Anstelle der Apostel standen die Glaubensschwestern um die Totenbahre herum. Christus war da, unsichtbar zwar, aber in der Totenlitanei und in den Gebeten spürbar, nahm er die Seele der Verstorbenen zu sich in sein Paradies. Bild und Abbild, Realität und Glaubenswirklichkeit im direktesten Bezug. Nicht nur von der malerischen Qualität her ist der Wennigser »Marientod« ein Meisterwerk.

Noch einen schnellen Blick werfe ich auf die Vitrine mit den Abendmahlsgeräten des 17. und 18. Jahrhunderts, die Sabine Gräfin zu Eulenburg 1944 aus ihrer Kirchengemeinde Leunenburg in Ostpreußen herausgerettet hat, während ihr Mann im Krieg war. Sie hatte die Kiste zunächst nach Sachsen geschickt. Als sie dort nach der Flucht auch selbst angekommen war und die Russen nach dem Abzug der Amerikaner Sachsen besetzten, flüchtete sie mit ihren Sachen in den Westen. Die Kiste mit den Abendmahlsgeräten konnte sie nur so über die Grenze retten, dass sie bei der anderthalbstündigen Kontrolle ihres

Inventars durch die Russen auf der Abendmahlskiste sitzen- blieb. Ein paar Flaschen Wodka haben dann wohl auch die Großzügigkeit gefördert. Dem Johanniterorden hat Graf Eulenburg die historischen Abendmahlsgeräte übergeben, und so sind sie hier im Kloster zu sehen. Nicht nur Bücher haben ihre eigene Geschichte.... Die Konventualinnen des Hauses er- innern sich noch, dass die resolute und kluge Gräfin vor etwa 10 Jahren im Wennigser Kloster ihren 95. Geburtstag feier- te.

Die zehn Stufen zum Nonnenchor sind schnell zu ersteigen. Man passiert dabei ein rundbogiges Säulenportal, das in seiner Schlichtheit ein überzeugendes Beispiel für die romanische Kunst der Übergänge ist. Der Portaltypus lässt eine Ent- stehungszeit zwischen 1200 und 1230 vermuten. So legt sich der Schluss nahe, dass über 800 Jahre lang alle Frauen des Klos- ters durch dieses Portal zu ihrem festen Platz bei den Horen, den Andachten und den Gottesdiensten gegangen sind. Erst die Untersuchungen von Antje Busch-Sperveslage haben er- geben, dass das romanische Ostportal zwar schon immer an dieser Stelle zu finden war, aber bis zum barocken Neubau des Klosters 1707-1711 3.40 Meter tiefer lag und den Zugang zu der unter dem Nonnenchor liegenden Betkapelle bildete. Erst seit 1710 sind die Konventualinnen durch den Priechengang und das jetzt höher gesetzte Portal auf die Damenempore ge- langt. Bis dahin war der Zugang zum Nonnenchor durch das – wieder zugängliche – Westportal, das damals eine Ver- bindung zu dem jetzt nicht mehr vorhandenen Kreuzgang hat- te. So können architektonische Untersuchungsergebnisse die Gedanken der Erinnerung disziplinieren und klären.

Die Damenempore ist für mich der schönste Raum des Klos- ters. Alle Untersuchungen bestätigen – trotz einiger Umbauten – seine Ursprünglichkeit. Das über 8.50 Meter hohe Kreuz- rippengewölbe mit ornamentalen Malereien um den Schluss- stein, die große Kreuzigungsskulptur, die hängende Madon- nenfigur, das Epitaph der Domina (Äbtissin) von Jeinsen zer- streuen nicht den Blick, unterstreichen vielmehr die Einheit des zur Klosterkirche hin offenen Raumes. Das ist der zentra- le Ort der 800jährigen Geschichte dieses Klosters! Wenn ein Kloster eine Stätte des Gotteslobes ist und sich das ganze

Leben um seine geistliche Ausrichtung bewegt, dann ist dieser Raum die geballte Kontraktion des Klosterdaseins. Grund genug, mich für eine Weile hier festzuhalten und einige Schnittpunkte der Klostergeschichte an mir vorübergleiten zu lassen.

Als ich damit beginne, merke ich, dass ich fast nur Fragen habe. Ob bei der Gründung des Klosters nicht doch die Familie der Edelherren von Ricklingen mit ihren häufigen Schenkungen an das Bistum Minden eine größere Rolle gespielt haben, um 1200 taucht ein Burchard von Ricklingen als Ministerialer von Wennigsen auf! Und welchen Anlass hatte die Klostergründung gerade hier – die Sicherung des bischöflichen Einflusses fernab von Minden kann doch nicht das einzige Motiv gewesen sein? Ein Kloster, zusammen mit Barsinghausen, für den calenbergischen Ritteradel war Wennigsen; alle bekannten Namen wie die von Knigge, von Alten, von Hale, von Hanensee, von Jeinsen, von Stöckheim tauchen schon im Mittelalter auf. Welchen Einfluss nahmen sie auf die Geschicke des Klosters? Hatten die Augustinerinnen von Wennigsen wirklich in größerem Umfang persönliches Eigentum, wie die Kauf- und Verkaufsurkunden zu beweisen scheinen? Oder handelte es sich im Wesentlichen um die Einbringung ihres Vermögens in das Klostergut? Der Weg zu dem reichsten der Calenberger Klöster am Ende des Mittelalters ist damit vorgeschrieben. Aber am Anfang bereiten zahlreiche Ablassbriefe zugunsten des Klosters Wennigsen diesen Weg. Dass die Bischöfe von Minden für Wennigsen Ablassbriefe ausstellen, ist selbstverständlich (1268; 1274; 1320; 1349). Aber wie kommt ein Bischof von Schwerin (1284) und vor allem ein Bischof von Prag (1274) dazu, einen Ablass für diejenigen zu gewähren, die das Kloster Wennigsen an bestimmten Feiertagen aufsuchen oder dasselbe unterstützen?

Bei der Klosterreform des Jahres 1455 hat sich der Klostervisitator Johannes Busch als erstes Wennigsen vorgenommen. Den Stier bei den Hörnern packen, hat er sich vermutlich gesagt. Der Prior des Klosters Wittenburg, der hannoversche Pfarrer und herzogliche Kanzler Ludolf von Barum, sowie Herzog Wilhelm von Calenberg waren mit dabei. Hier auf dem Nonnenchor, auf dem ich sitze, hat der Herzog die Priorin und die Klosterfrauen zusammengerufen und hat sie aufgefordert, die Reform anzunehmen und der Regel des Hl. Augustinus wieder konsequent zu folgen. Zur 800-Jahr-Feier des Klosters im Jahre 2000 hat der Ortspastor, Burkhard G., ein intelligentes Historienspiel über diese Ereignisse »Die Macht und die Herrlichkeit« geschrieben und es mit dem »Spielkreis Theater« der Kirchengemeinde unten in der Klosterkirche zur Aufführung gebracht. Ich habe mir die 2 1/2stündige Aufführung auf dem Videoband angeschaut: Die dramatische Zuspitzung der Ereignisse, die Weigerung der Nonnen, der Aufmarsch der 200 bis 300 Bewaffneten im Kreuzgang, die schließliche Unterwerfung des Konvents kommt durch das nahezu professionelle Spiel der Theatergruppe gut heraus. »Die Klosterreform fängt in der Küche an«, ist in der Tat eine der Grundregeln des Johannes Busch gewesen, und die Ablieferung der Kochtöpfe, mit denen jede Nonne sich ihr Essen selber kochte, ist einer der Höhepunkte dieser Aufführung.

Aber jede Interpretation wirft neue Fragen auf. Ist wirklich die Armutsfrage das zentrale Problem der spätmittelalterlichen Klöster gewesen? Individualisierung contra Fremdbestimmung als Schlüsselfrage der Klosterreform: Ist das nicht eine allzu offensichtlich aus der modernen Erfahrung gewonnene Optik der Dinge? Und ist die Spekulation auf das Klostergut wirklich das beherrschende Motiv für den Einsatz des Landesherren bei der Klosterreform gewesen? Die »Erbpacht der Bauern« sei das einzige, was von der spätmittelalterlichen Klosterreform bis heute übrig geblieben ist, schließt resignierend das Historienspiel vom Aufstand der Nonnen im Kloster Wennigsen. Vielleicht fehlt uns nur die tiefere Kenntnis, geht es mir durch den Kopf, um die vielen anderen, gerade auch die geistigen Verbindungslinien zu entdecken, die durch die Jahrhunderte reichen und uns prägen.

Es kommt die (langsame) Einführung der lutherischen Reformation, die Verheerungen der Klöster durch den Dreißigjährigen Krieg und der zielstrebige Wiederaufbau der Calenberger Klöster in moderner, barocker Form unter den englischen Welfenkönigen Georg I. und II. 1707-11 ist Kloster Wennigsen an der Reihe, der neue Ost- und Nordflügel wird gebaut. 1719 kommt das »Kornhaus« im Westen dazu; damit ist – zusammen mit der Kirche im Süden – der quadratische Grundriss der Klosteranlage wieder geschlossen. Acht geräumige Wohnungen für acht Konventualinnen mit der Domina sind im Kloster vorhanden. Die Bedeutung des Klosters Wennigsen in der nachreformatorischen Zeit verringert sich natürlich. Aber ist von 450 Jahren im lutherischen Kloster nichts Wesentliches zu berichten? Ist da geistiger Stillstand auf der ganzen Linie? Ich weigere mich, das, was an Urkunden in dem Band »Frauen im Kloster. Wennigser Impressionen« abgedruckt ist, als die abschließende Äußerung des Wennigser Geistes in diesen Jahrhunderten anzusehen. Präzise und intelligent ist das an den Quellen herausgearbeitet. Aber ist das Alles? Hat sich das Leben im Kloster Wennigsen wirklich überwiegend so abgespielt: Im Streit zwischen der Äbtissin und einer Konventualin über das abendliche Schließen der Klosterpforte, in Auseinandersetzungen zwischen Äbtissin und Klosteramtmann über die Kompetenzen, im Klagen über die ständige Abwesenheit vieler Konventualinnen, in drittklassigen Gedichten, in denen »hehres Schweigen« auf die »heil'ge Ruhe« folgt in dem »linden Spiel der Lüfte«?

Hat es im Kloster Wennigsen, wenn auch nicht auf diesem Niveau, aber doch wenigstens vergleichbar, einen Briefwechsel gegeben wie den Goethes mit der Stiftsdame Auguste Louise Gräfin zu Stolberg (1775/76)? Die freilich nicht im Kloster Wennigsen, sondern im Damenstift Uetersen zu Hause war. Goethe hat seine Briefpartnerin, die die Schwester zweier Jugendfreunde war, nie persönlich kennengelernt. Aber sie hatte im Stift die Zeit und die innere Freiheit, mit unkomplizierter Herzlichkeit und großer Offenheit auf diese Seelenfreundschaft einzugehen und in Briefen Selbsterkenntnis zu betreiben durch die Erkenntnis des Gleichen im Anderen. Ein Briefwechsel mit einer Konventualin ist es, der in keiner guten Goethebiographie fehlen darf. Hat es – annäherungsweise – so etwas in Wennigsen nie gegeben?

Da ist, hier auf der Damenempore, auf der ich in Gedanken noch immer bin, das eindrucksvolle Epitaph der Domina Margareta Clara von Jeinsen (mit den Wappen ihrer 16 adligen Vorfahren). 1599 ist sie in Eldagsen geboren. Mit 13 Jahren ist sie in dieses Damenstift gekommen, ist dort geblieben, hat die ganze Zeit des langen, schlimmen Krieges hier miterlebt und ist schließlich 20 Jahre lang, bis zu ihrem Tod im Jahre 1682, Äbtissin dieses Kloster gewesen. Die Kanzel der Klosterkirche hat sie 1671 gestiftet und damit gezeigt, was ihr wichtig war. Lässt sich von dieser Frau und anderen Frauen aus diesen letzten Jahrhunderten nicht noch Vieles erzählen und entdecken, das die Verheißungen einfängt, aus denen Menschen hier gelebt haben? Wer schreibt uns endlich eine Geschichte des Klosters Wennigsen, die sowohl dem wissenschaftlichen Anspruch wie dem Geist dieses Klosters angemessen ist?!

Dann sitze ich mit zwei der drei Konventualinnen des Klosters unten im Konventssaal, neben dem spätbarocken, weißblauen Fayence-Ofen mit dem springenden Pferd und der Jahreszahl 1755. »Mit uns geht der Konvent in Wennigsen zu Ende«, sagen die beiden, »etwas Neues beginnt im Kloster, und das ist gut so«. Ingeborg van H. zieht demnächst nach Berlin, in die Nähe ihrer Kinder. Eine weitgereiste Frau ist sie, in Südamerika und Florida hat sie mit ihrem Mann gelebt. Aber hier in Wennigsen hat sie Wurzeln geschlagen. »Wenn ich vom Bahnhof komme und den Kirchturm sehe, habe ich das Gefühl, du bist zu Hause«. Eine Reihe von Jahren hat sie die Verwaltung der Häuser des Johanniter-Ordens organisiert. Der Orden hat seit 1983 Teile des Klosters (im Osttrakt) und angrenzende Gebäude (wie das Klosteramtshaus und die ehemaligen Stallungen) für Tagungen und Lehrgänge von der Klosterkammer gemietet. »Es ist ein so wunderbares Wohnen im Kloster«. Sie trennt sich schwer davon.

Das ländliche Umfeld des Klosters, trotz der Lage mitten im Ort, liebt Christiane von der O. besonders. Gutssekretärin ist sie daheim gewesen. »Wenn ich den ganzen Tag im Gärtchen toben kann, bin ich glücklich«, sagt sie. So ist ihr Lieblingsplatz im Kloster die Bank unter der Blautanne in ihrem Klostergarten. Aber auch die Führungen sind ihre Leidenschaft, die vielen ungelösten Fragen in der Geschichte des Klosters treiben sie um. Wenn sie nur wüsste, wo man beim Heizungsbau 1908 die 11 Skulpturen gefunden hat, und welche Figuren es waren. »Was meinen Sie, wie meine Phantasie da geht«. Die Klosterführungen spielen eine große Rolle, die Konventualin, die am längsten im Kloster ist, Magdalene N-K, hat hier eine besondere Zuständigkeit. Die Feier der Klostereinführung und die vielen Familienfeste werden in Erinnerung bleiben. Das schweißt zusammen. »Wissen Sie noch«, erinnern sich die beiden gegenseitig, »wie wir in jeder Silvesternacht allein im Turm waren und zur Mitternacht die Glocken geläutet haben!«

Als ihren Lieblingsort im Kloster hat mir Ingeborg van H. den Innenhof im Sommer genannt. Da sitze ich mit meiner Frau, den Freunden und Besuchern an einem frühen Abend, an einem Junisonntag, im Konzert. Die Kaffee-Kantate von Joh. Seb. Bach wird – neben einigen Händel-Stücken – von dem Gehrdener Kammerorchester mit Solisten zur Aufführung gebracht. Das Podium steht vor dem ehemaligen Kornhaus, in dem jetzt unten die Wohnung des Hausmeisters und oben – über mehrere Etagen – der große Saal für Aufführungen und Feste eingebaut ist. Der Putz blättert im Innenhof von allen Wänden, zugemauerte Fenster stören, eine Renovierung der Außenmauern wird im Innenhof dringend fällig sein. Aber die Stimmung ist unbeschreiblich. Eine Amsel, die sich aus ihrem Revier vertrieben fühlt, wettert erst gegen die Musik und singt dann mit ihr um die Wette.

Ja, die Kaffee-Kantate des alten Bach. 1734/35 hat er sie nach dem launigen Text von Picander geschrieben. 1670 ist der Kaffee in Deutschland bekannt geworden, und die Kontroversen darüber, ob das Trinken des Kaffees bekömmlich oder schädlich sei, haben mehr als ein Jahrhundert gedauert. Das Rauschhafte, die Steigerung der Wachheit und Nervosität wird dabei eine Rolle gespielt haben. Noch 50 Jahre nach der Komposition der Kaffee-Kantate haben vergleichbare Gespräche, wie die zwischen dem Vater und seiner kaffeesüchtigen Tochter Lieschen, zwischen Goethe und Charlotte von Stein stattgefunden. Goethe hielt den Kaffee für absolut gesundheitsschädlich, und als er von seiner Italienreise seiner Geliebten als Geschenk ein Säckchen mit Kaffeebohnen schickte, war dies für den Eingeweihten nahezu ein Indiz für das Ende der Beziehung. »Die Katze lässt das Mausen nicht, die Jungfern bleiben Coffeeschwestern« singt das Terzett am Ende in Bachs Kantate. Es gehört sicherlich zu den kleineren Geheimnissen in der Geschichte des Klosters Wennigsen, welche Kontroversen sich damals in dieser Frage in diesem Hause entzündet haben.

»Via Cordis«. Das »Haus für Stille und Begegnung« im Kloster Wennigsen. Die Wege von außen und die Wege nach innen werden sich verbinden. »Die Dynamik des Anfangs hat uns ein wenig überrollt«, sagen Marianne B., Atemtherapeutin und Eheberaterin, und Heinz B., Pastor im Ruhestand. Beide sind ausgebildete Kontemplationsbegleiter. Die Einzelzimmer für die persönliche Retraite sind gut belegt, Anfragen noch und noch. Die Meditationsabende am Mittwoch sind im großen Meditationsraum mit Doppelreihe bis zum letzten Platz besetzt. Die Kurse, auch mit den auswärtigen Mitarbeiterinnen des Teams, laufen an. Übrigens, sagen die beiden: Wer will wissen, ob sich nicht eines Tages ein neuer Konvent von Frauen im Kloster Wennigsen bildet. Es ist alles offen.

Die Kirchen in der Stadt stünden heute nicht mehr für das eingelöste, sondern für das uneingelöste Versprechen, hat Jürgen Doppelstein, der Leiter des Barlach-Museums Wedel, im Katalog zu der EXPO-Ausstellung der Marktkirche Hannover geschrieben. Man kann dieses scharfsinnige Urteil, das ich voll teile, ohne Abstriche auf die Klöster übertragen. Auch, was ein Kloster heute ist, versteht sich nicht mehr von selbst. Aber Klöster sind, wie die Kirchen, offensichtlich immer noch ein Versprechen. Die Einlösung dieses Versprechens hat man nicht in der Hand. Aber dieser alten Verheißungsgeschichte, die in der Luft der Klöster zu spüren ist, auf der Spur zu bleiben: Das ist eine Sache, deren Anregungskraft gerade auch in Wennigsen wahrzunehmen ist.

»In ländlicher Idylle«

Das Kloster Wülfinghausen

Beim Kloster Wülfinghausen gerate ich ins Schwärmen. Ich kenne kein Kloster in Niedersachsen, das so in die Landschaft geradezu hineingemalt ist wie Wülfinghausen. Schon die Anfahrt ist ein Abenteuer des Sehens und ein Fest der Augen. Die Landschaft wird hügelig auf der Bundesstrasse 3 hinter Pattensen, von Hannover aus gesehen. In der Nähe der Abfahrt Schulenburg kommen die gewaltigen Windräder so dicht an die Straße heran, dass man sich wie Don Quichotte herausgefordert fühlt, wenigstens im Geist eine Attacke gegen die vorrückenden Riesen zu reiten. Kurz vor Elze geht es rechts ab. In Sorsum taucht rechts auf einem Berg die Klosterkirche von Wittenburg auf. Das Augustiner-Kloster ist verschwunden, nur noch die überdimensionale Kirche schaut weit ins Land. Das Zwillingskloster von Wülfinghausen war das einst: Auf dem Berg waren die Männer, unten im Tal die Frauen. Den Blickkontakt hätte man sich sicher direkter gewünscht: Ein Hügel liegt dazwischen. Wenn man bei der Rückfahrt aus der Ortschaft Wülfinghausen heraus fährt, ist für einen kurzen Augenblick das Dach und der Dachreiter der Wittenburger Klosterkirche zu sehen. Das musste halt genügen.

Aber weiter auf der Hinfahrt nach Wülfinghausen! Hinter der Ortschaft Wittenburg, kurz vor Boitzum muss man unbedingt halten und aus dem Auto steigen. Auf der linken Seite taucht Wülfinghausen auf. Anscheinend führt eine Baumallee von Boitzum hinunter schnurgerade in das Tal, auf den Ort und auf das Kloster zu. Dass die Straße dann doch eine erhebliche Kurve macht, merkt man erst später. Hinter Wülfinghausen, in ganzer und überschießender Breite, erhebt sich der Osterwald, als wollte er Dorf und Kloster Wülfinghausen bewachen und bewahren. Eine Landschaft zum Verlieben ist das hier.

Dann stehe ich vor dem Tor des Klostergeländes. Die beiden Inschriften links und rechts sind nur noch mit Mühe zu entziffern. Die linke Inschrift verweist in gewundenen Wendungen auf Georg II., König von England und Kurfürst von Hannover, und auf den 18. März 1729, an dem – »wegen alter und zu Krieges Zeiten erlittener Schäden« – der Grundstein für das wiedererrichtete Kloster samt Nebengebäuden gelegt worden ist.

Auf der rechten Seite hat die Poesie das Wort:
> *Was Krieg und Brandschat Noht vor Alters hier verdorben*
> *hat Fried und Gerechtigkeit hinwiederum erworben*
> *in dem dieselben sich hero konnen Küssen*
> *hat dieser Bau dies Jahr zu Ende kommen müssen.*
> *Anno 1740«*

Das Relief zeigt zwei beleibte Personen, offenbar Friede und Gerechtigkeit, die sich vorsichtig umarmen. Von Küssen kann keine Rede sein. So ganz sicher war man sich der Einheit von Friede und Gerechtigkeit wohl doch nicht. Wie die nächsten Jahre zeigen sollten, hatte die Skepsis recht.

Von der Mitte des Tores aus hat man die ganze Länge und Breite des Gutshofs vor sich (160 x 60 Meter soll das Ausmaß sein). Wie ein auf die Spitze gestellter Rhombus sieht der Platz aus, ist am Anfang fast auf Torbreite verschmälert, wird in der Mitte ganz breit und läuft oben am doppelstöckigen Gutshaus wieder zusammen. Rechts davon liegt, etwas höher, die Kirche mit dem Konventsgebäude. »Der hierarchische Aufbau einer barocken Klosteranlage im Zeitalter des Absolutismus kann kaum besser verdeutlicht werden«, schreibt Ulfrid Müller in seinem instruktiven Klosterführer. Nur läuft die Blickachse auf das Gutshaus zu, die Kirche ist seitlich davon versetzt. Von einer »versteckten Dominanz«, nein, von einer »verborgenen Schönheit« des Klosters möchte ich da lieber reden. Welche enormen Ausmaße sich dahinter erstrecken, kann man von hier aus, beim Eintritt in das Gutsgelände, in keiner Weise vermuten.

Auch wenn man direkt vor der Nordseite des Klosters steht, ist seine wirkliche Ausdehnung nicht zu ahnen. Die erste Tür führt in die Kirche, und die ist abgeschlossen. Die zweite Tür führt in die Krypta, sie wird nur geöffnet, wenn man warme Außenluft in das Kellergewölbe leiten will. In beide Räume, in die Klosterkirche und in die Krypta, gelangt man aber tagsüber jederzeit von innen her, durch Treppenabstieg vom Kreuzgang aus. Die dritte Tür ist über eine Freitreppe zu erreichen – sie führt in das Kloster. Im Eingangsbereich ist entweder die Pförtnerin da, die den Besucher freundlich empfängt, oder Schilder und Pfeile weisen den Weg.

Aber ich will jetzt noch nicht in das Kloster gehen. Erst will ich die Dimensionen des Areals erfassen. Ich will an der Westseite des Klosters entlanggehen und staunen über die Ausmaße dieses Baus. Ich will mich an der schönen Gliederung der Südfront des Klosters freuen, die wirklich einen »schlossähnlichen« Eindruck macht (U. Müller). Die beiden Pyramideneichen, die den Weg und den Klostereingang rahmen, die beiden Fachwerkhäuser links und rechts, das mit Hecken abgegrenzte Blumenrondell in der Mitte unterstreichen die Großartigkeit des Gebäudes.

Ich will die Landschaft entdecken, in die das Kloster eingebettet ist. Die Klostergärten sind für die Öffentlichkeit nicht zugänglich. Aber ich habe die Erlaubnis der Äbtissin, mich überall umzusehen, so streife ich durch die Gärten, die gleich neben der Westflanke des Klosters liegen. 11 Klostergärten haben sie in Wülfinghausen, 80 Obstbäume sowie viele andere, es ist kaum zu bewältigen. Ich gehe über Rasenflächen und Obstanlagen, stehe vor Blumenrabatten. Eine Leiter steht an einem Kirschbaum mit reifen Kirschen, die Verlockung ist groß, aber ich wage mich nicht hinauf. Ein Klostergast, eine Holländerin offenbar, sammelt singend schwarze Johannisbeeren in einen Eimer. Ich gönne mir eine Rispe roter Beeren, Jugenderinnerungen an unsere Johannisbeerbüsche überwältigen mich. »Wenn der Hausmeister mit dem Rasenmähen einmal durch ist«, sagt eine Frau, die die Blumenbeete säubert, »dann hat er drei Tage Ruhe, und dann fängt er wieder von vorne an«.

Ich gehe aus der Hinterpforte des Klostergeländes hinaus, den schmalen Pfad auf die Höhe des Waldes zu. Als wir am Sonnabend vor Ostern hier waren, schichteten Männer und Jungen aus dem Dorf das Holz zum Osterfeuer auf. »Ob das nicht gefährlich sei, ein Osterfeuer mitten im Wald«, rief ich hinüber. Die verschiedenen Brandkatastrophen des Klosters hatte ich wohl im Sinn. »Das machen wir schon seit Jahrzehnten«, riefen die Männer freundlich zurück. »Feiern Sie doch heute Nacht mit uns«.

Linker Hand, schon deutlich am Abhang des Osterwaldes, der Friedhof. Friedhöfe sind das Gedächtnis des Ortes und der Zeit, ich schaue gerne zurück. Das Kloster hat offenbar einen eigenen Teil auf der linken Seite des Friedhofs. Ich staune, wieviele Konventualinnen hier begraben sind. Das Grab der Äbtissin Jeanette Runau (gest. 1875) finde ich und das der Äbtissin Felicitas Heuser (gest. 1994). In der Mitte des Friedhofs, ganz oben, das übergroße Epitaph der Gutspächterfamilie Sohnemann mit Relieffiguren des Säens und des Erntens. – Zur Höhe des Osterwaldes wandere ich hinauf, die Wege werden lang und länger, die Blicke über die Landschaft an allen Seiten reizvoll. Aber Klosterfahrten wollte ich ja machen, nicht Erkundungsgänge in die vielen Wälder und Höhenzüge rund um Hannover, die ich noch nicht kenne.

Zum Morgengebet um 8.00 Uhr habe ich mich in Wülfinghausen angesagt. Es tut gut, in dieser Zeit aus der Stadt herauszufahren; der dichte Verkehr bewegt sich auf der anderen Straßenseite. Ich bin viel früher da, als ich es berechnet habe. Die Verbindung auf der B 3 ist gut. Auch wenn die vielen Unfallwarnungen die Tragödien ahnen lassen, die sich gerade auf dieser Straße von Zeit zu Zeit ereignen. Meine Vermutung, ich würde an diesem frühen Morgen der einzige Gast im Kloster sein, wird schon auf dem Parkplatz dementiert: Mindestens 10 Autos, aus der Nähe, aus Süddeutschland, aus Holland stehen dort. Eine »gemischte Zeit« haben sie im Kloster, wie das in der Klostersprache heißt: Einige holländische Freunde sind da, auch sechs Ehepaare, die beim Mauerbau helfen oder die alten Mauern von Efeu und Pflanzen befreien. Sie alle nehmen natürlich auch an den Andachten morgens, mittags, abends teil.

Überhaupt gilt das Prinzip, die Gäste eine Stunde oder eine halbe Stunde am Tag an den Arbeiten im Haus zu beteiligen.

Daraus ergibt sich ein Gefühl von Zusammengehörigkeit. Ora et labora.

Die Morgenandacht, die eine halbe Stunde dauert, verbreitet eine Atmosphäre von Klarheit und von Ruhe. Einige Harfentöne vorweg. Auf das Singen von Psalmen und das freie Gebet ist sie aufgebaut. Die evangelischen Schwestern haben die Mischübersetzung der Psalmen und die alten Psalmtöne aus der katholischen Abtei Münsterschwarzach übernommen und

Morgenandacht im Kloster Wülfinghausen.

sie überarbeitet. Pater Godehard Joppich hat daran mitgearbeitet. Das Gebet benennt die Aufgaben und Situationen verschiedener Schwestern auch an anderen Orten; kreist dann um die politischen Krisengebiete, die Sorge machen. Man spürt es: Diese drei Gebetszeiten sind die Zeiten, aus denen die Schwestern im Kloster Wülfinghausen ihre Kraft und ihre Ausrichtung gewinnen. – Im Gang vor den Gesprächszimmern bereden die Schwestern in einem Stehkonvent den Tag. Dann hat sich die Äbtissin Zeit genommen, mit mir zu sprechen.

Als erstes zündet sie eine Kerze an, als sie in den Raum kommt, in dem ich schon eine Weile sitze. Tee wird gebracht. Adelheid W. ist Theologin, ist die Konventsverantwortliche und nach der Ordnung der Calenberger Klöster die Äbtissin dieses Hauses. Die sieben Schwestern gehören zu dem evangelischen Orden der »Christusbruderschaft«, die im fränkischen Selbitz ihr Zentrum hat. 1949 ist der Orden gegründet, 120 Schwestern, 10 Brüder und über 70 Frauen und Männer der Tertiärgemeinschaft gehören dazu. Die Männer emanzipieren sich gerade, lacht Schwester Adelheid, sie leben auf dem Petersberg bei Halle mit seiner romanischen Basilika und haben großen Zulauf. Die Schwestern sind an verschiedenen Orten mit unterschiedlichen Schwerpunkten tätig. Süddeutsches Temperament hat die Theologin mit nach Wülfinghausen gebracht. Sie redet so schnell, dass ich sie manchmal bitten muss, einen Satz zu wiederholen, wenn ich ihn mir notieren will. »Aber wir haben uns schon verändert hier in Norddeutschland«, sagt sie. »Wir sind zurückhaltender auch mit unserer Frömmigkeit geworden«.

Seit 1994 ist die »Communität Christusbruderschaft Selbitz« im Kloster Wülfinghausen. »Da hat Gott seine Finger mit im Spiel gehabt«. So vieles stimmt einfach zusammen. Vor ihrer Profess habe eine andere Schwester, Schwester Reinhild, immer davon gesprochen, dass sie ein altes Kloster wieder mit Leben erfüllen möchte. Mit dem Buch Esther aus dem Alten Testament hat sie sich theologisch intensiv beschäftigt. Und dann kommt die Anfrage des Klosterkammerpräsidenten aus Hannover. Und wir erleben, dass hier im Kloster Wülfinghausen im Kreuzgang überall die großen Leinwände aus dem 18. Jahrhundert mit Szenen aus dem Buch Esther hängen. –

Nach den evangelischen »Räten« (Armut, Keuschheit, Gehorsam) lebt die Communität und steht damit in der monastischen Tradition der christlichen Kirchen.

»Natürlich haben wir als evangelischer Orden eine besondere ökumenische Verpflichtung«, sagt Schwester Adelheid. Vor einiger Zeit hätten sie einen Novizenkurs der Selbitzer Communität mit zehn Frauen in Wülfinghasuen gehabt. Ordensgeschichte lehrt sie dann. »Da sind wir an einem Tag zu den katholischen Benediktinerinnen nach Marienrode gefahren, sind zu der Hora in der Prozession mit eingezogen und haben die Psalmen auf lateinisch gesungen«. Ich merke, die Orden sind den Kirchen in der Einheitsfrage ein ganzes Stück voraus.

Ihre Klostererfahrung drückt die Äbtissin in sprachlichen Formulierungen aus, die von einem immer neuen Meditieren und Durchdenken des christlichen Auftrags zeugen. »Es berührt mich tief, dass wir an die alten Traditionen dieses Ortes anknüpfen dürfen. Diese Stille des Ortes. Wir brauchen nur die Stille zu hüten. Der kontemplative Schwerpunkt hat sich, seit wir hier sind, sehr verstärkt. In Selbitz haben wir immer etwas machen, missionarisch wirken wollen. Hier muss man nur da sein. Mit Liebe, Gebet und Segen. Als eine versöhnte Gemeinschaft leben, Menschen aufnehmen in diese Räume«. Ihr gefällt es, wie gerade säkularisierte Menschen auf das Evangelium zugehen. Nicht so »fromm verknutschelt« wie viele in der Kirche.

Die Krypta ist ihr natürlich der liebste Ort im ganzen Kloster. Da, unter den Säulen und Gewölben, mit den Weihekreuzen an den Wänden, bündelt sich alles. »Stille« ist schon oben an der Treppe angeschrieben. Die Menschen besuchen das Kloster, setzen sich still eine Weile in die Krypta oder sind bei einem Stundengebet dabei. »Es ist wunderbar zu sehen, welche Kraft von diesem Raum ausgeht«. Die Führungen wollen sie verstärken, eine gute Weise der Kontaktaufnahme sei das. Exerzitien mit Bibliodrama-Elementen gibt es im Ablauf des Jahres. Oasentage. Kloster auf Zeit. »Kunst in der Kirche« sei ein hervorragender Weg. Viele Leute in Norddeutschland gingen nicht zum Gottesdienst, aber mit Musik in der Kirche oder einer Ausstellung sei das anders. Viele Gruppen tagen im

Kloster. Das »Kirchenamt der Evangelischen Kirche in Deutschland« und der »Rat der EKD« treffen sich regelmäßig in Wülfinghausen. »Das tut denen so gut, wenn ihre Probleme durchgebetet werden«. Viel mehr Anfragen erhalten sie, als sie annehmen können. Nein zu sagen, fällt schwer. An der Pforte liegt eine lange Liste von Orten, an die man Menschen weiterweisen kann.

Ja, die lange Tradition des Klosters Wülfinghausen. Sie ist auf Schritt und Tritt zu spüren; aber ich muss sie mir auch immer neu vor Augen führen. Wülfinghausen ist das jüngste der Calenbergischen Klöster. Ein nach 1238 verfasster chronikaler Bericht hält die Turbulenzen der Klostergründung fest. Erste Anläufe für diese Gründung habe es an Orten bei Salzgitter und bei Burgdorf gegeben, seien aber an Einsprüchen gescheitert. So habe der Verfasser, Propst Heinrich, einen Hof von dem Ritter Arnold in Wülfinghausen für 90 Pfund gekauft und »an einem Ort des Schreckens und der weiten Wildnis« 1236 das Kloster zur Ehre Gottes und der heiligen Jungfrau angefangen und den Konvent dahin überführt. Wie humanisierend Klöster in einsamen Gegenden gewirkt haben, mag man aus solchen Bemerkungen ersehen.

Schon 1240 wird die Klosterkirche geweiht. Das Kloster ist arm und bleibt auf Ablassbriefe angewiesen. Der Ablassbrief von 1378 wird mit der Begründung ausgestellt, das Kloster sei von schwerster Armut bedrückt, die Jungfrauen seien nacktem Hunger ausgesetzt. Ein verheerender Klosterbrand hat am 8. Januar eben dieses Jahres das ganze Kloster in Schutt und Asche gelegt. Der Wiederaufbau geschieht langsam und mühevoll. Dennoch strömen die Frauen in dieses Kloster. 1323 muss die Höchstzahl der Nonnen auf 60 festgesetzt werden.

Auf die Zeit im Spätmittelalter komme ich noch zurück. Auch die Einführung der Reformation ist im Kloster Wülfinghausen turbulent. 1545 werden Propst und Domina abgesetzt, da sie sich der Einführung der neuen Lehre verweigern. Der Reformator Corvinus wird von einem kleinen Reiterheer des Bruders der Priorin bedroht. Aber die lutherische Lehre setzt sich durch, 1588 haben die Visitatoren nichts mehr zu beanstanden.

Noch einmal vernichtet ein großes Feuer im Jahr 1728 das ganze Kloster, nicht aber die Klosterkirche. Postwendend erfolgt der Wiederaufbau in großzügigster Form. 1730 ist der Gutshof fertig, 1740 das Konventsgebäude. Die Geschichte des Klosters als eines evangelischen Damenstiftes für maximal 12 Konventualinnen in jeweils eigenen Wohnungen geht weiter.

Im Zuge der Frauenforschung hat Christiane Schröder eine interessante historische Untersuchung über das Leben in den fünf Calenberger Klöstern vom 17. bis zum 19. Jahrhundert durchgeführt. »Mauern mit offenen Pforten« ist der schöne Titel dieses Aufsatzes. Die frühzeitige Bewerbung von Seiten des Vaters oder der Verwandtschaft für eine der vielen Töchter geschieht oft als Vorsorgemaßnahme. Die hohe gesellschaftliche Stellung der Familien, die selbst bei Klöstern, die sich – wie Wülfinghausen – offener für Bürgerliche zeigten, ist ein beherrschendes Element in allen Häusern. Die lange, oft zermürbende Wartezeit auf das Freiwerden einer Konventualinnenstelle (einschließlich der damit zusammenhängenden Versorgung, der Präbende). Aber die individuellen Freiräume der Konventualinnen waren größer, als man es von außen vermuten konnte. Was nicht nur Versteigerungsannoncen wie die folgende aus dem Kloster Wülfinghausen nach dem Ableben einer Konventualin im »Hannoverschen Anzeiger« von 1808 demonstrieren. »Am Tage nach Pfingsten des 7ten Jun. dieses Jahres und folgende Tage hieselbst in der Wohnung der weiland Chanoinesse Freiin Grote ein ansehnlicher Vorrath von Sachen« seien meistbietend zu versteigern. Nicht nur »Commoden, Schränke, Kanapees« werden da genannt, sondern auch »Zinn, Kupfer, Porzellain«. In »grober Conventionsmünze« die kleineren Sachen, in »vollwichtigen Pistolen« die kostbareren Dinge.

Das Resümee der Untersuchung von Christiane Schröder hebt hervor, dass der Begriff der »Versorgungsanstalt« für die höheren Töchter die Bedeutung der Calenberger Klöster nur ganz unzureichend beschreibt. Sie machten die Frauen zugleich von ihren Verwandten unabhängig. »Ihr hoher Status hob sie weit über den Rang anderer lediger Frauen hinaus; ihre klösterlichen Verpflichtungen ließen ihnen Freiräume, um im Rahmen ihrer gesellschaftlichen Schicht ein selbstbestimmtes

Leben zu führen«. – Dazu passt dann auch, geht mir durch den Kopf, dass die Könige Ernst August und Georg V. 1842 und 1853 Orden für die Damenstifte des Königreichs Hannover in Geltung setzen, die die Äbtissin in den Rang eines Majors und die Konventualinnen in den Rang eines Hauptmanns bringen. »Die konnten eben nur militärisch denken«, sagt mir die Konventualin Hanna B. im Kloster Barsinghausen. »Aber nun habe ich doch wenigstens den Rang meines verstorbenen Mannes erreicht«. – Die geistige und geistliche Dimension des Lebens in einem Kloster wie Wülfinghausen, die auch in diesen Jahrhunderten die Mitte des Klosterlebens bildete, ist sicher schwerer zu erfassen und ist bisher weithin ausgespart. Grund genug, an diesem Thema weiterhin zu arbeiten.

Ich unterbreche meine Gespräche, Wege, Gedanken in Wülfinghausen und fahre zur Klosterkirche Wittenburg hinauf. »Einige Stunden westlich von Hildesheim liegt reizend das ehemalige Kloster Wittenburg«, hat der Biograph von Johannes Busch, Karl Grube, 1881 geschrieben. Der Ausdruck »reizend« ist in keiner Weise übertrieben. Der Blick geht weit über das Land von dem Hügel, auf dem die Klosterkirche liegt. Die Marienburg ist von dort zu sehen und die Poppenburg an der Leine und Elze. Die Jugend versammelt sich gerne auf diesem verschwiegenen und abseits vom Dorf liegenden Platz. Das hat seine eigenen Probleme, meint Wolfgang K., emeritierter Professor für Chemische Techniken an der Fachhochschule Hannover. Wir tauschen erst einmal unsere gemeinsamen Bekanntschaften aus, die Welt ist doch klein.

Wir gehen in die Kirche. Der »Wittenburger Sommer« mit musikalischen Veranstaltungen bis hin zu Oratorienaufführungen gewinnt an diesem Ort von Jahr zu Jahr an Gewicht. Die große Kirche ist zweigeteilt. Conrad Wilhelm Hase hat den Ostbereich 1884 restauriert und einen neugotischen Altar und eine entsprechende Kanzel eingebaut. Die Silberne Hochzeit, die ich mit dem munteren Ehepaar B. aus Wittenburg Ende Oktober des letzten Jahres in einer eiskalten Kirche gefeiert habe, werde ich nicht so schnell vergessen. Der Westteil der Kirche wird als Lager des Bauamtes der Landeskirche benutzt. Alte Bekannte treffe ich dort wieder: Neben Orgeln, Kanzeln und Kirchenbänken liegen die beiden Gipsfiguren des Portals der hannoverschen Marktkirche von Jürgen Weber. Der Hl. Georg und der Hl. Jacobus, die ich als erste Entwürfe im Braunschweiger Atelier des Künstlers zu begutachten hatte.

Wolfgang K. zeigt mir die Inschrift mit der Jahreszahl der Vollendung der Klosterkirche 1497, das Zeichen des Augustinerklosters mit dem durch Pfeile durchbohrten Herz, die Konsolen an der Südseite der Kirche, auf denen die Balkendecken des Klosters lagen. Dort, wo das Kloster sich erstreckte, ist eine große Obstplantage. Der Merianstich des Klosters »Wittenborg« von 1654 zeigt das Kloster äußerlich noch unversehrt; in der Breite ging es über die Kirche nach Osten hin weit hinaus. Die Stadien des späteren Verfalls des Klosters sind offenbar noch nicht erforscht.

Man muss es immer wieder in die Erinnerung rufen: Die Topographie der Bedeutung von Orten ist im Spätmittelalter eine ganz andere gewesen, als sie es heute ist. Das Kloster Wittenburg hat im 15. Jahrhundert eine Ausstrahlung, die bis nach Hildesheim, Erfurt, Halle, Leipzig, die bis nach Rom reicht. Im Juli 1431 wird das Reformkonzil zu Basel eröffnet, und unter dem 28. Januar 1435 erhalten der Prior von Wittenburg und der Prior von Windesheim für sich und ihre Nachfolger die Vollmacht, alle Augustinerklöster in ganz Sachsen zu visitieren und, wenn nötig, zu reformieren. Rigoros geht die Reformbulle vor. »Die lasterhaften und sündhaften Personen, sowie alle Übelstände, welche sich vorfinden, mögen sie ordentlich bessern, und dazu erhalten sie die Vollmacht, wenn's not tut, alle kirchlichen Strafen, selbst die Einkerkerung, gegen Alle, auch die Klostervorsteher, in Anwendung zu bringen«. Im Notfalle solle man auch den weltlichen Arm zu Hilfe rufen, und alle weltlichen Personen seien »bei dem Gebot der Kirche« verpflichtet, die erbetene Hilfe zu leisten.

Prior in Wittenburg war damals Rembert, der die Reform des Schwesterklosters in Wülfinghausen noch selbst begonnen hatte. Die Reformierung von Wülfinghausen zog sich aber hin, da es den reformunwilligen Nonnen gelang, den reformwilligen Propst zu entfernen. Erst unter Remberts Nachfolger, Prior Gottfried, wird die Reformierung vollendet. Da aber war

Johannes Busch in Wittenburg bereits Subprior. Wülfing-hausen ist das erste Kloster gewesen, in dem Johannes Busch in Sachsen tätig war. Als guter Redner hielt er den Kloster-frauen, sicher auf dem Nonnenchor, geistliche Vorträge und Übungen, während Prior Gottfried im Beichtstuhl saß.

Johannes Busch ist 1399 in Zwolle in den Niederlanden ge-boren, tritt 1417 in das Augustinerchorherrenstift in Windes-heim (bei Zwolle) ein und legt 1420 die Profess ab. Sein Klos-ter ist der Mittelpunkt der »Devotio moderna«. Diese neue Frömmigkeitsbewegung kultiviert die »religiöse Innigkeit«, hat damit eine Beziehung zur christlichen Mystik. Anders als diese aber ist sie einer realistischen Weltsicht verhaftet: Die Moral, die Liebestätigkeit im Dienste des Mitmenschen, die unaufdringliche Arbeit des Alltags bleibt der »Devotio mo-derna« wichtig. In diesem Sinne sollen die Klöster zur Praxis des reinen Evangeliums zurückgeführt werden. Die »Windes-heimer Kongregation« wird 1395 gegründet, zu der um 1500 87 Stifte gehören. Das Kloster Wittenburg ist von Anfang an dabei. So kommt Johannes Busch in dieses Kloster. Und da Busch sich als der wirkungsvollste Reformer der »Windeshei-mer Kongregation« erweist, wird das Kloster Wittenburg zu einem Zentrum dieser Reformbewegung.

Er bleibt allerdings nicht lange in Wittenburg. 1439 refor-miert er das Sültekloster in Hildesheim und wird 1440 dort Propst. 1447 finden wir ihn als Propst des Neuwerkstiftes in Halle, reformiert dort auch den Weltklerus. 1451 bestellt der römische Kardinallegat und große Theologe Nikolaus von Kues seinen Freund Johannes Busch zum Visitator der Augustinerstifte und der Klöster aller anderen Orden in der Kirchenprovinz Magdeburg, in Sachsen-Thüringen und in den welfischen Landen. Erfurt, Leipzig, Halberstadt sehen darauf-hin Johannes Busch an der Arbeit. Immer wieder auch kehrt Busch nach Wittenburg zurück, das er offenbar besonders schätzt.

Von dort aus nimmt er 1455 die Reform der Frauenklöster in der Mindener Diözese in Angriff. Der Prior von Wittenburg, Rotgerus Lüneburg, ist an seiner Seite. Ebenso der Pfarrer der Marktkirche in Hannover, Ludolf von Barum, der zugleich der

Kanzler seines Herzogs ist. Und Herzog Wilhelm von Calenberg. Ausführliche Berichte über diese Visitationen hat Busch geschrieben. Am Tag nach meinem Besuch in Wittenburg habe ich mich über die Visitationsberichte hergemacht, und ich habe gelegentlich nicht schlecht gestaunt.

Die Visitation in Wennigsen ist auch nach Busch so verlaufen, wie sie die Theatergruppe der Gemeinde zum Klosterjubiläum aufgeführt hat. Die Klosterfrauen von Wennigsen leisten einen intelligenten Widerstand, beugen sich aber am Ende der Gewalt. Die Überfälle von Verwandten der Klosterfrauen, die Busch auf seinen Reisen zu vergegenwärtigen hat, werden fast zur Regel. – Den größten Verfall des klösterlichen Lebens erlebt Busch in Barsinghausen. »Lange Zeit hatten sie ein sehr zügelloses Leben geführt, im Besitz von Privateigentum, Unenthaltsamkeit und Ungehorsam lebend. Klösterliche Disziplin kannten sie fast gar nicht«, schreibt Johannes Busch. – Das Kloster Marienwerder lobt er, die Klosterfrauen seien bedeutend besser als in Wennigsen und Barsinghausen –.

Bei der Lektüre der Busch'schen Darstellung der dramatischen Ereignisse in Mariensee merke ich, dass ich teilweise der Lokaltradition zum Opfer gefallen bin. Es ist so schön, solche turbulenten Ereignisse weiter auszuspinnen und zu konkretisieren. Die Flucht der Nonnen von Mariensee auf das Kirchendach samt der Belagerung schildert Johannes Busch genauso, wie es mir erzählt worden ist. Aber von dem Handgemenge, das sich eine Nonne mit dem Herzog geliefert haben soll, fehlt jede Spur. Vielmehr seien die Klosterfrauen mit brennenden Kerzen und unter Absingen von »Media vita« hinter der Visitationsgruppe hergezogen. Eine junge Nonne habe sie bis zum Friedhof verfolgt, habe zum Zeichen der Verfluchung dreimal in die Erde gebissen und habe ihnen Steine und Erde nachgeworfen. Buschs Reaktion war kühl: »Wir kommen bald wieder, und dann sollt ihr schon tun, was wir befehlen«. So geschah es dann wohl auch. Das waren noch Zeiten.

So ist es vor allem der Name Johannes Busch gewesen, der dafür gesorgt hat, dass zumindest in der Klostergeschichte Deutschlands der Name Wittenburg nicht vergessen ist. 1479 oder 1480 ist Busch in Hildesheim gestorben.

Noch einmal gehe ich durch das Kloster von Wülfinghausen. Der barocke Kreuzgang ist noch in seinem Quadrat erhalten, die ständigen Blicke durch die Fenster auf den schlichten Innenhof gehören dazu. Die Wandbespannungen aus der gleichen Zeit mit Szenen aus dem Buch Esther sind klar in den Konturen, sind ganz auf die jeweilige Geschichte und ihre Personen bezogen. Die oberste Farbschicht scheint zu fehlen, aber die Eindrücklichkeit wird kaum gemindert. Der Raum der ehemaligen Nonnenempore, in dem die großen Tagungen stattfinden, die beiden Konventszimmer mit den alten Möbeln und dem schmalen hohen Kachelofen müssen mir aufgeschlossen werden.

Das Hinabsteigen spielt eine große Rolle im Kloster Wülfinghausen, merke ich. Vielleicht hängt es mit dem Hineingehen in die eigenen inneren Welten zusammen, auf der Suche nach dem Geheimnis dieser Welt und meines Lebens. In die Klosterkirche steige ich hinab. Ein Pferdestall ist die Kirche lange gewesen. Auch die Krypta sei bis 1980 ein Kartoffelkeller gewesen, höre ich. Die frühere Unfähigkeit, etwas mit diesen alten Klöstern anzufangen, spricht Bände. 1905 hat die damalige Äbtissin das große Ostfenster »Jesus wandelt auf dem Wasser« gestiftet und damit die Wiedergewinnung der Kirche eingeleitet. 1999 ist sie noch einmal umgestaltet worden. An dem riesigen Epitaph des Ritters Hermann Rauscheplate buchstabiere ich herum. Die weiß ausgelegten Inschriften in dem Aufbau mit schwarzem Marmor und hellem Alabaster sind ein ganzes Bibel- und Geschlechterprogramm. In seinen klaren Konturen ist auch das Epitaph des Propstes Bernhard von 1358 eindrucksvoll.

Dann steige ich zum Abschluss erneut in die Krypta. Ein ganzes Kellersystem ist das, kleine und große Ikonen weisen den Weg. Nebenan ist hinter einer Tür der Rest des mittelalterlichen Kreuzgangs verborgen. Ob man den nicht vielleicht noch stärker integrieren kann? Die in seiner hinreißenden Einfachheit für mich schönste Grabplatte eines Priesters aus dem 13. Jahrhundert (mit Krückenkreuz) steht dort. Die 12 runden roten Weihekreuze von der ersten Weihe der Kirche 1240 versuche ich zusammenzubekommen, es will mir nicht gelingen, einige werden verborgen sein.

»Ich habe mich umarmt gefühlt«, haben Menschen nach der Teilnahme an den Stundengebeten in diesem Raum zu den Schwestern gesagt. »Wir sind wieder zu Hause«. Die innere und die äußere Gestalt müssen sich gerade in einem Kloster wie Wülfinghausen entsprechen, denke ich. Ohne die Atmosphäre, ohne das Singen und Beten, ohne die Begegnung mit Menschen wären diese Räume tot und leer. Die Wiederbelebung der klösterlichen Lebensformen ist aber offensichtlich immer wieder gerade für Menschen, die für kürzere oder längere Zeit hereinschauen, eine Entdeckung, die berührt.

»Hohe Schule Sachsens«

Das Kloster Corvey

Die beiden Wachhäuschen sind leer. Vom Eingangstor strecken zwei Landsknechte, die sehr nach Türken aussehen, mir ihre Waffen entgegen, aber sie lassen mich passieren. Die beiden auf der Rückseite sind friedlicher. Die Fahnen sind aufgezogen, Rot und Gelb für das Kloster Corvey, Blau und Gelb für das Haus Hohenlohe-Schillingsfürst. An sich sollen die Fahnen nur wehen, wenn der Hausherr anwesend ist. Aber da er mit seiner Familie in Österreich wohnt, und auch Erbprinz Viktor, der sich im Teehaus der Äbte eingerichtet hat, nur selten in Corvey weilt, handelt es sich wahrscheinlich um eine touristische Dauergegenwart.

Vor mir liegt eine der eindrucksvollsten Klosteranlagen im norddeutschen Raum. 112 Meter lang soll die Westfront des Klosters sein, 32 Fensterachsen hat sie. Die fünf Portale kann ich leichter zählen. Rechts wird die Klosterfront mit der Kirche abgeschlossen, links mit dem Bibliotheksturm. Zwei Innenhöfe schließen sich an; in den größeren darf man hineingehen, in den kleineren (»Friedgarten«) kann man vom Kreuzgang aus schauen. Die vier Magnolienbäume im kleinen Innenhof werfen gerade ihre Blüten ab. Ich könnte mich also fast zu Hause fühlen. Aber die Irritation sitzt tief und lässt mich nicht los.

Vom Kloster Amelungsborn aus bin ich hergefahren. Auf der Bundesstrasse 84 ist man über Bevern schnell in Holzminden und noch schneller geht es auf der B 83 nach Höxter zu. Aber als Corvey auf den Straßenschildern angezeigt wird, ist die Überraschung groß. Nicht mehr »Kloster Corvey« steht auf den Hinweisschildern, sondern »Schloß Corvey«. Inzwischen hat starker Regen eingesetzt, es blitzt und hagelt, die Windböen sind so brisant, dass ich einen Augenblick neben der Straße halte. Es ist, als wolle die Natur die Irritation verstärken. Als dann wieder die Sonne scheint und ich, den Schirm noch an der Hand, im Kloster herumzustreifen beginne, wird es zur Gewissheit: Corvey ist von einem »Kloster« zu einem »Schloß« geworden.

Wann dies geschehen ist, lässt sich sicher feststellen. Die Angestellten des Hauses, die ich daraufhin anspreche, reden sich heraus. Im Grunde ist doch das Kloster seit der Säkularisation 1803 ein Schloß, sagt der Mann, der die Eintrittskarten kontrolliert. Nun ist der Reichsdeputationshauptschluß von 1802/03 sicher ein wichtiges Datum in der Geschichte der Abtei. Auf Umwegen über Oranien und Preußen kam Corvey an Viktor Prinz zu Hohenlohe-Schillingsfürst, dem 1840 vom preußischen König der Titel »Herzog von Ratibor, Fürst von Corvey« zuerkannt wurde.

Der jetzige Besitzer ist sein Urenkel: Franz Albrecht Metternich – Sandor Herzog von Ratibor, Fürst v. Corvey. Im Verkaufsraum des »Schlosses« hängt ein Artikel mit dem Bild des eleganten älteren Herrn und der Überschrift »Souveräner Weinbotschafter der Gegenwart«. Im Blick auf die Instandhaltung des Klosters und die kulturelle Öffnung hat sich der Fürst sicherlich verdient gemacht. Aber bis zu einem »kulturellen Brennpunkt«, wie es der Schloßführer angibt, ist es noch ein weiter Weg. Was die 100 000 Besucher im Jahr anzieht, ist sicher immer noch der Ruhm des alten Klosters. Der »Corveyer Klosterlikör«, den ich mit nach Hause nehme, ist allerdings nicht schlecht.

Ich merke, meine Verärgerung arbeitet weiter. Eine andere Aufsichtsperson, die ich befrage, datiert den Schloßcharakter sogar noch weiter zurück, erinnert an die Zerstörungen des Klosters im Dreißigjährigen Krieg. Sicher war es ein kluger Schachzug der damaligen Mönche, nach dem Krieg auf die Wahl eines eigenen Abtes zu verzichten und stattdessen den Fürstbischof von Münster, Christoph Bernhard v. Galen, zum Administrator der Abtei zu wählen (1661-78). Der hatte die nötige Durchsetzungskraft, unterwarf auch die Stadt Höxter seiner Herrschaft und legte dann auch den Grundstein zu dem barocken Kloster, das wir heute sehen. Einhundert Jahre später war die gewaltige Klosteranlage fertig geworden, um sie bald wieder an staatliche und private Nutzer abzugeben.

Aber so sehr auch die Fürstbischöfe von Münster ein Herrscherbewusstsein im absolutistischen Sinne hatten und die Repräsentation gerade auch im staatlichen Bereich pflegten, so wollten sie doch das »Kloster Corvey« wieder bauen, in Anknüpfung an die alte und berühmte Tradition. »Fürstabt« ist schließlich auch ein schöner Titel. Aber die schon im Mittelalter angelegte und praktizierte Einheit von geistlicher und weltlicher Herrschaft hat ihre Probleme und ihre Konsequenzen. Die Trennung der beiden Regimente, die Martin Luther (bei aller wechselseitigen Bezogenheit) aufs Neue eingeschärft hat, hat schon ihre grundlegende Wichtigkeit. Man kann, gerade als Kloster, auch »zu bedeutend« sein. Hier, in Corvey, ist dann eben die geistliche Seite fast ganz abgestreift. Einer der Angestellten gibt mir nebenher zu verstehen, dass das vermutlich erst vor wenigen Jahren so konsequent geschehen sei. Er könne sich jedenfalls noch daran erinnern, dass man durchgehend vom »Kloster Corvey« gesprochen habe.

Mit dieser Sehnsucht, die Spuren des alten Klosters zu entdecken, streife ich durch die Räume. Unvoreingenommenheit darf man natürlich nicht von mir erwarten. Die überall, wie etwa beim Durchgang zum größeren Innenhof, flankierenden Statuen Kaiser Karls des Großen und des Klostergründers Ludwig d. Frommen (oft mit der Abteikirche in der Hand) setzen in diesem barock-absolutistischen Zusammenhang schon wieder einen eigenen Akzent. Der Kreuzgang im Hauptgebäude gefällt mir, die farbig abgesetzten Anstriche der Wandpfeiler und Gewölberippen geben dem Sandstein Rhythmus und Struktur. Die mittelalterliche Geschichte ist auf drei kleine, zum Teil winzige Ausstellungsräume zusammengedrückt. Oben, die Treppe hinauf, die großen Räume. Der Äbtegang mit den – weithin fiktiven – Porträts der 65 Äbte von der Gründung des Klosters bis zur Säkularisation (in der Mitte des 17. Jahrhunderts sind sie gemalt).

Die Dauerausstellung über die Patrone der Reichsabtei und die Geschichte Corveys im Zeitalter des Barock interessiert mich in manchen skurrilen Einzelheiten. Kaiser Otto I. soll 958 durch die Reliquien des Heiligen Vitus geheilt worden sein. Als die geraubt wurden, hat man 1677 aus Mönchengladbach ein Schulterblatt des Heiligen bekommen. Nachvollziehbar ist einem Protestanten diese Verdinglichung des Heiligen allenfalls rational. Der Geweihgang und die Jagdzimmer berühren mich nicht; eher schon der Orgelgang, der zum Westwerk der Kirche führt. Die Verbindungslinien zum Kloster sind auf einmal wieder da. Die Landgrafenzimmer (Arbeitszimmer, Wohnzimmer, Schlafzimmer) lassen von fürstlicher Repräsentation in ihrem biedermeierlichen Zuschnitt kaum etwas ahnen. Eher schon der Kaisersaal, in dem heute die Konzerte stattfinden. Er muss, mit den hervorragenden Stukkaturen und den eher simplen 20 Herrscherporträts im Oval an den vier Wänden und den Deckengemälden einen prachtvollen Rahmen für die Empfänge abgegeben haben.

Zwei Räume sind dem Dichter des Deutschlandliedes, Hoffmann von Fallersleben gewidmet. Von 1860 bis zu seinem Tod 1874 hatte ihn der Herzog von Ratibor als Bibliothekar verpflichtet; kurz, nachdem er nach Corvey kam, starb seine Frau. Dann folgen die vielen Räume der Fürstlichen Bibliothek, 15 Zimmer sollen es sein mit 70 000 Bänden. Nicht alle sind zu sehen. Kunst, Kultur, Unterhaltung, Wissenschaft in Schränken und hinter Glas verschlossen, von den Inhalten vermittelt sich da nichts. Aber im Sommersaal der Äbte ist eine Ausstellung zu sehen mit den Prachtbänden, die Hoffmann von Fallersleben besonders am Herzen lagen und die er zur Aufbesserung des Rufes der Corveyer Bibliothek, auf Kosten des Herzogs natürlich, hat anschaffen lassen. Sorgsam gezeichnete und gemalte Pflanzen und Tiere in kostbaren Folianten.

Am 20. Oktober 1865 kommt der spätere Kaiser Wilhelm I. mit großem Gefolge nach Corvey zu Besuch. Hoffmann notiert: »Alle waren hocherfreut über die Menge der prachtvollen und kostbaren Bilderwerke. Zur Eirnnerung an diesen Tag hat Ihre Durchlaucht die Frau Herzogin ein geschmackvolles vergoldetes Dintenfaß und ein prachtvolles Album gestiftet, in welches sich die hohen Herrschaften nebst Gefolge eingezeichnet haben. Am Abend spät noch hat Se. Majestät nebst mehreren Anwesenden sich einige Stunden an mehreren Bilderwerken ergötzt«. Eine Buchstiftung war bei dem Besuch natürlich auch angesagt. In einem Projekt der Universität Paderborn ist die Bibliothek, mit Unterstützung der Landesregierung in Düsseldorf, nunmehr durchgearbeitet und 1999 in einem 8-bändigen Katalog veröffentlicht worden.

Mit der alten berühmten Klosterbibliothek hat diese Fürstliche Sammlung nichts zu tun; jene ist in alle Winde zerstreut oder auch in den Kriegswirren vernichtet. Auch da ist sie wieder – diese schmerzhafte Diskontinuität der Entwicklungen in Corvey.

Die Räume, in denen im Sommerhalbjahr Wechselausstellungen stattfinden, will ich nicht übersehen. Eine dreimonatige Ausstellung »Westfälische Kunst des Expressionismus« ist in Vorbereitung. Dann steige ich hinunter in die Klosterküche. Der mächtige Rauchfang mit den vier Sandsteinsäulen imponiert mir immer wieder. Man kann sich so leicht vorstellen, wie hier ganze Schweine oder halbe Rinder geschmort oder in den großen Sandsteintrögen gewaschen worden sind. Der sieben Meter tiefe Brunnen scheint bis in das Erdinnere zu reichen. – Nebenan, in dem Verkaufsraum, mache ich einen zweiten Anlauf, Literatur aus der Blütezeit des Klosters aufzutreiben. Nein, keine Schriften, keine Bildbände, nichts. Von den »Res gestae Saxoniae« des Corveyer Mönchs Widukind hat der Mann gehört, es habe auch einmal ein Exemplar gegeben, das sei aber sofort weg gewesen. Von den Buch – und Bibelillustrationen nichts. Fast provozierend stehen mehrere Exemplare des Taschenbuchs »Klosterleben im Mittelalter« von Johannes Bühler auf dem Bord.

Der Besuch in der Klosterküche hat mir bewusst gemacht, dass es längst an der Zeit ist, eine Mittagspause einzulegen. Das Schloßrestaurant ist gleich vorn am Eingang. Pferdeställe und Wagenremisen sind früher dort gewesen. Aber diese Räume sind ungemütlich. Der lange Raum ist durch primitive Stellwände unterteilt, und die hausgemachte Sülze mit Bratkartoffeln, die ich bestelle, hat mir anderenorts auch schon besser geschmeckt. Aber dann führt mich ein freundlicher Kellner mit Schnauzbart auf meine Frage und Bitte wieder in das Hauptgebäude zurück, um mir die Gewölbekeller aufzuschließen und zu zeigen. Da schlägt nun meine Begeisterung Purzelbäume. Zwei Keller mit niedrigen, runden Steingewölben, die sicherlich noch aus der Frühzeit des Klosters stammen und in denen die Mönche wohl ihre Vorräte, auch Wein, gelagert haben. Lange Tische, Kamine, Kerzenständer in beiden Räumen. 40 Personen fasst der eine, 100 der andere. Die Holzkloben für die Kamine liegen hoch aufgestapelt. Mit kleinen Bühnen für die Auftritte von Künstlern sind beide Keller ausgestattet. Auf Anfrage werden hier für Gruppen »Historische Geselligkeiten« veranstaltet, mit Rezitation, Musik und Gesang, in mittelalterlicher Kleidung. Eine „Corveyer Festtafel" mit Lachsforelle aus den Klosterteichen und anderen Köstlichkeiten gehört natürlich auch dazu. Das Ganze ist nicht billig. Wenn es gut gemacht ist, ich habe es nicht miterlebt, ist in diesem Ambiente die Horizontverschmelzung vorstellbar. Da die Umgebung nun so unverkennbar mönchisch ist, wählt der Prospekt die umständliche Beschreibung: »In den Gewölbekellern zu Schloß Kloster Corvey an der Weser«.

Mit dem Gang in den Gewölbekeller bin ich endgültig in der Blütezeit des Klosters angelangt. Zumindest in meiner Erinnerung und Vorstellung lasse ich mich nicht so leicht daraus vertreiben. 822 ist das Kloster Corvey gegründet worden. Eine ältere Klostergründung im Solling an einem nicht genau bekannten Ort (»Hethis«) ist vorausgegangen, sie musste aufgegeben werden. Als Mutterkloster für die sächsischen Klostergründungen, die eine wichtige Rolle in der Konsolidierung des Frankenreiches wie bei der Missionierung spielen sollten, hatte Karl der Große das Benediktinerkloster Corbie an der Somme bestimmt. Abt in Corbie war Adalhard, ein Vetter Karls des Großen. Ein ebenso frommer wie politisch bedeutender Mann muss Adalhard gewesen sein: 810 schickt ihn Karl der Große für einige Jahre nach Italien, um die Vormundschaft für seinen Enkel Bernhard und die Regentschaft über das Langobardenreich zu übernehmen.

Nach dem Tod Karls des Großen kommt es zu Auseinandersetzungen mit dessen Ratgebern, Adalhard wird von Ludwig d. Frommen verbannt und Adalhards Bruder Wala tritt in das Kloster Corbie ein. Nach der Rehabilitierung Adalhards suchen er und Wala mit Zustimmung Ludwigs d. Frommen einen neuen Platz für das Kloster im Sachsenland. Sie finden ihn im Weserbogen bei der »villa Huxori«, einer schon bestehenden sächsischen Siedlung. »Corbeia Nova« wird das Kloster genannt, und Adalhard bleibt bis zu seinem Tod 826 der Abt beider Klöster. Von Anfang an also ist Corvey in die Reichspolitik der fränkischen Kaiser verstrickt.

Corvey ist – wie die Reichenau und St. Gallen – als Großkloster geplant und ausgeführt. Eine »Klosterstadt auf dem freien Land«, eine Gottesstadt wird da gebaut. Die Segensbitte ist in Stein an der Westkirche eingemeißelt: »Behüte Herr diese Stadt und lass Deine Engel die Wächter ihrer Mauern sein«. Interessanterweise sind solche Klosteranlagen offenbar nach den Gestaltungsplänen römischer Feldlager dimensioniert, so setzen sich die architektonischen Traditionen fort, verändern sich zugleich. Corvey gewinnt schnell Statur und Gewicht im Frankenreich. Bis in die Strafexpeditionen hinein ist es zu sehen. Schon bald nach der Gründung wird der Erzkaplan Ludwigs d. Frommen, Hilduin von St. Denis bei Paris, infolge von Streitigkeiten nach Corvey verbannt. Er wird rehabilitiert und macht ein unglaubliches Geschenk. Als Dank für die Zeit in Corvey lässt er 836 die Gebeine des Märtyrerknaben Vitus von St. Denis nach Corvey überführen. Die Translationsbeschreibung, der Bericht von der Überführung der Gebeine ist – mit einem Wunderkatalog – erhalten. Das Kloster Corvey hat einen neuen Mittelpunkt. Die Ausstrahlung reicht bis Prag (Veitsdom).

Die wundersamen Reliquien bleiben nicht die einzige Besonderheit von Corvey. Mit Adalhard und Wala beginnt die Kette ungewöhnlicher Männer, die aus dem Kloster Corvey kommen und die über die Jahrhunderte reicht. Noch unter Abt Adalhard ist die Klosterschule Corvey gegründet worden, und Adalhard hat aus Corbie einen Benediktinermönch als Leiter hinübergeschickt, der bald Geschichte machen wird. Ansgar, der »Apostel des Nordens«, ist ab 823 als magister scholae et doctor populi, also als Schuldirektor und als Prediger nachweisbar. 830/31 geht Ansgar im Auftrag von Ludwig d. Frommen und auf die Bitte des schwedischen Königs nach Birka (bei Stockholm) im Mälarsee, beginnt seine nordische Mission. In drei Visionen, die Ansgar in Corbie, oder vielleicht auch in Corvey, erlebt hat, wird er auf seine Missionsarbeit vorbereitet. Als Erzbischof von Hamburg (831) und der vereinigten Erzdiözese Hamburg – Bremen (848) hat dieser unvergessene Mann, »draußen ein Apostel, drinnen ein Mönch« – wie Adam von Bremen ihn beschreibt –, bis zu seinem Tod 865 die Missionierung Dänemarks und Schwedens betrieben.

Mit Ansgar beginnt eine Tradition, die den Erzbischofssitz von Hamburg – Bremen für einige Jahrzehnte zum Stuhl der Mönche aus Corvey macht. Ansgar wählt sich einen Corveyer Freund als Weggenossen, Rimbert, der nach Ansgars Tod sein Nachfolger wird und eine »Vita Anskarii« verfasst. So macht es Rimbert mit dem Corveyer Benediktinerbruder Adalgar und Adalgar mit Hoger. Der Quellenwert der »Vita Anskarii« des Rimbert ist inzwischen wieder unbestritten und gibt, wenn auch in der Perspektive des damaligen Empfindens, ein unmittelbares Bild der Person Angars und der Zeit.

Ohne Frage ist es richtig, das karolingische Jahrhundert als das »goldene Zeitalter der Corveyer Geschichte« zu bezeichnen (W. Stüwer). In diese Zeit gehört, neben vielem anderen, auch der Klagegesang des Corveyer Mönchs Agius nach dem Tode der Äbtissin Hathumod von Gandersheim (Epicedium Hathumodae von 875). Hathumod, aus dem Haus der Liudolfinger, war mit 12 Jahren Äbtissin des Gandersheimer Stiftes geworden. Agius war lebenslang ihr väterlicher Freund und nach ihrem frühen Tod ihr Biograph. Aber auch in der Zeit der Ottonen und weiterhin gehört Corvey zu den führenden Abteien weit und breit. Papst Gregor I., Urenkel Kaiser Ottos I., kommt aus dem Corveyer Konvent. Die Bischöfe, die daraus hervorgegangen sind, sind kaum zu zählen. Ein Abt, der die Schriften Ciceros sammelt oder einen Kommentar zu dem noch heute vielgelesenen Werk des Boethius über den »Trost der Philosophie« schreibt, ist nichts Ungewöhnliches. Und der Corveyer Widukind, Zeitgenosse Ottos I., schreibt in der Mitte des 10. Jahrhunderts seine Sachsengeschichte »Res gestae Saxoniae«, die eine der wichtigsten Quellen der frühen deutschen Kaiserzeit ist und die zwischen Franken und Sachsen gestiftete Glaubenseinheit geradezu mythologisch zementiert. Eine hohe Buchkultur hat sich in Corvey durch die Jahrhunderte gehalten. Völlig unproblematisch scheint es zu sein, wenn ein Corveyer Abt im Ausgang des 11. Jahrhunderts dekretiert, dass die – fast ausschließlich adeligen – Novizen der Bibliothek des Klosters ein »nützliches und wertvolles Buch« mitzubringen hätten. Corvey sei eben, wie der Kirchengeschichtler Hermann Dörries formulierte, »die hohe Schule Sachsens« gewesen. Die Buchmalerei, für die Corvey im 9. und 10. Jahrhundert ein wichtiges Zentrum war, muss man nicht nur in den Bibliotheken von Wolfenbüttel, Leipzig und Trier, sondern auch in Reims, London, New York und Baltimore suchen.

Das Band der Erinnerungen reißt. Ich stehe vor dem hochaufragenden Westwerk der Kirche mit den beiden Türmen. Die über zwei Stockwerke laufende Kaiserkirche mit den jeweils drei Fenstern ist auch von außen über dem großen Eingangsportal gut zu erkennen. Darüber die Doppelreihen der Säulen, tiefer im Mitteltrakt, höher an den Türmen. 873/85 ist das Westwerk vor die alte, 844 errichtete und 1665 abgebrochene, Missionsbasilika gesetzt. 1146-58 ist das Westwerk unter Abt Wibald noch einmal umgebaut: Der hohe Mittelturm wurde heruntergezogen und durch das jetzige Satteldach ersetzt, die beiden Seitentürme wurden hochgezogen. Man muss sich vor Augen halten, dass das Westwerk der Klosterkirche St. Stephanus und St. Vitus in Corvey in Norddeutschland das einzige Bauwerk aus karolingischer Zeit ist, das sich erhalten hat. Die ältesten romanischen Kirchen, die wir sonst kennen, sind zumeist 2oo bis 3oo Jahre später entstanden. Je länger ich hinschaue und die Symmetrie der Formen auf mich wirken lasse, umso größer wird die Bewunderung.

Was mich in der Kirche erwartet, weiß ich von früheren Besuchen her. Der Schock wird diesmal noch größer, weil ich allein bin und Zeit mitbringe. Durch die dunkle Vorhalle mit den romanischen Säulen und Pfeilern, die man die Krypta der Kaiserkirche nennt, trete ich hinein in das gleißende Gold der barocken Kirche. Nein, ich kann das an diesem Ort nicht ertragen. Ich kenne viele barocke Kirchen, in denen ich gerne bin. Aber hier ist es, wenn man von außen, aber auch, wenn man vom Kreuzgang des Klosters kommt, wie ein Schlag ins Gesicht. Ich kann und will das nicht studieren, den Hauptaltar und die beiden Seitenaltäre des Neubaus unter dem Fürstbischof Christoph Bernhard von Galen von 1667-74. Nicht die gewaltige Kanzel, nicht das Chorgestühl oder die vier Männer, die die Orgelempore tragen. Ich flüchte geradezu, die Treppe mit den unregelmäßigen Stufen hinauf, zur Kaiserkirche.

Ein schlichter hoher quadratischer Raum, ein »Quadrum« empfängt mich oben. Auch da fühle ich mein Ungenügen. Meine Phantasie reicht nicht aus, um mir vorzustellen, wie die Kaiserkirche bei den kaiserlichen Besuchen ausgesehen haben mag. Die Ostwand, hinter der die Orgel ist, muss ich mir wegdenken. Fresken sicher überall an den Wänden, der Fußboden vielleicht mit Teppichen ausgelegt. Rechts, auf einem Podest, stand der einfache, mächtige Thronsessel des Kaisers. Wie im Aachener Münster. Von dem aus er den Gottesdienst der Benediktinermönche vorne im Chorraum mit den Augen und Ohren, sicher auch oft mit dem Herzen mitverfolgen konnte.

Hier sind sie alle gewesen, die Herrscher, deren Porträts im Kaisersaal hängen. Die Karolinger ab Ludwig dem Deutschen, die Ottonen (Liudolfinger) über Otto den Großen bis zu Otto III., die Salier über Konrd II. bis zu Heinrich IV, dann wohl auch noch die Staufer bis Friedrich Barbarossa. Über 20 Hoftage sind für Corvey bezeugt. Auf über 100 Besuche der Kaiser durch die Jahrhunderte kommen die Schätzungen der

Corvey: Die Einheit von geistlicher und weltlicher Gewalt – in der Kaiserkirche wird sie deutlich.

Historiker. Wahrlich: Historischer Boden ist das hier in der Kaiserkirche. Am leichtesten kann ich noch die Atmosphäre bei der Betrachtung zeitgenössischer Abbildungen in der mittelalterlichen Buchmalerei nachempfinden. Zur himmlischen Hierarchie gehört der Kaiser, wie die Miniaturmalerei des Ottonen – Evangeliars zeigt, das den Kaiser – zwischen den Erzengeln – in der Mandorla unter die segnende Hand Gottes stellt (H.-W. Krumwiede). Ob man diesen Raum also Engelskirche oder Kaiserkirche nennt, kommt auf dasselbe hinaus.

All das ist vergangen. Die Einheit von sacerdotium und imperium, von geistlicher und weltlicher Gewalt, für die die Corveyer Klosterkirche ein so sichtbares Zeichen war, ist zumindest in den Ländern, in die das Christentum seine Geschichte einschrieb, auf immer dahin. Die hohe Wand, die die Kaiserkirche von dem Hauptschiff der Kirche trennt, wird mir dafür zum Symbol. Mir bleibt, die Reste der Fresken zu studieren. Am schönsten erhalten ist die Episode aus der griechischen Mythologie, die Odysseus vor dem Meeresungeheuer der Skylla zeigt, die ihre Opfer durch drei Hunde zerreißen lässt. Die erklärende Schriftentafel lässt das Erstaunen durchblicken, solch eine Darstellung an zentraler Stelle in einer Kirche zu finden. Selbst hier unterschätzt man den weiten Geist, der in der Blütezeit des Klosters in Corvey herrschte. Selbstverständlich hat man solche Motive christianisiert. So wie der Sänger Orpheus zum Abbild Christi wurde, der mit seinem Wort und Gesang selbst die wilden Tiere bewegt, so ist sicher die Standfestigkeit des Christen gegenüber der Kraft des Bösen in diesem Fresko von Corvey angemahnt. Der weite Horizont der humanistischen Bildung bot Gelegenheit zur Konkretion und Veranschaulichung des eigenen Glaubens.

Zum Ende meines Besuches in Corvey gehe ich durch die südliche Kirchentür auf den kleinen Klosterfriedhof, stehe lange vor der Büste des früheren Bibliothekars und den beiden Gräbern von Ida und August Heinrich Hoffmann von Fallersleben. Wegen seiner harmlosen »Unpolitischen Lieder« (1812) als Breslauer Professor abgesetzt, zog er als Wandersänger durch die Lande. Am 26. August 1841 schrieb Hoffmann auf der damals englischen Insel Helgoland, verbannt wegen seiner liberalen Gesinnung, zu der Melodie von Joseph Haydns Kaiserhymne das »Lied der Deutschen«. »Deutschland, Deutschland über alles, über alles in der Welt«. Als eine »nicht gerade vollendete« Dichtkunst beschreiben Literaturhistoriker das Deutschlandlied (F. Martini). Aber welche Nationalhymne, von »Allons enfants de la patrie« bis zu »God save our gracious Queen« ist schon hohe Poesie? Schlimm war nur die chauvinistische Überhöhung dieses Sehnsuchtsliedes nach der politischen Einheit in der folgenden deutschen Geschichte. Seit dem 2. Mai 1952 ist nun die 3. Strophe des »Liedes der Deutschen« die Nationalhymne der Bundesrepublik. »Einigkeit und Recht und Freiheit für das deutsche Vaterland, danach lasst uns alle streben, brüderlich mit Herz und Hand«.

Eigenartig ist es schon, denke ich, dass der Wanderer Hoffmann von Fallersleben gerade im Kloster Corvey seine letzte Heimat gefunden hat. Ist dies doch der Ort, an dem Widukind 900 Jahre vor ihm seine Vision von der Einheit des neuen Reiches in historischer Rückschau in seiner Mönchszelle oder im Scriptorium des Klosters zu Papier gebracht hat. Francia Saxoniaque, Franken und Sachsen, das war die Einheitsformel. Das war für Widukind Deutschland. So mag es einen verborgenen Sinn haben, dass der Dichter des Deutschlandliedes in Corvey auf dem Klosterfriedhof begraben liegt. Irgendwie stimmt vieles am Ende doch zusammen.

»*Fern und doch nah*«

Das Kloster Loccum

Wie oft habe ich den Weg nach Loccum verwünscht! Die Verwünschungssuada eines Thomas Bernhard hätte ich gebraucht, um meinem Frust den angemessenen Ausdruck zu geben. Die endlose Fahrt von Hannover über die Dörfer! Nach Limmer und Ahlem am Kanal entlang fahre ich noch gerne. Dann quält man sich durch Wunstorf, die Straßen sind immer voll, die eine oder andere Baustelle schafft ein besonderes Vergnügen. An den schönsten Orten fährt man vorbei – hinter Wunstorf weiß ich links die Kirche von Idensen mit ihren wunderbaren romanischen Malereien liegen. Aber ich fahre natürlich weiter. Die Dörfer kommen: Altenhagen, Hagenburg. Jedes Haus, jede Kurve kenne ich. Die vielen Schilder »Zum Meer«, »Zum Schloss« können mich nicht locken, selbst an der Gaststätte »Zum Verrückten Huhn« fahre ich glatt vorbei. So zielorientiert ist meine Reise, dass ich mir die neugotische Kirche zwischen Altenhagen und Hagenburg, die Conrad Wilhelm Hase gebaut hat, und die mich wirklich interessiert, nur ein einziges Mal in all den Jahren angeschaut habe. Ein kleines Aufatmen gibt es, wenn die Straße hinter Hagenburg die Höhe erklimmt und vom »Landgasthaus Meeresblick« aus das Steinhuder Meer jenseits der Wiesen und Felder und Baumgruppen zu sehen ist. Bei gutem Wind drängeln sich die weißen Segel auf dem blauen Grund. In Bad Rehburg geht es erneut bergan – und wieder fahre ich durch ein Dorf: Münchehagen mit dem Dino-Park. Eines dieser kurvigen Straßendörfer, die kein Ende nehmen wollen. Will man vor Loccum dann richtig auf das Gaspedal treten, ist man schon da.

Einhundert, zweihundert Mal, so schätze ich, bin ich diese Strecke von Hannover nach Loccum hin- und hergefahren. In weniger als einer Stunde habe ich die 50 Kilometer aus Hannovers Innenstadt nach Loccum nur gelegentlich geschafft. Hätten sich die Zisterzienser nicht einen anderen Ort als Loccum wählen können?! Sicher, sie hatten andere Gesichtspunkte für die Ortswahl ihrer Klöster. »Fern von der Welt« wollten sie sein. Wert auf meinen Besuch hätten sie sicherlich nicht gelegt. Sie waren sich selbst genug. Auch wenn die Gastfreundschaft ganz oben bei ihnen stand. Aber wenn ich auf »Dienstreise« bin, suche ich die schnelle und direkte Verbindung. Vielleicht hängt meine Ungeduld auf der Fahrt nach Loccum auch damit zusammen, dass mein Lebenszentrum die Stadt und eben die Stadt Hannover geworden ist. Loccum ist da ganz fern, liegt jenseits des Horizonts: Nie hätte ich nach Loccum ziehen wollen. Nie.

Andererseits: Wenn man dort ist – wie nah ist alles. Wie gut ist es, bei den Tagungen weit weg zu sein von den Zerstreuungen und den Menschenballungen der Städte. Die Spaziergänge in den Mittagspausen im Klosterforst. Einen eigenen Landschaftstypus haben die Mönche entwickelt. Von »Zisterzienserlandschaften« redet man, und meint damit ein System von Fisch- und Mühlteichen, von Kanälen und Wasserleitungen, von Hügeln und Tälern, von Waldweiden und Wäldern zur Holzgewinnung. Voller Überraschungen und Entdeckungen sind die Gänge durch die Forsten.

Bei jeder längeren Tagung in der Evangelischen Akademie gibt es an einem Tag zur Mittagszeit die Klosterführung. Ich habe sie fast alle mitgemacht. Immer gab es noch etwas zu entdecken. Immer war da das Bedürfnis nach größerer Vergewisserung. Das Bedürfnis nach der größeren Nähe. Diese eigenartige Ambivalenz der Empfindungen gegenüber diesem Ort....

So kann ich keine Klostergeschichte über Loccums schreiben, als hätte ich den Ort, die Akademie, das Religionspädagogische Institut und eben das Kloster erst jetzt entdeckt. Fern oder nah: Ein Teil meiner theologischen Lebensgeschichte ist dieser Ort. Sachliche Informationen über Loccum gibt es inzwischen genug. Der kleine Klosterführer von Ernst Berneburg und Christiane Kalko ist informativ, der großformatige Band »Geschichten aus dem Kloster Loccum« ist in der Vielfalt seiner Perspektiven und geschichtlichen Schilderungen sowieso nicht zu überbieten. Was ich hinzufüge, sind eigene Erlebnisse und Erfahrungen. Klosterfahrten eben, die sich über 40 Jahre hin erstrecken. Wenn das Heraufholen von Erinnerungen glückt, sind sie vielleicht die Widerspiegelung einer konzentrierten Christentumsgeschichte in einem persönlichen Erleben.

Da sind die jährlichen Tagungen der Superintendenten der Landeskirche. Drei bis vier Tage dauern sie, zwischen Ostern und Pfingsten, meist im April, finden sie in der Akademie statt. Fast 25 Jahre bin ich dort hingefahren. Oft am Abend noch wieder nach Hannover und am Morgen zurück, weil ein Vortrag, eine wichtige Sitzung – wie ich meinte – meine Anwesenheit erforderte. Der Hörsaal ist gefüllt mit den Vertretern der damals 75 Kirchenkreise der Hannoverschen Landeskirche, des Bischofsrates, des Landeskirchenamtes. Eine reine Männerrunde in den ersten Jahren. Langsam, zögernd, numerisch noch immer einzeln, tauchen allmählich die Frauen auf. Ein Tag für ein theologisches oder ein allgemein interessierendes Thema, ein Tag Verwaltungsabstimmung, ein Tag Probleme der geistlichen Leitung: So ungefähr habe ich den Ablauf in Erinnerung. Man kennt sich in der Runde.

Bei den Mahlzeiten ein Run auf die kleinen Tische direkt am Fenster. Ach ja, das Kloster. Es ist noch da. Der Blick schafft Ruhe. Vorne auf der Weide die schwarzen, untersetzten Galloway-Rinder. Man schaut direkt vom Osten auf die Kirche. Das Querschiff ist gut zu erkennen, der Dachreiter sitzt tatsächlich genau auf der Vierung. Links ist das Siechenhaus zu ahnen, rechts der schöne alte Taubenturm. Der Schlag der Uhrenglocken ist weit zu hören. Sie erinnern mich an den sonoren Klang der Marktkirchenuhr. Vielleicht sind die Uhrenglocken alle gleich, denke ich.

Die Klosterführung für die Superintendenten hält oft der jeweilige Direktor des Predigerseminars. Über den Hanns-Lilje-Weg geht es zum Kloster hinüber. Die hohe Mauer rechts an der Seite, auf 3.50 Meter schätze ich sie, etwas höher ist sie an der Straßenseite. Die offene Rasenfläche heisst »Priors Garten«. Noch ist der kleine Springbrunnen nicht in Betrieb, die Tische und Stühle sind im Winterlager.

1173 ist das Kloster Loccum von Graf Wulbrand von Hallermund »zu seinem und seiner Familie Seelenheil« gestiftet worden. Die ersten Mönche kamen aus dem Zisterzienserkloster Volkenroda in Thüringen, dort, wo der Christus-Pavillon nach der EXPO 2ooo wieder aufgebaut wurde – welche Verbindung noch heute nach über 8oo Jahren. Wieviele es gewesen sind, bekomme ich nicht heraus. Sicher waren es 12, überlege ich, nach der Zahl der Jünger Jesu. Und nach der Zahl der jungen Theologen, der Vikare, die über viele Jahrzehnte im Kloster ihre Ausbildung erhalten habem.

Am Ende der Führung wird uns der Studiendirektor im Gebhardt-Saal, im früheren Laien-Refektorium den langen schweren Tisch mit den 12 Eichenholzstühlen zeigen, an dem sich die Kandidaten zum Kolleg versammelten. Die Stühle haben ein Kreuz als Rückenlehne. Hart sind die breiten Stühle, und warm ist es in dem Raum, als es noch keine Heizung gab, sicher auch nie gewesen. An den beiden Tischenden die pompösen Stühle des Studiendirektors und Studieninspektors. Seltsam, dass solche Einzelheiten wie die Zahl der Mönche oder der Kandidaten mir in diesem Augenblick wichtig sind. Vielleicht steckt das Bedauern darin, dass wir von der Symbolik der Zahlen zwar wissen, aber dies emotional nicht mehr erspüren können.

Überhaupt die kleinen Beobachtungen: Irgendwann klinke ich mich immer wieder aus von der Führung und bleibe in einem Raum oder vor einem Gegenstand stehen, der meine Phantasie beflügelt. Unter dem mittelalterlichen Reliquienschrein von 1250 im Südschiff der Kirche hängt ein Kreuzstichteppich, den die »Prinzessin von Ahlden«, die ehemalige und dann geschiedene Kronprinzessin Sophie Dorothea gestickt haben soll. Wie ist der wohl nach Loccum gekommen, und wann hat sie den gemacht? In der kurzen Zeit ihrer Ehe mit dem turbulenten Treiben am hannoverschen Hof einschließlich der Geburt zweier Kinder und ihrer heimlichen Affäre mit dem Grafen Königsmarck sicherlich nicht. Dass sie sich die langen Jahre ihres Exils in Ahlden durch Stickarbeiten verkürzt hat, ist bekannt. Also ist dann ihre Abschirmung in Ahlden doch nicht so stark gewesen, dass hier und da ein Kontakt mit der Außenwelt möglich war. Und auf dem Teppich: Sind das Lebensräder, neben den Sternen, oder Kreise? Ihre Sehnsucht nach der verlorengegangenen Einheit und Gemeinschaft hat sie vielleicht in den Teppich hineingeschrieben.

Dann bleibe ich vor dem Marienschrein im südlichen Querhaus stehen. Die Zwei-Reiche-Lehre ist sozusagen an diesem spätmittelalterlichen Altarstück abzulesen. Links (vom Betrachter aus) die Vertreter der geistlichen Stände, darüber der Papst und ein Kardinal. Rechts die Vertreter der weltlichen Stände, an der Spitze Kaiser und Kurfürst. Eine Nonne, vielleicht die Hl. Ursula, liest aus der Bibel oder einem Erbauungsbuch. Die Männer wirken überwiegend nicht sehr konzentriert; es ist ja auch nur eine Frau, die liest. Der Kaiser schläft sogar. Dies soll den Kaisern aber auch bei Männerlesungen manchmal so gegangen sein. Kaiser Karl V. soll bei der Verlesung der Konfession der Protestanten auf dem von ihm selbst einberufenen Reichstag 1530 in der freien Reichsstadt Augsburg schlicht geschnarcht und geschlafen haben. Ein subversiver Geist steckt in diesen Zisterziensermönchen, geht mir durch den Kopf, die sich einen Altar in die Kirche stellen, der das religiöse Desinteresse der Obrigkeit so demonstrativ an den Pranger stellt. Vielleicht kann man diesen Altar mit der vorlesenden Nonne auch als eine der Zeit vorauslaufende Ahnung deuten, dass eines Tages eine Äbtissin diesem alten Männerkloster vorstehen wird.

Am Abend läuft die Konferenz der Superintendenten auf einen Höhepunkt zu, auf den ich mich am meisten freue: Die Complet in der Klosterkirche. Das Chorgestühl der Priester mit den schön geschnitzten Chorgestühlswangen reicht für die 100 Personen natürlich nicht aus; dicht an dicht sind im Altarraum Stühle gestellt. Ich versuche, ganz hinten in das Chorgestühl zu kommen, niemanden hinter mir, alles vor mir zu haben. Und dann braust der vierstimmige Männerchor mit den Taizè-Psalmen und den Gesangbuchliedern durch die Kirche, die Frauenstimmen gehen unter. Man spürt es dem Gesang dieser Männerunde an: Jeder ist es gewohnt, zu Hause der Vorsänger zu sein. Der lange Nachhall in der Kirche: Man hört dem eigenen Ton hinterher, kriecht sozusagen in ihn hinein, und läuft mit ihm durch die Kirche in alle Ecken und Winkel.

Die Zisterzienser haben natürlich einstimmig und sicherlich dezenter gesungen. Aber ist spüre einfach: Diese alten Klosterkirchen, in ihrer Weite und großen Schlichtheit sind, nein, nicht eigentlich für die musica sacra, sie sind für die menschliche Stimme, sie sind für den Gesang gebaut. Das Maß des Menschlichen und der Erlösung ist das Grundgesetz des Kirchenraums. Der Grundriss dieser Kirchen entspricht dem vom Kreuz herabgenommenen, ausgestreckten Leib des Herrn. Das Raumgesetz der Kirche ist, den Menschen groß zu machen. Gerade im Atem, in der Stimme, in dem aufsteigenden und nachklingenden Gesang ist das zu spüren. Ich bin tief bewegt. »Ich bin eine romantische Seele wie alle Ostpreußen«, sage ich, als ein Kollege fragt, warum ich so verklärt schaue.

Es ist eine andere Jahreszeit: Das Epiphaniasfest am 6. Januar, und damit der Empfang des Landesbischofs und des Abtes im Kloster Loccum stehen bevor. Unten vor dem Haus in der Waterloostraße in Hannover, in dem unsere Wohnung ist, fährt der Dienstwagen des Militärdekans vor. Unser Freund, Ulrich J., steht im Lutherrock auf der Straße und winkt herauf. Die Straßenverhältnisse sind oft prekär an diesem Tag, da ist man froh, wenn man nicht selbst zu fahren braucht. Der eigentliche Grund ist ein anderer: Wir sehen uns selten, Uli J. und ich, und freuen uns, eine Stunde hin und eine Stunde zurück in Ruhe miteinander plaudern zu können, während sich sein Fahrer auf Verkehr und Straße konzentriert. Was sich doch alles in der Kirche und in der Bundeswehr im letzten Jahr ereignet hat.....

Viel geschieht nicht bei diesem Epiphaniasempfang im Kloster Loccum, der um 15.00 Uhr beginnt. Die Ankommenden formieren sich im Kreuzgang zu einer langen Schlange, der Konvent des Klosters steht am Eingang des Refektoriums und begrüßt. Als erster der Landesbischof und Abt zu Loccum. Lange Jahre Eduard L. in einer Person, dann als Landesbischof Horst H. und als Abt Altbischof Eduard L. Die neue Konstellation mit Landesbischöfin Margot K. und Abt Horst H. habe ich nicht mehr miterlebt. Als Ruheständler wird man nicht mehr eingeladen, es sei denn, man habe sich um das Kloster besonders verdient gemacht. Die Auswahl der 120 Einzuladenden ist eine delikate Aufgabe, der Andrang und die Einladungswünsche sind ungeheuer, die Bischofskanzlei hat schwer daran zu arbeiten.

Wie gesagt, es geschieht nicht viel bei diesen Neujahrsempfängen oder besser: Es geschieht fast immer dasselbe. Der kalten Jahreszeit angemessen, gibt es zuerst einen Korn. Sind alle Gäste eingetroffen, werden sie vom Abt begrüßt, es gibt ein wenig Musik, ein Streichtrio oder Harfe mit Klavier. Der Ministerpräsident spricht, skizziert die politische Lage. Der Landesbischof tut ein Gleiches, natürlich stärker unter kirchlichem Aspekt. Viel Neues kommt dabei nicht zutage. Aber es ist interessant zu sehen, welche Figur die beiden, aus der Nähe gesehen, machen; Stoff genug für die Gespräche auf dem Heimweg. Der gute Loccumer Butterkuchen ist inzwischen verzehrt. Noch einmal Musik. Ein Stehkonvent. Die Vorbereitungen für die Hora beginnen mit der fürsorglichen Mahnung, sich warm anzuziehen, in der Kirche sei es kalt. Auch die Hora um 18.00 Uhr hat die schlichte Gestalt des Rituals. Trompete und Orgel als Musik, keine Predigt, die Lesung des Tagesevangeliums von der Anbetung der drei Weisen aus dem Morgenland, ein Lied, Gebet, Segen. Die Kavalkade der Autos in Richtung Hannover oder in andere Regionen setzt sich in Bewegung.

Ich habe oft darüber nachgedacht, warum diese 3 1/2 Stunden im Kloster Loccum am 6. Januar jeden Jahres eine solche Rolle im Leben meiner Kirche und auch in meinem Leben spielen. Sicher, man ist eine Zeitlang in einem auserwählten Kreis dabei gewesen. Aber das allein kann es doch nicht sein. Eine Stelle aus dem letzten Film des großen russischen Regisseurs Andrej Tarkowskij, aus dem OPFER ist mir dabei manchmal in den Sinn gekommen. Es ist eine Mönchsgeschichte aus einem orthodoxen Kloster, die Alexander beim Pflanzen eines (verdorrten) Baumes seinem kleinen (anscheinend stummen) Sohn Jungchen erzählt. Da ist ein alter Mönch drei Jahre lang jeden Morgen einen steilen Berg mit großer Mühe emporgeklettert und hat einen Baum gewässert, der nicht blühen wollte. Eines Morgens stand er auf einmal in voller Pracht da. Man müsse vielleicht, so resümiert Alexander, an jedem Tag zu genau der gleichen Zeit genau dieselbe Sache tun, wie ein Ritual: Dann würde sich die Welt verändern.

107

Es ist also vielleicht doch nicht nur die Vergewisserung, die in solchen Ritualen steckt und die in einem Kloster wie Loccum Gestalt geworden ist: Dass die Welt noch immer steht, und dass sie so schnell nicht untergehen wird. Dass auch das neue Jahr ein anno domini, ein Jahr des freundlichen Gottes sein möge und sein wird. Vielleicht steckt doch stärker der Impuls zur Veränderung in solchen verlässlichen Abläufen, als man im ersten Nachdenken meint. Das Geheimnis der weiterwirkenden Kraft. Es ist wohl kein Zufall, schießt mir durch den Kopf, dass der Bischof und Abt, der das stärkste Gespür für den Segen der Tradition hatte, Hanns Lilje, an einem 6. Januar gestorben ist. Neben der Klosterkirche, in dem alten Teil des Loccumer Friedhofs, liegt er begraben. Ich gehe oft dorthin.

Es ist das Jahr 1997, in der Mitte des März, aber der Frühling ist noch weit. In der Akademie ist eine der Tagungen zur Thematik »Kirche und Kunst«, die immer neue Anstöße bringen. In der Mittagspause fahre ich nach Wiedensahl hinüber: Die Gedenkstätte für Wilhelm Busch ist noch nicht geöffnet, auch das Heimatmuseum macht Winterschlaf. Nur in das Geburtshaus komme ich hinein. Zwei winzige Stübchen, in dem einen ist er geboren, aber der Geist von Wilhelm Busch weht mich nicht an. Er hat ja auch nur bis zum Alter von neun Jahren dort gewohnt.

Dann der Abend in der Klosterkirche, den ich nicht vergessen werde: Zur Ergänzung der Tagung spielt das »Modell Theater Moskau« Luigi Pirandellos »Heinrich der Vierte«. Der Mensch als Gefangener seiner eigenen List, das ist das Thema. Heinrich IV. ist vom Pferd gefallen, spielt zwanzig Jahre lang einen Menschen, der beim Sturz sein Gedächtnis verloren hat. Baut sich eine schöne neue Welt, wird am Ende doch zum Gefanenen seiner Erinnerungen, seiner vergangenen Kränkungen und Misserfolge.

Es ist eiskalt. Wir sitzen in Decken gehüllt. Die Kirche ist absolut dunkel. Wir verstehen kein Wort, die Schauspieler sprechen russisch. Weiß geschminkt sind sie, dunkle Gewänder. Die Frauenrollen werden zum Teil von Männern gespielt. Eine beredte Gestik der Hände und der Körperhaltungen. Plötzliche Ausbrüche im Schreien, der Schauspieler lauscht dem langen Nachhall der Stimme nach, erschrickt, spricht leise. Der Tanz der Schatten und Silhouetten; der Schauspieler Heinrich IV. spielt ein langes Schattenspiel mit der Mitra auf dem Epitaph des Abts Molanus. Mit einem Spiegel blendet er die Zuschauer. Ein grotesker Tanz der Frauen mit ritualisierten Bewegungen. Wir sind um Jahrhunderte zurückversetzt, frieren allmählich auf den Stühlen ein und finden dies in Ordnung. Die Mönche huschen durch die Kirche, fallen auf die Knie, tuscheln und schreien. Wir sind mittendrin. Das Stück soll eine Stunde dauern, so war es angesagt. Nach 1 1/2 Stunden wird das sprachliche Nichtverstehen quälend. Das Repertoire der Gesten ist ausgeschöpft. Ich wandere durch die dunkle Kirche, höre und sehe das Spiel von ferne, gehe schließlich aus der Kirche. Auf Sizilien hat diese Aufführung den ersten Preis als beste ausländische Aufführung auf einem Theaterfestival bekommen. Hier im Kloster Loccum hat sie uns weit, weit in mythische Zeiten und Räume zurückgeführt.

Weitere Erinnerungen stehen mir vor Augen. In der zweiten Hälfte der siebziger Jahre muss es gewesen sein. Meine Frau und ich leiten den Mütterkreis in unserer Gemeinde St. Nikolai Hannover-Limmer. Zweimal haben wir das Kloster Loccum als Ort unserer Wochenendfreizeiten gewählt. Der wundervoll lebendige Kreis von Frauen mittleren Alters ist für die Freizeit mit Ehemännern und Partnern aufgefüllt, das ergibt noch einmal eine eigene Dynamik. Es ist die Zeit vor der Renovierung des Klosters, die Zimmer sind klein, erinnern an Mönchszellen, sind so beruhigend. »Tage waren das, die ich nie vergessen werde«, sagt Karen K. Sie und Christel K. und Hannelore P. helfen unserer beider Erinnerung nach.

Bewegte Tage im Kloster waren das, mit Lachen und Weinen. Bibelfreizeit auf gruppendynamischer Basis, das ging an die Substanz. Der Mut war manchmal größer als das Können. Von der »Themenzentrierten Interaktion (TZI)« kamen wir beide her, die tiefenpsychologische Ausbildung meiner Frau als Beraterin fing gerade an. Ich sehe uns in einem Klosterraum in der großen Runde sitzen, das Wollknäuel fliegt quer durch den Raum, von Person zu Person: »Was ich von dir wissen möchte«. Oder auch: »Was ich dir schon immer sagen wollte«. »Sich öffnen« war das Thema für den Anfang. Am Ende ist das Netz der Fäden quer durch den Raum gespannt, die Offenheit ist größer geworden, man weiß viel mehr voneinander. Aber Verletzungen sind auch da. Wie gut, dass die Klostermauern Vieles ertragen können.

Im Kapitelsaal die wunderbare Akustik ausprobieren, Kanons noch und noch. »Vom Aufgang der Sonne bis zu ihrem Niedergang«. Die Andachten und Gottesdienste in der Johanneskapelle, dem schmalen Raum mit dem einen Fenster, in dem früher die Mönche gebeichtet haben. Auf dem Boden liegen Schere, Bindfaden, Steine, Blumen, Geld. In den Prozess der Symbolisierung kommen sie hinein im Gespräch mit der Bibel und der eigenen Befindlichkeit. Manchmal glückt es, manchmal nicht.

Abends die ausgelassenen Feste. Ich sehe Elfie F. in wildem Schwung die Treppe hinuntertanzen. Spät dann die Spaziergänge, eng untergehakt, im nachtdunklen Forst. Man kann die Hand nicht vor Augen sehen, so finster war es nie. Man weiß nicht, ob man je zurückfinden wird. Wir ahnen etwas von der emotionalen Erleichterung und Befreiung, wenn es im Johannesevangelium heißt, dass das Licht in die Finsternisse scheint.

Es ist ein Kloster, in dem fast alles möglich ist: So deuten sich mir die Bilder und Erscheinungen vergangener Jahre. Dass einem die Jahrhunderte ständig über die Schulter schauen, haben alle, scheint mir, nicht als Bedrängung und Einengung erlebt. Einen Augenblick im langen Atem der Zeit zu leben, tat gut.

Aber nun schiebe ich die Erinnerungen zur Seite. Ich könnte sonst kein Ende finden. Während ich an diesem Kapitel schreibe, fahre ich noch einmal nach Loccum hinüber. Die Hinfahrt erlebe ich anders. Jetzt, da ich keinen festen Termin, da ich Zeit habe. Hier und da halte ich an. Es ist einer der ersten heißen Julitage, 35 ° zeigt das Thermometer an. Ich lege mir die Lederjacke über den Arm, in der Klosterkirche und im Kloster wird es kalt sein. 18 ° haben wir in der Kirche, sagt Klaus B., der die Kirchenaufsicht führt. So warm habe ich es hier selten erlebt. Er schließt mir den Kreuzgang auf und alle Räume, die ich noch einmal sehen möchte.

Den Kreuzgang gehe ich entlang. Den »Lesegang«, wo unter dem Kapitell mit dem Adler und seinem Jungen der Abt früher stand oder saß, und seinen Mönchen, die auf langen Bänken vor ihm saßen, die Väterlesungen las und erläuterte. Schade, dass in Loccum das Quadrat des Kreuzgangs unterbrochen, dass der westliche Kreuzgang – da, wo jetzt ein Teil der Bibliothek sich befindet – abgebrochen worden ist. Ich schließe einen Augenblick die Augen und sehe die Prozessionen der Mönche, später der Hospites singulariter et passim monachaliter – wie es in der Klostersprache heißt – vorüberziehen. »Im Gänsemarsch«, wie es Abt Hanns Lilje salopp in seiner Autobiographie nennt.

Das Refektorium ist in seiner Hauptfläche leer und wirkt so klein, dass man sich überhaupt nicht vorstellen kann, wie beim Neujahrsempfang eine solch große Menge Menschen, und dann auch noch an Tischen, Platz findet. Die neugotischen Glasmalereien (mit dem Ordensgründer und den Klosterpatronen, der Gottesmutter und dem Hl. Georg), die ich während der Reden bei den Empfängen oft intensiv studierte, wirken in dieser Leere seltsam kalt und unpersönlich. Umso schöner die schlanken achteckigen Pfeiler mit ihrer munteren ornamentalen Bemalung.

Meine beiden Lieblingsräume im Kloster Loccum spare ich mir auch diesmal bis zum Schluss auf Da ist der (jetzt verkleinerte) Speisesaal der Laienbrüder. Eine geschwungene Säule in der Mitte scheint den ganzen Raum zu halten. 1884-91 hat hier der Düsseldorfer Malerprofessor Eduard von Gebhardt einen Freskenzyklus geschaffen, der seinesgleichen sucht. Stundenlang habe ich mich hier schon aufgehalten, schaue in die Gesichter und auf die Szenen, entdecke Neues bei jedem Besuch.

Das ganze 19. Jahrhundert ist in der bildenden Kunst durchzogen von dem heftigen Kampf zweier Kunstrichtungen. Da ist der Idealismus, der das Wahre, Gute, Schöne darzustellen sucht, jenseits aller persönlichen und individuellen Gestaltung, mit klassisch-harmonischen Gesichtszügen und gemessenen Körperhaltungen. Die drei kleinen Fenster im Refektorium entsprechen diesem Stil. Und dann ist da der Realismus, für den die Fresken im Kloster Loccum des Eduard von Gebhardt im gesamten deutschen Bereich ein herausragendes Beispiel sind. Eine höchstmögliche Darstellungskonkretion war dem Realismus wichtig. Die Illusion der Tiefe eines Raumes. Die Herausstellung der individuellen Besonderheiten der jeweils dargestellten Personen und eine historisch fundierte und geographisch stimmige Darstellungstreue. Soweit es sich um biblische Geschichten handelt, werden diese hineingestellt in die Gesellschaft, die Zeit, die Orte, in denen der Maler lebt.

So auch in den Fresken von Eduard von Gebhardt. Die biblischen Geschichten, die um die Person Jesu kreisen, und das Kloster Loccum, die Menschen im Ort und die ganze Gegend wachsen nahtlos ineinander. Ich trete ein in das Laienrefektorium, und vor mir rechts ist die »Hochzeit zu Kana«. Die Zeit vor dem Weinwunder ist festgehalten: Jesus ist der Traupastor, traut das junge Paar. Das Ritual der Trauung ist, echt bürgerlich-biedermeierlich, von Jesus selbst eingesetzt. Drumherum die Menge der Hochzeitsgäste. Und von Gebhardt hat, um sie alle individuell zu gestalten, auf diesen Bildern die Loccumer Bewohner untergebracht. 400 Frauen und Männer aus Loccum soll er auf diesen Fresken abgebildet haben – ich weiß gar nicht, ob Loccum damals so viele Einwohner gehabt hat. Links neben Jesus ist offenbar die Hausdame des Klosters als Mutter des Bräutigams oder der Braut gemalt. Klaus B. zeigt mir seinen Urgroßvater, rechts neben der Nonne ragt sein Kopf heraus. Nein, mit dem berühmten Theologen hat seine Familie nichts zu tun. Aber sechs Familien Bultmann gibt es in Loccum, die alle nicht miteinander verwandt sind. Deren Vorfahren mögen alle auf diesen Bildern sein. Sogar an Quittungen meint sich Klaus B. erinnern zu können; offenbar hat es für das Modellstehen sogar Geld gegeben.

Die Geschichte, die bei jeder Klosterführung an diesem Bild unweigerlich erzählt wird, ist in der Tat bemerkenswert. Eduard von Gebhardt hat als Bräutigam einen Kandidaten des Predigerseminars gemalt, als Braut seine Nichte, die im fernen Baltikum lebte. Bei der Einweihung des Freskenzyklus haben die beiden sich zum ersten Mal gesehen, haben sich verliebt, haben geheiratet. Man staune über die Kraft und Auswirkung der realistischen Kunst.

Endlose Geschichten könnte man zu allen Bildern erzählen. Links von der »Hochzeit zu Kana« die dramatische »Tempelaustreibung«. Die Schafe stürzen gerade die Treppe der barocken Kirche herunter (barock = katholisch!), der Stier geht durch, der Metzger des Ortes kann ihn kaum halten. Links hinten beobachten Abt Uhlhorn mit seiner Frau die Szene. Auf der rechten Wand, dem Fenster gegenüber, die volkreiche Szene der Heilung des Gichtbrüchigen und, rechts davon, »Jesus und die Sünderin«. Die Hospites sitzen in den Bänken, schreiben eifrig mit, versuchen zu lernen an dem Umgang Jesu mit

Der Kapitalsaal im Kloster Loccum mit den Gräbern des Gründers Graf Hallermund und seiner Söhne.

der Sünderin. Unter den Schriftgelehrten der imponierende Gelehrtenkopf des Abts Uhlhorn.

Auf der Seite der Tür, die Bergpredigt Jesu. Eine deutsche Landschaft breitet sich aus, Johannes der Täufer steht mitten im deutschen Wald und zeigt auf Jesus. Hinter Jesus die Düsseldorfer Malerkollegen des Meisters, vor ihm die Hospites mit ihrem Pfarrer. Das Steinhuder Meer im Hintergrund ist unverkennbar. Wie ein »Hermannsburger Missionsfest« sieht die Bergpredigt Jesu aus. – Die Kreuzigung Jesu in der Fensterfront und eine biedermeierliche Szene als Utopie eines ständeübergreifenden Lebens am Mittelpfeiler runden den Freskenzyklus ab. Man muss das alles sehen und studieren!

Schließlich: Der Kapitelsaal. Da wurden die Kapitel der Regel des Hl. Benedikt den Zisterziensermönchen zur Beherzigung vorgelesen. Da hat der Abt Streitigkeiten geschlichtet, Recht gesprochen, die Novizen eingesegnet. Da liegt der Gründer des Klosters, Graf Hallermund, mit seinen Söhnen. Da ist die Grabstelle vieler Äbte. Da sind, auf einer Schriftleiste, die schönsten Worte des Bernhard von Clairvaux aufgeschrieben. Jetzt weiß ich endlich, woher die Loccumer Theologen die vielen Bernhard-Zitate haben, von denen sie reichlich Gebrauch machen. »Porta patet, cor magis« (Die Tür steht offen, das Herz noch mehr). »Tantum Deus cognoscitur, quantum diligitur« (Gott wird soweit erkannt, wie er geliebt wird). »Stat crux, dum volvitur orbis« (Fest steht das Kreuz, wenn auch der Erdkreis sich wandelt). »Silencium nutrimentum devotionis« (Schweigen ist die Nahrung der Frömmigkeit). Noch andere Zitate stehen da an der Wand.

Vor allem dies: »Modus dilicendi Deum est, sine modo dilicere« (Das Maß, Gott zu lieben, ist: Gott maßlos zu lieben). Da ist die Intensität des geistlichen Lebens des Ordensgründers Bernhard von Clairvaux auf den Punkt gebracht. Das »maßlose Maß« dieser Liebe. In den kalten Klostermauern wird oft genug die Glut dieser Gottesliebe zu spüren gewesen sein. Die Intensität dieses von Gott berührten Lebens werden wir heute auch annäherungsweise nicht mehr erreichen. Aber es ist gut, auf seine Spuren zu stoßen, sich auf unseren eigenen Glaubenswegen ermuntern und anregen zu lassen.

»Feuer der Inbrunst«

Die Klöster Amelungsborn und Bursfelde

Schön ist der Blick, wenn man – von Eschershausen her – aus dem Wald kommt und, etwas tiefer liegend, den barocken Dachreiter der Klosterkirche Amelungsborn aus den Bäumen schauen sieht. Die Anfahrt geht über den Gutshof, auf dem überall Schilder das weitere Betreten verwehren. Man muss schlechte Erfahrungen mit den Touristen oder den Gästen des Klosters gemacht haben. Im Torhaus wohnt jedoch das nette Küsterehepaar M., von dem jede Hilfe erwartet werden kann. Wir aber brauchen nur den Austausch von ein paar Seufzern über das heiße Wetter und die Antwort auf meine Frage nach der Ausdehnung des Odfeldes, auf dem Amelungsborn liegt.

Gesprächsweise kommt dabei volksetymologisch noch eine dritte Version der Erklärung des Namens »Odfeld« ins Spiel. Nicht nur das »Campus Odini«, das »Feld des Odin«, das – mit dem geflügelten Begleiter des germanischen Göttervaters – Wilhelm Raabe zu seiner Vision von der Rabenschlacht auf dem Odfeld inspirierte. Auch die Ableitung von dem germanischen Wort »Od« gibt es, das »Eigentum« bedeuten soll. Eine Etymologie für die Gelehrten ist das, verstehen kann das niemand mehr. Da liegt es doch eher nahe, beim »Odfeld« an ein »ödes Feld« zu denken, das die Zisterzienser in ihrer Suche nach den abgelegenen und wüsten Gegenden stimulierte. In Amelungsborn haben sie sogar auf die Nähe von Flüssen oder Seen verzichtet, die ihnen für die Anlage ihrer Klöster und die Ausübung ihrer Kultivierungsarbeit wichtig war.

Die fruchtbare Hochebene, als die sich das Odfeld heute darstellt, mag dann schon eine Folge der unglaublichen Kulturleistung der Zisterzienser sein. Wenn auch die Volksetymologie mit dem »öden Feld«, wie zumeist, nicht stimmen wird, so ist sie doch einprägsam genug.

Es ist Sommerpause im Kloster. Um die Kirche herum wird gearbeitet, die Wege werden neu gestaltet. Von Norden her kommt man auf die Kirche zu, Bäume verdecken das klare Profil des Gotteshauses. Das »Paradies«, die Eingangspforte, ist leider (wie auch der Kreuzgang) im 19. Jahrhundert abgerissen worden. Rechts schließt sich der Konversengang mit dem Lapidarium und dem »Stein« an: Die »Alte Abtei« ist es, die früher vielleicht einmal das Refektorium war und in der sich heute Bibliothek und Tagungsräume befinden. Das gegenüberliegende »Brauhaus« ist als Gästehaus ausgebaut. Dort haben wir gewohnt, wenn wir einmal auf einer Tagung in Amelungsborn waren. Sofort sind die Erinnerungen da.

Die Tage mit dem Ehepaarkreis vor vielleicht 25 Jahren ist in den Bildern vergangener Zeiten am stärksten gegenwärtig. Die »Themenzentrierte Interaktion« (TZI) war das Übungsfeld, um das die Tagung der Analytiker- und Pastorenehepaare kreiste. Das Thema, das wir mit dieser gruppendynamischen Methode zu erhellen suchten, habe ich vergessen. Die personalen Komponenten, auch die Interaktionen zwischen den Ehepaaren, waren stärker. Die Trainerin, die wir von New York eingeflogen hatten, fiel in dieser ländlichen Einsamkeit und unter dem Eindruck christlicher Dominanz in starke Depressionen. Sie war Jüdin, war als Österreicherin beim »Anschluss« Österreichs vor den Nazis nach Amerika geflohen. Das hat die Gruppe damals in Amelungsborn sehr beschäftigt. Hat uns am Ende zu einer langsamen Emanzipationsbewegung von der Leiterin hin zu einer internen Leitungsstruktur geführt. Ich sehe uns, probeweise, in die langen Chormäntel der Fraternität, die auf den Gängen hingen, schlüpfen und die Akustik der Kirche erkunden. Der lange Nachhall, die Verstärkung der eigenen Stimme ist wie eine himmlische Resonanz, Abends sitzen Einzelne die halbe Nacht hindurch im gemütlichen Keller in Gesprächen.

Zu Hause bin ich hier in Amelungsborn und doch fremd. Wir gehen um den »Stein« herum auf die Südseite der Kirche. Hier stand einst der Kreuzgang. Einige Kragsteine ragen noch heraus, die früher die Dachkonstruktion des Kreuzgangs und der darüberliegenden Gebäude trugen. Die zwei Treppentürme sind zu sehen, die den Zugang von der Kirche zum Dormitorium und zu anderen Räumen sicherten. Das Portal, das von der Kirche in den Kreuzgang führte, ist mit seiner Doppelrundung gut erhalten. Eine Rasenfläche ist jetzt dort, wo einst der Innenhof des Kreuzgangs war. Ein Brunnen sprudelt. Bänke stehen daneben. Der Schatten des »Stein« spendet an diesem heißen Tag ein wenig Kühle. Dies ist der schönste Blick auf die Kirche. Hier kann man lange sitzen, Augen und Gedanken schweifen lassen.

Kloster Amelungsborn: 1124 von den Zisterziensern aus Altenkamp am Niederrhein gegründet.

Meine Frau ruht sich auf der Bank ein wenig aus, ich schlendere herum. Das Rektor- und Kantorenhaus, südlich des gotischen Chores, ist ein schlichtes, langes, zweistöckiges Haus. Ob der ausgediente Schulmeister Noah Buchius, der zurückgebliebene Lehrer der Klosterschule, die 1586 in Amelungsborn gegründet wurde und 1760 nach Holzminden verlegt worden ist, in diesen Räumen aus- und eingegangen ist? Aber da fällt mir rechtzeitig ein, dass diese kauzige Lehrergestalt in Wilhelm Raabes »Odfeld« ja eine poetische Erfindung ist. Was die Kraft der Imagination doch nicht alles an faktischen Verwirrungen schafft! Hinter dem Rektorenhaus entdecke ich die Anlage des »mittelalterlichen Klostergartens«. In vier Rubriken ist die Fülle der Blumen und Pflanzen eingeteilt: Arzneipflanzen, Färberpflanzen, Küchenpflanzen, Symbolpflanzen. Eine Einübung in die mittelalterliche Geschichte der Arzneien, aber auch der symbolischen Deutung der Blumen auf alten Gemälden ist das hier. Dass der Ysop blau blüht, habe ich nicht gewusst. Der Name der »Bibernelle« entzückt mich, ich weiß nicht, warum. Der Lavendel blüht am Haus. Ein paar Schritte weiter, in der Wiese, wachsen die Brennnesseln meterhoch. Diese alten Gebäude in dieser unberührten Landschaft, das ist schön.

Aber dann bin auch ich mit meinen Kräften am Ende. Auf der Bank, im Angesicht der Kirche, lasse ich die Geschichte des Klosters an mir vorüberziehen. 1124 sind Mönche aus dem niederrheinischen Zisterzienserkloster Altenkamp auf dieses Hochplateau gekommen, haben auf dem von Siegfried von Northeim gestifteten Gelände das Kloster Amelungsborn gegründet. Am 20. November 1135 waren die wichtigsten Gebäude einschließlich der Kirche fertig; dies wird als das Gründungsdatum noch heute festgehalten. Der Aufschwung des Klosters war rasant. Ende des 13. Jahrhunderts war es mit 50 Mönchen und 90 Laienbrüdern besetzt.

Aber das Feuer der Inbrunst für die Ostkolonisation, für das Weitertragen der christlichen Botschaft in die östlichen Länder, muss die Zisterzienser geradezu verzehrt haben. Die Leidenschaft des Bernhard von Clairvaux ist offenbar lange nicht verklungen. Immer neu ziehen 12 Zisterziensermönche mit einem Abt an der Spitze aus Amelungsborn aus und gründen

neue Klöster. Diese wiederum reichen das Feuer der Christus-
begeisterung weiter. »Durch die aktive Teilnahme an der Chri-
stianisierung des Wendlandes entgingen die niedersächsischen
Zisterzienser der Gefahr eines vorzeitigen beschaulichen Quie-
tismus«, schreibt Hans-Walter Krumwiede in seiner »Kirchengeschichte Niedersachsens«. Die Abteien Doberan, Dargun,
Pelplin, Buckow sind von Amelungsborn aus gegründet worden. Bernhard von Clairvaux, der Gründungsvater der Zisterzienser, hat allerdings auch für einen der Ritterorden, für die
»Templer«, eine Werbeschrift verfasst. Das friedliche »Ora et
labora« der benediktinischen Frömmigkeit, die auch die Zisterzienser vertraten, und der »Waffendienst gegen die Ungläu-
bigen«, den die Ritterorden auf ihre Fahnen schrieben, lassen
sich wahrscheinlich nicht so sauber auseinanderhalten, wie wir
das heute gerne möchten.

Die langsame Einführung der Reformation: wie in vielen Klöstern wird das Kloster, mit dem protestantischen Bildungsethos,
in eine Schule umgewandelt. Nach der Verlegung der Klosterschule die Ratlosigkeit, wie man mit diesem riesigen Gebäude in der Einsamkeit umgehen soll. Sogar die Umwandlung des Langhauses der Kirche zu einem Schafstall sei erwogen worden, wird berichtet. Im 19. Jahrhundert, im Zeichen
der Begeisterung für das Mittelalter, die beginnenden Res-
taurierungen, verbunden mit verheerenden Abrissen und Zerstörungen. Der unerwartete Luftangriff vom 8. April 1945,
der nicht nur die kostbaren Glasmalereien der Kirche ver-
nichtete. Der Wiederaufbau der Kirche, die Wiedereinrich-
tung eines (ehrenamtlichen) Konventes mit Abt und Prior
1960, der Ausbau zu einem Einkehrhaus: All das ist nun schon
Gegenwart, die ich in Teilen miterlebt habe.

Aber von unserer Bank aus lässt sich auch die mittelalterliche
Geschichte von Amelungsborn gut verfolgen. Da ist links das
romanische Langhaus mit den kleinen Rundbogenfenstern und
dem sorgfältig geschichteten Hausteinmauerwerk. Die Bau-
struktur einer Basilika hat dieser Teil, das stark erhöhte Mittelschiff sticht deutlich ab gegen die beiden niedrigeren Seiten-
schiffe, von denen hier nur das südliche zu sehen ist. Aus der
Gründungszeit des Klosters wird das Langhaus stammen, auch
der untere Teil des Querschiffes, das in die Breite weist.

Um 1350 ist dann ein neuer und anderer Bauwille am Werk, 200 Jahre sind eine lange Zeit. Das untere Querschiff wird gotisch aufgestockt, und ein neuer hoher Chor entsteht. Auch dieser ist basilikal angelegt, um einen Umgang um den Altar bei Prozessionen zu ermöglichen. Mittelschiff (= Altarbereich) und Querschiff sind aber im gotischen Bereich deutlich höher als im romanischen: Die Gedanken streben nach oben. 1684 wird der barocken Dachreiter auf die Vierung gesetzt. Dass man auch an eine Erhöhung des romanischen Langhauses gedacht hatte, kann man an dem Giebel sehen, der die Erweiterung vorbereitete. Einfach schön ist es, die Stufen der Genese eines solchen Bauwerks in aller Ruhe zu betrachten. Wie werden die Männer der mittelalterlichen Bauhütten hier gearbeitet, geschichtet, gebetet, gestritten haben.

In der Kirche bin ich immer wieder überrascht, wie dunkel das romanische Langhaus ist. Vielleicht macht es der Kontrast zu der hellen, lichtdurchfluteten Weite des Chores, dass man hier zunächst gar nichts sehen kann. Wir gehen langsam durch die Kirche, und ich zeige meiner Frau meine Lieblingsorte, an die sie sich von früher auch noch gut erinnern kann. Der dreisitzige gotische Levitenstuhl mit den Misericordien, auf denen man sich beim langen Stehen in den Stundengebeten etwas ausruhen konnte, und der Darstellung des Fuchses, der in eine Mönchskutte gekleidet ist. Einen Humor hatten diese Zisterzienser und eine Fähigkeit zur Selbstdistanzierung, es ist nicht zu glauben! Auf der Rückseite Ecclesia und Synagoge, dieses alte Thema der gotischen Zeit, in der die Judenverfolgungen im christlichen Abendland massiv beginnen.

Die beiden romanischen Piscinien mit ihrer präzisen ornamentalen Struktur gefallen mir immer wieder; vier weitere sind im Lapidarium, in der ehemaligen Konversengasse, zu sehen. Wie selbst die Hilfsgeräte beim Abendmahl mit aller plastischen Sorgfalt ausgestaltet worden sind! Meine Frau weist mich auf den lebendig gestalteten Taufstein von 1592 hin, und auch das große Ostfenster von dem Hannoveraner Werner Brenneisen gefällt ihr gut. Das Grabmal des Grafen Hermann von Everstein und seiner Frau Adelheid, geb. Gräfin zur Lippe, aus der Erbauungszeit des Ostchors, die mitten im südlichen Chorumgang als vollplastische Figuren liegen, ist nicht zu übersehen. Für das Ratespiel der »Wurzel Jesse«, der vielen Gestalten in dem Stammbaum Christi, fehlt mir meistens die Geduld. Wer ist eigentlich wer? Sicherlich ist diese Glasmalerei aus dem 14. Jahrhundert das wichtigste Fenster, das sich aus der unendlichen Fülle der Amelungsborner Glasmalereien erhalten hat.

Immer wieder aber laufen wir um die Säulen im Chor herum und studieren mit entzückten Ausrufen die Kapitelle. Siehst du da den Mann, der mit einer gezückten Lanze von hinten kommt! Adam und Eva mit je einem Apfel in der Hand, der Baum der Erkenntnis in der Mitte. Eva steht ausnahmsweise einmal links. So wandern wir durch die Kirche, bis uns die Kühle langsam frösteln macht und wir uns nach der Hitze draußen sehnen. Ein Konzert müsste man wieder einmal in der sagenhaften Akustik dieser Kirche hören, am besten mit mittelalterlicher Musik. Oder selber singen.

Ich kann Amelungsborn in Gedanken nicht loslassen, ohne auf ein Werk zu verweisen, das schon mehrmals angeklungen ist. Wenn ich es zeitlich irgendwie einrichten kann, lese ich vor einem Besuch von Amelungsborn in Wilhelm Raabes Erzählung »Das Odfeld« von 1886/87. Diese Erzählung von gut 200 Seiten ist lange Zeit fast unbekannt geblieben, erst die grandiose Analyse des Göttinger Germanisten Walther Killy hat sie einer literarisch interessierten Öffentlichkeit bekannt gemacht. Es ist eine Geschichte aus dem Siebenjährigen Krieg, genauer gesagt vom November 1761, und spielt im Kloster Amelungsborn und auf dem Odfeld.

 Die historischen Fakten sind präzise recherchiert und wiedergegeben, aber die Hauptperson ist frei erfunden. Es ist der skurrile Magister Noah Buchius, der durch die verlassenen Räume der Klosterschule schlürft und allein in den Räumen des Lehrerkollegiums wohnt. Ein Anti-Held ist er, der zunächst als Trottel erscheint und am Ende zum eigentlichen Mittelpunkt des Buches und der Menschen wird, die sich um ihn scharen. Den Krieg verabscheut er aus Herzensgrund, den der Kriegsheld, Herzog Ferdinand von Braunschweig, fast wider Willen führen muss, und in dem die dritte Zentralfigur, der jugendliche Liebhaber und Draufgänger, Thedel von Münchhausen, stirbt. Auf dem Odfeld erlebt Magister Buchius die große Rabenschlacht am Himmel; sie wird ihm zu einem Prosagium, einer Vorschau und Abschattung und Weissagung der Dinge, die da kommen werden.

Killy hat in überzeugender Weise den umfassenden Charakter der Wirklichkeitsdarstellung in der Erzählung Wilhelm Raabes herausgearbeitet. Troja brennt in Amelungsborn. Nicht um die Wahrheit der Realien und der Fakten geht es Raabe, sondern »um die Wahrheit der Zeichen, als welche die Realien sich erweisen«. Nur wenn das Gegenwärtige und das Vergangene den Charakter der Zeichen bekommt, sind sie für den Menchen wirklich interessant. Auf dem Odfeld ereignet sich die Weltgeschichte, und das geht alle an. In dieser verdichteten Form gestaltet Raabe die historische Erzählung. Und mir wird wieder einmal bewusst, dass meine eigentliche Suche bei den Klosterfahrten nicht nach den Fakten unserer Vergangenheit geht, sondern nach den Zeichen, als die jene sich erweisen, und die weiterwirken.

So gehen und fahren wir zum Abschluss des Besuchs in Amelungsborn noch einmal über das Odfeld. Die nordöstlich weit ausschwenkende Mauer mit der Wiese dahinter, den rotbraunen Angus-Rindern mit dem Stier dazwischen und den Kälbern, grenzt das Kloster aus dem Hochplateau aus. Das Odfeld ist wellig, man muss auf den nächsten Hügel fahren, um weit zu sehen. Das Korn steht hier noch auf den Feldern. Der Krieg ist weit, ein Rabe ist nicht zu sehen. Das Odfeld als das Prosagium einer anderen Zeit? Ich weiß es nicht. Die Poesie der Landschaft verbindet sich mit der Poesie der Literatur. Beides ist nicht zu trennen und fließt ineinander, wenn ich an Amelungsborn denke.

*

Am 20. Januar 1461 schreibt ein Benediktinermönch, Martin von Senging, von Bursfelde aus einen Brief an seinen Prior, Johannes von Weilheim, im Kloster Melk. Bruder Martin ist auf einer Klosterreise, um sein Kloster und seinen Klosterverband über den Stand der Klosterreform an verschiedenen Orten zu unterrichten. Ich lese diese 2 1/2 Seiten des Briefes, der in dem

Insel-Taschenbuch über »Klosterleben im Mittelalter« veröffentlicht ist, immer wieder gerne vor einem Besuch im Kloster Bursfelde. Das durchaus überschaubare Kloster dort unten an der Weser ist mir vor Augen, und das riesige, im Sonnenlicht gelb glänzende Kloster Melk hoch über der Donau, in dessen gewaltigen Schlafsälen wir einmal als Vikare auf einer Dampferfahrt nach Wien übernachtet haben. Dass diese beiden so unterschiedlichen Benediktinerklöster einmal so eng zusammengehört haben, erfüllt mich mit Erstaunen. Und der Brief des Martin von Senging ist so herrlich konkret, lässt das Klosterleben in Bursfelde am Ende des Mittelalters in deutlichen Bildern vor meine Augen treten.

Auf einem Pferd, das ein offenbar reformfreundlicher Meister Konrad auf eigene Kosten ihm in Nürnberg kaufte und schenkte, ist Bruder Martin in wochenlangen Ritten über Bamberg, Kloster Saalfeld, St. Peter in Erfurt im Kloster Bursfelde angekommen. Menschenfreundlich und liebenswürdig sei er aufgenommen worden. »Das Kloster ist rings von Wäldern umgeben, liegt an einem einsamen Orte, an den Ufern eines schiffbaren Flusses, an der Weser. Sie hat viele gute Fische, wie Lachse, Aale«. Vier Fischkästen hängen nahe am Kloster in der

»Bursfelde ist arm an Gütern und einfach gebaut – eine bessere Klosterzucht hat allerdings keins«.

123

Weser, die sicherlich so etwas wie die Vorratskammer des Klosters sind. »Hier gibt es auch guten Ziegenkäse. Endlich – aber noch nicht recht gut – habe ich das Biertrinken gelernt«. Wein gäbe es auch, aber nur beim Messopfer.

„Bursfelde ist arm an Gütern und einfach gebaut. In ganz Österreich wüsste ich nicht ein Stift, das hierin Bursfelde nicht merklich übertrifft, eine bessere Klosterzucht hat allerdings keins«. Eine große Liebe sei die Grundlage für diese vorbildliche Lebensführung. Aber ehe Bruder Martin den Abt des Klosters in den höchsten Tönen als ein »Beispiel und Muster« eines Abtes rühmt, kommt er noch auf die Handarbeit im Kloster zu sprechen, die sich mit dem Hopfen beschäftigt, mit dem Heuen und mit dem Obst. »Sie arbeiten manchmal an einem Tag ohne Unterbrechung bis zu zwei Stunden«. Erstaunen höre ich aus diesem Satz heraus, es muss im Kloster Melk wohl anders gewesen sein.

Dinge, über die wir heute kein Wort verlieren würden, werden breit dargestellt. Das Rasieren ist solch ein Thema, das nicht von einem Laien, sondern von einem Klerikermönch vorgenommen wird. »Der Platz zum Rasieren ist keine Stube, sondern Sommer wie Winter ein kalter Raum. Alle acht Tage werden die Bärte, alle vierzehn Tage die Köpfe rasiert«. Die Zellen seien einfach und niedrig, die Zwischenwände aus Lehm, statt der Türen Vorhänge. »Mit meiner Hand kann ich die Decke meiner Zelle berühren«. Der Remter geräumig, überall Fenster. »Durch alle Aborte läuft Wasser«. Ein bescheidener Krankenflügel, der Wandelgänge sind wenige.

Und Bruder Martin schreibt am Ende seines Briefes, wie problematisch es in dieser Einsamkeit des Klosters mit der medizinischen Versorgung ist. Er ist gleich vier Tage nach seiner Ankunft sehr krank geworden. Er denkt ans Sterben. Im strömenden Regen wird sein Urin in eine drei Meilen entfernte Reichsstadt (vielleicht Hannoversch-Münden?) zu einem Physikus gebracht. Mit Arznei kommt der Bote zurück. »Mit Gottes Gnade wurde ich wieder gesund«. Man solle dies alles aber nicht den Gegnern der Reformbewegung erzählen, »damit sich nicht vielleicht die Söhne der Philister freuen«. Die Schadenfreude ist selbst in den Klöstern nicht unbekannt.

Der Weg nach Bursfelde ist heute für uns einfacher als für Bruder Martin aus dem Kloster Melk. Von Göttingen aus sind wir früher auf der Straße durch die endlosen Wälder zwischen Dransfeld und Bursfelde gefahren. Heute komme ich zumeist von oben. In Gieselwerder über die Weser, dann immer an dem Fluss entlang. Die beiden Türme des Westwerks von Bursfelde sieht man erst im letzten Augenblick. Peter K., einer der drei hauptamtlichen Mitarbeiter des Tagungshauses Kloster Bursfelde, führt uns herum. Das, 1722 auf den Resten des Westflügels des Klosters erbaute, ehemalige Gutshaus ist zu einem Tagungshaus mit Gästezimmern und Versammlungsräumen umgestaltet. Werner A. ist der Vater der Einkehrtage in Bursfelde, hat seit 1978 mit Zähigkeit an dieser Arbeit in Bursfelde festgehalten. 1993 wurde das renovierte Gutshaus als Tagungshaus wiedereröffnet. Das ganze Jahr über finden Bibelkurse, Meditationstage und -wochenenden, Oasentage statt.

Peter K. schließt uns die Hintertür des Tagungshauses auf, zeigt uns die Fläche, auf der früher der Kreuzgang und die anderen Klostergebäude waren. Links liegt die Kirche. An der Südseite der Kirche wie überall an den noch stehenden Gebäuden treten Balken aus den Mauern heraus, die anzeigen, wo früher der Anschluss zum Kreuzgang und zu den Klostergebäuden war. Höhenverschiebungen muss man einkalkulieren, sagt Peter K. Im Keller des Tagungshauses ist zu sehen, dass früher das Niveau des Hauses um 1.50 Meter tiefer lag.

Bei meinem letzten Besuch in Bursfelde vor vier Wochen lief ich dem gegenwärtigen Abt des Klosters, Professor Joachim R., in die Arme. Er nahm mich mit in die Abtswohnung, zeigte mir die Porträtgalerie seiner Vorgänger in seinem dortigen Arbeitszimmer. Seit 1828 werden Professoren der theologischen Fakultät in Göttingen zu Äbten von Bursfelde berufen. Eine gut dotierte Auszeichnung für besondere Verdienste war das sicher zunächst, und Namen, die noch heute einen Klang in der Theologiegeschichte haben – wie Gottlieb Jakob Planck und Friedrich Lücke – sind darunter.

Der Kontakt der Äbte zum Kloster Bursfelde hat sich im 20. Jahrhundert enger gestaltet, und Götz Harbsmeier, der von

1971-79 Abt des Klosters war, hat zeitweise sogar dort gewohnt. Auf seine Fotografie schaue ich lange, eine ganze Erinnerungskette taucht mit seinem Gesicht vor mir auf. Wir haben viel zusammen gemacht, in meiner ersten Pfarrstelle in St. Marien in Göttingens Innenstadt. Vorträge und Seminare. Er war oft in unserem Gottesdienst. Ich sehe ihn eines Sonntags, zu meinem Entsetzen, mit dem berühmten und geistvollen holländischen Theologen Kornelis Heiko Miskotte in den Gottesdienst unserer Kirche kommen. Ich als Anfänger auf der Kanzel, der in diesen Jahren erhebliche Predigtschwierigkeiten hatte, nie rechtzeitig fertig wurde und noch in der Nacht zum Sonntag an meiner Predigt saß. Auch der wuchtige Franke Wolfgang Trillhaas saß oft in den Bänken der Marienkirche. Das auch auf der Kanzel hörbare Schnauben des Praktischen Theologen und späteren Systematikprofessors hat mich oft ins Mark getroffen. Die bedeutenden Theologen haben mich den geistigen Abstand, der uns sicherlich trennte, nie spüren lassen. Ich habe erst zu Hause gelesen, dass Götz Harbsmeier auch auf dem Bursfelder Friedhof beerdigt ist. Ich werde bei meinem nächsten Besuch in Bursfelde unbedingt zu seinem Grabe gehen.

Peter K. führt uns in die »Westkirche«, den älteren Teil der Bursfelder Doppelkirche. Und dort, in diesem auf den ersten Blick heiteren Bau mit der beschwingten Ausmalung der Engel und der Spruchbänder, mit dem Marienlob und dem Tedeum, fällt die Geschichte des Klosters in voller Wucht über uns her. Die Wände zwischen den beiden Kirchen seien erst später gezogen worden, hören wir, als man die Westkirche aus dem gottesdienstlichen Bereich ausgliederte. Noch bis vor 40 Jahren sei die Westkirche landwirtschaftlich genutzt worden. Der Mist stand knöcheltief, die Salpetersäure sitzt noch in allen Mauern und macht bei der Erhaltung der Wände und der Fresken den Bauleuten und Restauratoren schwer zu schaffen. Auch hier ist der Klosterkammer in Hannover die Wiedergewinnung des gottesdienstlichen Raumes zu danken. Man begreift die Gleichgültigkeit vergangener Zeiten überhaupt nicht mehr, in der man die alten kulturellen Werte der Klöster vergeudet und zweckentfremdet hat. Die Achtung vor der Vergangenheit hat offenbar im dem Maße zugenommen, in den die Zukunft ihre faszination verloren hat.

Bursfelde ist im Jahr 1093 als adliges Hauskloster durch Heinrich den Fetten (oder Dicken) von Northeim gegründet worden. Ich bin noch immer hinter einer Abbildung dieses Mannes her; ich muss diesen Mann mit seinem sprechenden Namen irgendwann einmal im Bild sehen. Im Zusammenhang mit dem Ausbau seiner Northeimer Territorialmacht soll die Gründung des Klosters Bursfelde zu sehen sein. Der erste Konvent wurde aus Mönchen des Klosters Corvey gebildet. Graf Heinrich der Fette wird 1101 in Friesland erschlagen; in der Westkirche von Bursfelde ist er beigesetzt. Seine Gemahlin Gertrud gründet 1115 das Benediktinerkloster St. Aegidien in Braunschweig, unterstellt es dem Abt von Bursfelde, und ist im Dom von Braunschweig begraben. Ihre Tochter Richenza heiratet oder wird geheiratet von Lothar von Supplingenburg, wird an seiner Seite (Lothar III.) Kaiserin. Kaiserin Richenza lässt noch 1135 »den für die Bursfelder Basilika unverhältnismäßig großen Ostchor errichten« (H.-W. Krumwiede). Der Konvent des Klosters ist groß, das Repräsentationsbedürfnis der Kaiserin auch.

Nach dem Aussterben der Northeimer Linie geht auch Bursfelde auf Heinrich den Löwen über (1144). Der Niedergang des Klosters kündigt sich an. Die Zisterzienser, später die Bettelorden, laufen den Benediktinern den Rang ab. 1398 werden nur noch vier Mönche in Bursfelde erwähnt. Aber dann setzt die Reformbewegung des 15. Jahrhunderts ein und bringt das Kloster Bursfelde auf den Höhepunkt seiner geschichtlichen Entwicklung.

Der Name Bursfelde hatte einen »einstmals hellen Klang«, hat Hermann Dörries geschrieben. »Hier scheint die Zeit keine Macht zu besitzen, scheint es stets das Gleiche gewesen zu sein, solange diese Pfeiler und Wände stehen«. Der Historiker Dörries, der später – 1961 – auch Abt von Bursfelde wurde, hat diese Worte bei der 500-Jahr-Feier der »Bursfelder Reform« im Jahre 1934 gesprochen. Diese große Zeit von Bursfelde ist unlösbar mit dem Namen Johannes Dederoth verbunden. Reform der Kirche an Haupt und Gliedern ist das Generalthema des 15. Jahrhunderts. Die Reformkonzilien von Konstanz (1414-16) und Basel (1431-49) haben den Weg auch für die Klosterreform bereitet. Der Benediktinermönch Dederoth ist – wie der Augustiner Johannes Busch in Wittenburg – einer der leidenschaftlichsten Vertreter dieser grundlegenden Reform der Klöster als Rückkehr zu den alten Prinzipien benediktinischer Frömmigkeit.

1430 wird Dederoth Abt des Klosters Clus bei Gandersheim, übernimmt 1433 in Personalunion auch das Kloster Bursfelde. Mit ihm wird Bursfelde zum Ausgangspunkt der benediktinischen Reform in Norddeutschland. Sein Nachfolger Johannes von Hagen (als Abt in Bursfelde von 1439-67) ist von gleichem Schrot und Korn. Der Abt, den Bruder Martin in seinem Brief nach Melk so sehr rühmt, ist also Johannes von Hagen gewesen. Beide treiben ein Reformprogramm voran, das auf einem engeren Zusammenschluss der Benediktinerklöster basiert.

Ein erster Versuch, die Kongregationen von Bursfelde, Kastl und Melk enger zusammenzubinden, scheitert am Führungsanspruch der Bursfelder. Die »Bursfelder Kongregation« unter der Präsidentschaft des Bursfelder Abtes bildet sich heraus. Über 100 Abteien treten bis zur Reformation diesem Zusammenschluss bei. Darunter sind so bedeutende Klöster wie Hirsau, Alpirsbach, Maria Laach, St. Mathias Trier, St. Panthaleon Köln, St. Michael Hildesheim, Corvey.

Man trifft sich und entscheidet in Generalkapiteln. 68 werden von 1458 bis 1530 abgehalten, die meisten in Erfurt (22), in Bursfelde (11) und Mainz (10). Auch Nonnenklöster schließen sich der »Bursfelder Kongregation« an.

Der Einfluss der Devotio moderna und der Mystik ist zu spüren. Der Akzent des Glaubens verlagert sich auf die Gesinnung und auf die innere Aufmerksamkeit des Glaubens, auf seine Leidenschaft. Bei den täglichen Horen ist für die Mönche die Prüfung angesagt, ob »auch das Feuer der Inbrunst glüht«. »Mönchtum ist Gottesliebe«, so hat Hermann Dörries die Glaubensauffassung dieser Zeit zusammengefasst, »die an der Betrachtung der evangelischen Geschichte und dem Gang der Liturgie sich entzündet und, in der Abkehr von der Welt und ihren Bildern, in der Einkehr in sich selbst und der Rückkehr zum Himmlischen sich vollendet«.

Lange bleiben meine Frau und ich vor dem Fresko in der West-kirche aus der Zeit um 1430/40, in dem der Geist der Burs-felder Reform am deutlichsten zu spüren ist.Meiner Frau fallen prägnante Einzelheiten viel schneller auf als mir. Eine halbe Stunde am Tag haben die Bursfelder Mönche vor diesem Fres-ko meditiert. Die Geißelung Christi ist darauf dargestellt. Der Ort der Geißelung des Herrn ist das Kloster von Bursfelde, die Mönche aus dem Kloster schauen durch das Fenster. Wild schlagen die Knechte und die Soldaten zu. Das Leiden Christi ist absolute Gegenwart, und in der Teilnahme am Leiden Christi vollendet sich der Glaube.

Dann stehen wir um 18.00 Uhr in der Andacht um den Altar der Ostkirche. Singen, beten. Nach kunstgeschichtlicher Be-trachtung ist uns nicht mehr zumute. Seit 23 Jahren findet diese tägliche Andacht im Kloster statt. Was lässt sich von den vielen Stundengebeten, die in den Jahrhunderten des Mittel-alters siebenmal täglich in dieser Kirche stattgefunden haben, von der inneren und äußeren Ergriffenheit, von dem Feuer der Inbrunst, heute noch begreifen?

Über die schmale Straße, durch den Wald bis nach Dransfeld fahren wir zurück. Hinter Dransfeld werden unsere Augen groß. Göttingen liegt als Panorama vom Berg herunter vor uns, wie wir es so noch nie, jedenfalls unserer Erinnerung nach, gesehen haben. Die alte Verbindung zwischen Göttingen und Bursfelde ist seit mindestens 60 Jahren reaktiviert. Am Him-melfahrtstag ziehen hunderte von Göttinger Studenten und Professoren nach Bursfelde hinaus, um am Klostertag teilzu-nehmen. Den Himmelfahrtsgottesdienst in Bursfelde zu feiern und den akademischen Vortrag zu hören, der in der Westkir-che, mit Übertragung nach draußen, gehalten wird. Wir sind nie dabeigewesen. Aber die inneren Verbindungslinien, die nach allen Seiten gehen, die werde ich in Bursfelde immer spü-ren.

»*Gottessehnsucht*«

Das Kloster Riechenberg

Den Harz vor Augen, schlängelt sich die B 82 durch die Landschaft. In Rhüden sind wir von der Autobahn abgefahren. Erstaunt bin ich, dass es von dort bis Goslar nur 21 km sind. Hinter Astfeld, kurz vor Goslar, soll – nach links zeigend – ein Schild »Klostergut Riechenberg« stehen. Da ist es auch, aber als wir es sehen, sind wir schon dran vorbei, fahren an der nächsten Kreuzung zurück. Eine schmale, aufgebrochene Straße ist es, man glaubt kaum, dass sie irgendwohin führen könnte. Rechts ein Schild »Kirchen-Ruine« und »Krypta«, aber der Fußweg geht geradewegs ins Gebüsch. So fahren wir weiter, nach einhundert Metern stehen Autos, Gebäude sind zu sehen, eine lange Klostermauer mit einem hohen Holztor. Wir sind am Ziel.

Oder doch nicht? In einem Aushangkasten, neben dem Tor, steht groß – über einem Kreuz – »Evangelisches Gethsemanekloster«. Die Ziele dieses Klosterlebens sind wortreich beschrieben, aber wir lesen nur, was auf der linken Seite steht. »Das Evangelische Gethsemanekloster ist ein Ort der Stille und des Gebets. Eine Besichtigung ist nicht möglich«. Aber dann wird noch darauf hingewiesen, dass man am Morgengebet (den Laudes, um 7.00 Uhr in der Frühe) und an der Komplet (um 18.00 Uhr) teilnehmen könne, und dass es von Mai bis Oktober am Dienstagnachmittag Führungen in die Krypta gäbe. Einige Männer und Frauen kommen, jeweils allein, aus dem Wald, streben zum Kloster hin, sind in sich gekehrt, wir wagen sie nicht zu grüßen. Einer schaut offener, den spreche ich an, und er bestätigt mir, was ich nach der Lektüre des Aushangs schon wissen könnte: Dass die Abendandacht auch heute stattfindet und dass sich das Tor des Klosters 20 Minuten vorher auf einen Klingeldruck hin öffnet. Auf einer

Schweigefreizeit seien sie im Kloster, und das erklärt mir manches.

Wir haben noch viel Zeit bis 18.00 Uhr. Wir fahren nach Goslar, trinken Tee und essen Apfelstrudel im Angesicht der Kaiserpfalz, verfahren uns gründlich in der Altstadt, wissen nicht, wo wir sind, richten uns schließlich nach dem Autobahnschild Hannover/Kassel und kommen glücklich am Kloster Riechenberg wieder an. Wir sind immer noch zu früh, laufen durch die Gegend um das Kloster. Es ist eine Traumlandschaft. Wir erfreuen uns an den Fohlen, die mit ihren Pferdemüttern auf der Weide sind. Klosterteiche, Felder, das Klostergut mit seinen gewaltigen Scheunen, es wird gedroschen, das surrende Geräusch der Maschine steht unüberhörbar in der Luft.

Dann ist es Zeit. Das Tor springt tatsächlich auf. Wir stehen etwas verloren im Kloster. Ein langer Gang führt an zwei Gebäuden vorbei, das zweite scheint das ehemalige Gutshaus zu sein, 1771 steht über dem Eingang, werde ich später lesen. Es gibt keinen Hinweis, wo sich die Kapelle befinden könnte. Wir fassen am ersten Haus an die eine oder andere Tür, sie sind geschlossen. Dann steht, zwischen den beiden Gebäuden, ein Glockenstuhl, und an dem Gebäude dahinter entdecke ich die kleine handgeschriebene Tafel »Zur Kapelle«.

In ein System von Kellergängen steigen wir hinab. Durch künstlerische Gestaltungen sind die Gänge aufgelockert. Kleine, reliefartige Plastiken mit Szenen aus der biblischen Geschichte hängen an den Wänden, die Begegnung von Maria und Elisabeth, die Flucht nach Ägypten. Das Wasser scheint in diesem Kloster eine große Rolle als Metapher des unerschöpflichen Lebens, das aus Gott kommt, zu spielen. Kleine sprudelnde Quellen, aus Steinen heraus, überall. Ein schönes Wort der Mechthild von Magdeburg steht an einem rieselnden Wasser. »Gott ist ein strömender Brunnen, niemand kann ihn ausschöpfen«. Einzelne Brüder im langen weißen Chormantel kommen aus der Klausur, sind höflich, lassen uns vorangehen, aber schauen die Fremden kaum an. Auf dem Weg zur Kapelle passieren wir eine Glaswand, die den Blick auf einen Innenhof öffnet, der von Zypressen eingerahmt ist. In seiner Mitte sprudelt Wasser aus einem größeren Brunnen.

Die schlichte, gewölbte Kapelle ist voll besetzt. Vorne sitzen die sechs Brüder, auf den Bänken links und rechts des Ganges die Teilnehmer/innen der Schweige-Rüstzeit. Alle Generationen sind vertreten, Mann und Frau und jung und alt. Wir beide scheinen die einzigen zufälligen Gäste zu sein.

Ein langes Schweigen am Anfang. Ich versuche, einen Eindruck in mein Buch zu schreiben, man hört das Kratzen des Kugelschreibers, so höre ich sofort wieder auf. Den ersten Psalm der Komplet können alle noch mitsingen. Die beiden nächsten sind offensichtlich nicht in dem Buch enthalten, das vor uns liegt, die Brüder singen sie allein. Das Evangelium des morgigen Sonntags wird gelesen, das Gleichnis von den anvertrauten Pfunden. Ein kurzer Text aus einem Buch wird vorgetragen. Die Stunde der Vesper sei ein Aufruf zur Nachbarlichkeit. Wir hören es, aber wir spüren es nicht. Die Brüder und die Teilnehmer der Freizeit gehen hinaus, ohne einander und ohne uns anzusehen. Schweigen kann aufnehmend, aber kann auch abweisend sein. Wir erzählen uns hinterher, wie es uns ergangen ist, und wir haben beide das gleiche Gefühl gehabt: Wir haben uns ausgegrenzt erlebt. Meine Frau in der ihr eigenen Sensibilität ist fast verletzt. Nein, wir werden nicht eindringen können in das, was sich in dem Kloster in diesen Tagen vollzieht.

Wir laufen noch eine Weile durch die wunderbaren Anlagen des Klosters. Die alten Bäume des Klosterparks. Der Obstgarten. Die Ruinen des alten Klosters. Überall sind Schilder mit der Aufschrift »Schweigebereich« angebracht. Darf man in diesem Kloster überhaupt nicht reden? Nein, einen Gesprächspartner werden wir heute hier nicht finden. Bedrückt verlassen wir das Kloster. Das Tor schlägt hinter uns zu, von außen öffnet es sich jetzt nicht mehr.

Zu Hause angekommen, versuche ich, mich über die frühere Geschichte des Klosters Riechenberg zu informieren. Der Anfang ist erstaunlich. Nicht auf Initiative eines Adligen oder eines Bischofs ist Riechenberg gegründet worden, sondern sozusagen von unten her. Ein Subdiakon mit dem Namen Petrus, Sohn einer Goslarer Bürgerfamilie und Mitglied des dortigen Domstiftes, gründet 1117 auf seinem Eigengut vor den

Toren Goslars ein Benediktiner-Kloster. Natürlich braucht der offenbar begüterte Bürger auch den Segen von oben, aber den bekommt er schnell. Die Hildesheimer Bischöfe bestätigen die Gründung und beschenken das Kloster, schon 1122 wird die romanische Kirche eingeweiht. König Lothar nimmt 1131 das Kloster in seinen Schutz, 1139 erhält Riechenberg vom Papst eine Schutzurkunde.

Einen großen Aufschwung muss Riechenberg unter Propst Gerhard genommen haben, 1128 bis 1150 stand er dem Kloster vor, ist in der Krypta begraben. Mit ihm kommen die Augustiner-Chorherren in das Stift. Er war Berater Kaiser Lothars III., genoss aber auch in der Kirche hohes Ansehen durch seine tatkräftige Unterstützung der Reformbewegung unter den Regularkanonikern in Niedersachsen. 1278 vernichtet eine Feuersbrunst Teile des Klosters. Im 14. Jahrhundert verarmt Riechenberg, bekommt aber im 15. Jahrhundert noch einmal einen Aufschwung durch seine Beteiligung an der Klosterreform der Windesheimer Kongregation. Kardinal Nikolaus von Kues beauftragt Riechenberg mit der Visitation anderer Klöster. 1485 werden die Sakristei (die heutige Kapelle) und das Bibliotheksgebäude im spätgotischen Stil errichtet.

Die Wirren der Reformationszeit und der Religionskriege lassen das Kloster abwechselnd evangelisch und katholisch werden. 1643 kommen endgültig die Augustiner-Chorherren wieder. Die schadhaften Gebäude werden nach 1700 repariert, die Kirche wird barockisiert. 1749 wohnen im Klosterstift Riechenberg 22 Chorherren.

Die Geschichte des Klosters Riechenberg geht 1774, also noch vor der Säkularisation der Klöster, mit einem Eklat zu Ende. Der einmalige Fall ist eingetreten, dass ein Kloster in den Konkurs getrieben wird. 1762 ist Wilhelm de la Tour, aus Peine gebürtig, Propst von Riechenberg geworden. Propst de la Tour geht der Ruf eines feinsinnigen Kirchenmannes voraus. Er entpuppt sich aber als ein Mann mit großzügigen Umgangsformen, dem die Finanzen eines – immerhin dem Armutsgelübde verpflichteten – Klosters nicht gewachsen sind. Übertriebene Gastfreundschaft mit großen Festmahlen, großartige Bauten lassen den Schuldenberg auf 125.000 Reichstaler anwachsen.

Er überwirft sich völlig mit dem Konvent, droht den Chorherren mit »ewigem Gefängnis« und lässt das Gefängnis in dem Kloster herrichten.

1772 ist das Kloster zahlungsunfähig, die Gläubiger fordern ihr Geld zurück. Propst de la Tour wird verhaftet, kommt wieder frei, entkommt 1774 durch die westliche Klosterpforte, als die Soldaten des Fürstbischofs das Kloster von der östlichen Klosterpforte her besetzen. Mit seiner Schwester, der ebenfalls 1772 abgesetzten Domina von Dorstadt, flieht er nach Hamburg. Bringt es fertig, sich sein Gehalt als Dompropst von Goslar nach Hamburg weiterhin schicken zu lassen. 1793 starb er.

Der Konvent des Klosters Riechenberg wird 1794 aufgelöst, die Chorherren werden auf andere Klöster verteilt, nur vier bleiben zur Ausführung der wichtigsten Dienste, vor allem in den drei Schulen des Klosters und im Pfarrdienst, zurück. 1803 wird das Kloster offiziell auch vom preußischen Staat aufgehoben, das Klostergut wird in eine staatliche Domäne umgewandelt. Das Klosterinventar, soweit es nicht schon zur Schuldentilgung verwandt wurde, wird versteigert. Altäre und Kirchenbänke sind heute noch in St. Jakobi Goslar. 1816 brennt die von Propst de la Tour erbaute vierstöckige Propstei ab. Um Baumaterial für ihren Wiederaufbau zu gewinnen, wird ab 1818 die Stiftskirche eingerissen. Nur die Krypta bleibt unangetastet.

Ich beginne langsam zu begreifen, welche Hypothek auf diesem Kloster lastet. Man wird dem Propst de la Tour, dessen Familie aus Frankreich stammte und sich in einem dieser vielen Kriege in Deutschland niedergelassen hatte, nicht einmal schwere Charakterfehler vorwerfen dürfen. Es ist wahrscheinlich das unbändige Repräsentationsbedürfnis des Barock gewesen, das auch andere Klöster in die Nähe des Ruins getrieben hat. Insofern ist auch eine solche Verfallsgeschichte lehrreich und macht deutlich, wo es hinführt, wenn die Klöster nicht nur Gott, sondern auch den Menschen rundherum gefallen wollen.

Das gehört mit zur Geschichte von Riechenberg, und das muss man wissen, wenn man die Gegenwart begreifen will. Seit der

Säkularisierung gehört das Kloster Riechenberg zur Klosterkammer in Hannover. Die Wirtschaftsgebäude aus der Klosterzeit stehen noch, die Kirche ist Ruine, die Konventsgebäude sind nur noch in Resten vorhanden. Das ganze Kloster verfällt mehr und mehr. Da geht die Klosterkammer in den achtziger Jahren des 20. Jahrhunderts an die Sicherung und Renovierung der Baureste, stattet das ehemalige Klostergebäude mit kleinen Wohneinheiten aus, baut das Pächterwohnhaus zum Gästehaus um. Sakristei und Bibliothek werden als Andachts- und Meditationsräume hergerichtet. Die Krypta wird behutsam restauriert.

Im Mai 1992 wird das renovierte Kloster Riechenberg der evangelischen Bruderschaft Koinonia und dem Trägerkreis des Klosters übergeben. Die Bruderschaft nennt Riechenberg »Gethsemanekloster« und deutet damit an, in welchem Sinne sie die klösterliche Vergangenheit aufgreifen und weiterführen will.

Olav H., der ehemalige Leiter des Missionsseminars in Hermannsburg, hat sich einen Lebenswunsch erfüllt und – noch in Hermannsburg – die klösterliche Bruderschaft »Koinonia« gegründet. »Solange es noch Menschen gibt, die Geist haben«, sagt er, »solange wird es noch geschehen, dass ein Mensch von der Gottessehnsucht so sehr überwältigt wird, dass er alles andere darüber vergisst«. Groß ist der Kreis der Männer nicht, die sich dem zölibatären Leben verpflichten. Aber ein aktiver Trägerkreis und ein großer Freundeskreis machen das Gethsemanekloster zu seinem Zentrum.

Armut, Ehelosigkeit, Gehorsam: Die drei Wesensmerkmale klösterlichen Lebens bestimmen auch den Alltag der Bruderschaft Koinonia im Gethsemanekloster von Riechenberg. Vor dem Hintergrund der Klostergeschichte von Riechenberg verstehe ich, dass Armut im Leben der Bruderschaft eine besondere Rolle spielt. Dabei ist Armut kein Wert an sich. »Sie ist nur die unvermeidbare Folge jeder echten Ewigkeitszuwendung« (aus der »Regel der Koinonia«). Armut ist die Konkretisierung des Gebets. »Das Gebet, das Leben in der Gegenwart Gottes, führt zur Armut« (ebd.). Das eigene Verhältnis zum Besitz wird revidiert.

Hohe Ansprüche und Ideale stecken in der »Regel der Koinonia«. »Es ist reine Heuchelei, Armen helfen zu wollen, ohne seinen eigenen Reichtum in Frage zu stellen. Das alles ist Symptombehandlung und nicht Ursachenbekämpfung« (ebd.). Ein Stück geistlichen Hochmuts spüre ich da heraus. Aber die eigenen Folgerungen sind konsequent. Die Koinonia wird als Bruderschaft keinen Besitz an Häusern, Grund und Boden erwerben, wird keine eigenen Geschäfte betreiben. »Sie wird unter keinen Umständen Schulden machen«. Einfaches Leben ist die Devise der Bruderschaft: Naturgemäße Ernährungsweise, einfache Wohnung, Bevorzugung der körperlichen Bewegung, kritischer Gebrauch der Massenmedien. Kleine Fraternitäten mit Gütergemeinschaft werden angestrebt.

Die Betonung des Psalmgebets in den Andachten und Gottesdiensten legt der Bruderschaft einen Anschluss an die benediktinische Frömmigkeit der katholischen Schwesterkirche nahe. Mir wird es immer deutlicher: Die Traditionslosigkeit klösterlichen Lebens in der evangelischen Kirche ist für die neu entstehenden Schwestern- und Bruderschaften ein echtes und weitreichendes Problem. Man muss von seiner klösterlichen Tradition auch erzählen können. Man muss die Tradition neu auslegen und neu definieren können. Der Anschluss und die Vergegenwärtigung von Tradition macht einen erheblichen Anteil der Lebendigkeit des Klosterlebens aus. So haben alle klösterlichen Gruppen fast automatisch einen ökumenischen Charakter. Der Anschluss an die Tradition der einen gemeinsamen Kirche ergibt sich fast von selbst.

Am 80. Geburtstag von Pastor Dr. Olav H., beim Klosterfest in der Sommerscheune des Gethsemaneklosters am 30. September 1995, hat die Bruderschaft mit ihrem Träger- und Freundeskreis einen Eindruck davon bekommen können. Dem »Abbas Olav« hat der Abt des Benediktinerklosters Niederaltaich, Emmanuel J., einen fulminanten Vortrag gehalten. Und dieser Vortrag ist keine begriffliche Darlegung der Ideale monastischen Lebens. Er ist Erzählung und Auslegung der monastischen Tradition in einem, und damit zugleich Vergegenwärtigung der Grundlagen, auf denen das Mönchtum ruht.

„Habitare secum – das Wohnen in sich selbst« ist das Thema der Rede des Benediktinerabts. Zwei Abschnitte aus der Lebensbeschreibung des Heiligen Benedikt aus der Feder des Papstes Gregor des Großen (593/94) legt er aus. »Er kehrte in seine geliebte Einsamkeit zurück und wohnte ganz in sich selbst – allein – im Angesicht Gottes«. Übersetzungsvarianten interessieren den Abt, so die Version der griechischen Übertragung durch Papst Zacharias »Er umarmte seine von jeher geliebte hesychia«. Hesychia, das ist die Ruhe in Gott, und das gibt dem Benediktiner sofort Gelegenheit, einen Ausflug in die hesychiastische Tradition des Mönchtums zu machen.

Dem Wohnen in sich selbst gehen aber bei Benedikt, jedenfalls so schildern es Gregor der Große und der Abt, drei Prüfungen voraus. Die Versuchung zum Stolz, als Benedikt ein Wunder wirkt, ein zerbrochenes Haushaltsgerät wieder zusammenfügen kann. Benedikt flieht in die Einsamkeit. Dort erscheint ihm das Bild einer Frau, das ist die Versuchung zur Begierde. Die dritte Versuchung ist die zur Aggression, zum Zorn, als Benedikt mit den widerspenstigen Mönchen im Kloster Vivocaro nicht fertig wird. Auch das Scheitern des Eremiten Benedikt, »der keine Erfahrung mit einem Gemeinschaftsleben hatte«, wird offen angesprochen. Sich selbst allezeit unter den Augen des Schöpfers sehen, das ist die Quintessenz des Wohnens in sich selbst.

Erst von dort aus gibt es dann den Schritt in die Gemeinschaft und in die Gründung des Klosters Monte Cassino hinein. Die Schau der Welt in Gott wie in einem Sonnenstrahl, einer »kosmischen Vision«, ist der zweite Teil des Vortrags, den ich hier nicht weiter referieren will. Aus allen Taschen sozusagen zieht der Benediktiner Geschichten und Weisheiten und Erfahrungen heraus, vor denen der evangelische Christ nur staunend stehen kann. Erfahrungen wie die von dem Stau der Geistesenergie: »Eine Quelle, die nicht abfließen kann, die gestaut wird, fließt nach oben; die Zweige eines Baumes, die zusammengebunden werden, wachsen nach oben« (Gregor der Große).

Immer deutlicher wird es mir: Das Gethsemanekloster in Riechenberg wird sich meinen Klosterfahrten verweigern. Von den Mauern und Toren eines Klosters hat der braunschweigische Landesbischof Christian K. an jenem 80. Geburtstag des »Abbas Olav« gesprochen, die man passieren muss, um »dahinter zu kommen«, um eine fast verlorene Lebensform wieder zu entdecken. Für mein Gefühl und Verständnis sind Mauern und Tor des Klosters in Riechenberg zu hoch. Ein Einsatz ist gefragt, der sicherlich lohnend ist, den ich aber im Augenblick nicht zu leisten bereit bin. An einem der vielen Seminare müsste ich teilnehmen, die in bewundernswerter Konzentration und Dichte fast das ganze Jahr vom Freitag bis zum Sonntag füllen. Ich schaue in den »Freundesbrief« vom Sommer 2001 hinein und entdecke Einkehrtagungen von September bis Weihnachten in dichter Folge. Klostertag – Stilles Wochenende zum Tag des Erzengels Michael – Benediktstag – Schweige-Wochenende – Stilles Wochenende – Tage der Stille – Stilles Wochenende zum Ewigkeitssonntag, zum Advent – Weihnachtseinkehr, Silvestereinkehr. Immer mit den Stichworten »Durchgehendes Schweigen, Einführungen zum Thema, persönliche Gesprächsbegleitung«. Hier wird jeder und jede für sich erfahren können, ob der hier eingeschlagene Weg sein oder ihr Weg zu Gott ist oder nicht.

Aber einen Anlauf will ich noch machen, dem Geist von Riechenberg näher zu kommen. Am Dienstagnachmittag seien die Krypta-Führungen. Einlass sei in der Rosenpforte, steht im Aushang an der westlichen Pforte angeschlagen. Wo sich die Rosenpforte befindet, steht nicht dabei. Ich schließe messerscharf, dass man wahrscheinlich auf dem Waldweg, der mit dem Hinweisschild »Krypta« versehen ist, auf die Rosenpforte stoßen werde. Ich gehe etwa 300 Meter auf dem schmalen Pfad durch den Wald, treffe auf die Klostermauer, dann auf eine kleine Pforte in der Mauer. Und da steht es tatsächlich angeschrieben, es ist die Rosenpforte, und die Führungen sind am Dienstag um 14.30 und um 15.30 Uhr.

Ich bin wie immer zu früh da, gehe weiter an der Klostermauer entlang, große Eichen und Pappeln hängen über die Mauer herüber. Es grollt in der Ferne, ein Gewitter zieht auf, ich stelle mich in die Pforte hinein, um zu sehen, ob der Türsturz den Regen und die Blitze abhalten kann. Aber das Gewitter zieht gnädig vorbei. Um 14.20 Uhr bin ich noch allein. Dann kommen zwei ältere Herren, ein Aachener und sein slowenischer Freund. Wir machen uns bekannt, fangen gleich an zu diskutieren, wenn es so bleibt, kann es eine interessante Gruppe werden.

Es bleibt so. Um 14.30 Uhr dreht sich ein Schlüssel im Schloss der Rosenpforte. Helga H. ist Fremdenführerin in Goslar, ist dem Kloster eng verbunden und macht die Führungen schon 10 Jahre lang. Olav H. hat mich hierher gebracht, wird sie mir später sagen. Es ist phantastisch, wie konzentriert er noch in seinem Alter ist. Die Einführung in die gerade beendete Rüstzeit, in die wir am Sonnabend bei der Komplet dazugekommen sind, habe er noch selbst gemacht. Der Gott, von dem er spricht, sei so einfach, dass er jedem Menschen zugänglich sei. Widersprüche in diesem Gottesbild gäbe es nicht.

Da die Mücken drinnen am Fischteich heute sehr lästig sind, so erzählt sie uns einiges aus der Geschichte von Riechenberg vor dem Tor. Die Hauptdaten kenne ich, aber sie weiß interessante Einzelheiten. Den Anteil, den das Kloster am Bergbau vom Rammelsberg hatte, kehrt sie heraus. Im 11. Jahrhundert war der Rammelsberg die wichtigste Kupferfundstelle Europas. Silber, Blei, Zinn, Zink wurden außerdem gefördert. Nahezu alle Kunstgegenstände, die im Mittelalter gefertigt worden sind, entstanden aus Rammelsberger Erzen. Auch die Bronzetüren am Dom von Hildesheim und das Portal in Nowgorod. Weltkulturerbe sei diese – inzwischen stillgelegte – Förderproduktionsstätte in Rammelsberg. Unbedingt anschauen müsse man sich das. 1552 hätten die Welfen alles, einschließlich Hildesheim und Riechenberg, geschluckt.

Über die Zurückgezogenheit und Unauffindbarkeit des Klosters hatten wir drei uns vorher ausgetauscht. Helga H. macht den Versuch, unser Verständnis dafür zu gewinnen. Aus Ratzeburg, wo der Konvent vorher war, sind die Brüder vor dem Tourismus geradezu geflohen. »Toruismus ist lebendig«, sagt sie, »das weiß ich aus meinem täglichen Umgang. Der stört die Stille«. Die Bruderschaft sei sehr glücklich gewesen, diesen abgelegenen und unauffälligen Ort zu finden. Die Konzentration dieses Klosters suche man zu erhalten. »Sie ahnen gar nicht, wie interessant zölibatäre Männer sind für Menschen, die sich gar nicht vorstellen können, dass man anders leben kann als sie selbst«. Sie bekennt, dass sie am Sonnabend meiner Frau und mir nachgestiegen sei, weil wir so interessiert in alle Gänge und Ecken schauten. »Ob die wirklich in die Komplet wollen?« Wir lachen.

Das Kloster sei fast ständig voll belegt, 30 Einzelzimmer haben sie, auf 3000 Übernachtungen komme man im Jahr. Sechs Brüder seien es hier nur, die gesamte Bruderschaft der Koinonia sei größer, umfasse auch verheiratete Männer und Frauen an ihrem Ort. Ein Trägerkreis von 250 Menschen unterstützt und finanziert das Kloster, die Kosten für Unterkunft und Verpflegung bei den Gästen schaffen das nicht allein. Gelegenheit, das Klosterleben kennenzulernen, gäbe es genug. Außer an den Einkehrwochenenden könne man das »Kloster auf Zeit« erleben, am klösterlichen Alltag als Ora-et-labora-Gast teilnehmen. Für junge Menschen sind die Klosterschule und die Jugendhäuser da.

Wir gehen durch den Klosterpark zur Kirche und zur Krypta. Unangetastet ist dieser Teil gelassen, die Natur soll ihn so gestalten, wie sie will, die Brennnesseln stehen meterhoch, der Fischteich verlandet. Die Führung verdichtet sich, wird zu einem Exerzitium der symbolhaften Durchdringung der Wirklichkeit durch den Glauben.

Das Licht. Der Glaube der romanischen Zeit gestaltet seine Bauten mit dem Licht. In Riechenberg stand die Kirche ganz im Süden, dem Licht zugewandt. Der Kreuzgang schloss sich nach Norden an. Dort muss es sehr dunkel gewesen sein, die hohe Kirche stellte ihn in den Schatten. Die Mönche haben das wohl aushalten können, im Wissen um das Licht, das sie in der Kirche umfangen würde. Wir stehen in den Ruinen der Kirche, Helga H. zeigt und erklärt. Die Ruine lässt die riesigen Ausmaße der Kirche noch gut erkennen, 63,5 Meter in der Länge, 18,95 Meter war sie breit. Eine dreischiffige, kreuzförmige Basilika mit sächsischem Stützenwechsel und Chorwinkeltürmen.

Der Westen, da wo die Sonne untergeht, ist der Ort der Finsternis. Da standen die schützenden Türme an beiden Seiten.

Im Osten, im Licht der aufgehenden Sonne, befanden sich in den Apsiden die Altäre. Der Altarbereich ist erkennbar höher gelegt, Stufen führten einst hinauf. Links neben dem Altarbereich ragt ein Gebäude hoch. Es ist die ehemalige Sakristei, in der jetzt die Kapelle des Klosters ist. Darüber die frühere Bibliothek, jetzt Oratorium. Ein Raum ohne Stühle, ganz leer, in dem man stehen, knien, beten kann.

„Die Sprache der Symbole hat mich gepackt«, sagt Helga H. »Ich komme davon nicht los«. Sie deutet uns die Symbolsprache der Krypta von draußen aus. Sie bittet, in der Krypta selbst nicht zu sprechen, auch nicht zu fotografieren. »Alle Wege zu den Sakralräumen und die Sakralräume selbst sind Schweigebereiche. Das Schweigen hat seine eigene Sprache. Sie werden viel mehr erleben und viel mehr entdecken, wenn Sie schweigen«. Die Sprache der Mathematik als die Gestalt der Ordnung, in der Gott den Kosmos geschaffen hat. Helga H. zeigt uns die sieben kleinen Fenster der Krypta. »Der geheime Rhythmus der Welt und des Lebens, die sieben Planeten, die sieben Bitten des Vaterunsers, die sieben Gaben des Heiligen Geistes, das schwingt alles mit«.

Die Bedeutung der Dreierkombination, der Zahl der göttlichen Trinität im Innenraum der Krypta. Sechs freistehende und zwölf Halb- und Viertelsäulen gliedern den Raum. Drei Blendarkaden, die mittlere ist der Zugang heute. Das Licht, natürlich. Wir müssen es uns erzählen lassen, können es nicht selbst erleben. »Mittags um 12.00 Uhr fällt zu Weihnachten das Licht durch das Südfenster auf den Löwen, das Symbol für Christus. Am Ostermorgen um 6.00 Uhr auf das unversehrte Blatt, als Symbol der Auferstehung«. Fasziniert ist sie, das spüren wir, von der Sprache des Lichts, die in ihrer eigenen, sinnenkräftigen Weise vom Glauben redet.

Dann natürlich die Sprache der Symbole, die in den Kapitellen der Säulen auf ihre Entschlüsselung warten. Gottes Lebens- und Liebeskraft ist in den Ranken und Blättern verborgen. Von der beherrschenden Macht der Sünde reden die Säulen (Menschen, aus deren Kopf Drachen entweichen), von Gnade und Erlösung (Löwenkopf mit Ranken). Von guten Kräften sind die Welt und der Mensch beherrscht (Adler, Löwe, Eber), aber auch von dunklen Mächten (Drache, Löwe mit erhobenem Schweif, Hund mit Halsband, Tiere, die zusammengebunden sind). »Achten Sie auf die Affen am Eingang«, sagt unsere Führerin. »Wir kommen aus der Unruhe der Welt. Wir lassen diese Unruhe hinter uns, können eintauchen in die Welt der Erlösung. Aber wir kommen, wenn wir hinausgehen, wieder in die Unruhe der Welt zurück«. So realistisch ist der Glaube, der in der Sprache der romanischen Symbole redet.

Wir gehen zur Krypta hinunter. Vor dem Eingang hängt ein kleines Relief der Kreuzigung, ein fast lachender Jesus am Kreuz. »Das ist der Christus der Auferstehung«, sagt Helga H. Die kleinen Reliefplastiken, die überall im Kloster hängen, sind Duplikate der berühmten Tür von St. Zeno in Verona. Die eine romanische Kirche grüßt die andere.

Die romantische Krypta im Kloster Riechenberg.

143

„Ich werde in der Krypta kein Licht anschalten. Ihr Auge wird sich an die Dunkelheit gewöhnen«. Es ist ein sonnendurchfluteter Tag draußen, aber in der Krypta scheint es finster zu sein. Doch, in der Tat, das Auge passt sich an. Von Minute zu Minute erfasse ich mehr, kann auch die Gestalten auf den Kapitellen sehen. Ich sitze, schaue, gehe. Ein kleiner Raum ist diese Krypta, aber eine Raumordnung der Vollkommenheit. Ein Quadrat, das Rund der Apsis, die Säulen, Wölbungen. Es ist sicher eine der schönsten Krypten, die man in Norddeutschland erleben kann. Der Raum scheint zu schweben, ich gehe tief in mich hinein. Das Innere und das Äußere verbinden sich.

In ruhigen Gesprächen gehen wir vier zurück zur Rosenpforte. Helga H. zeigt uns noch die gewaltige Sommerscheune, in der der Klostertag stattfindet und in der Raum für die Jugend ist. Ein Kirchenmusiker, erzählt sie, habe in der Krypta musikalische Experimente durchgeführt. Mit der Musik des Barock sei er angefangen, sei dann in der Zeit zurückgegangen. Als er in der Musik des 12. Jahrhunderts angelangt war, habe sein Gesicht gestrahlt. »Jetzt antwortet der Raum«, habe er gesagt.

Zur Führung um 15.30 Uhr ist niemand gekommen. »Ich bin ganz froh darüber«, sagt Helga H. »Wenn ich eine intensive Führung mit interessierten Leuten mache, bin ich ganz erschöpft«. Wie doch ein einziger Mensch einem die Atmosphäre eines Klosters nahebringen kann, denke ich. Vielleicht sollte ich mich dem Geist von Riechenberg doch noch einmal stärker aussetzen. Vielleicht...

»*Lebensschule der Sehnsucht*«

Das Kloster Marienrode

Ich habe eine Vermutung, warum der katholische Bischof von Hildesheim seinen Jahresempfang im Kloster Marienrode gerade Ende April/Anfang Mai abhält. Wenn es ein normales Jahr ist, stehen die Kirschbäume auf der Straße zum Kloster in voller Blüte, und schon die Anfahrt ist ein einziger Traum. Im Ernst: Ich denke, dass Bischof Josef H. stolz darauf ist, dass das Experiment einer Wiederbelebung der Klostertradition in seinem Bistum geglückt ist, und er kann es sein. 1985 hat er Kloster, Pfarrkirche und Wirtschaftsgebäude von der Klosterkammer Hannover käuflich erworben, und 1988 zogen 10 Schwestern der Benediktinerinnen-Abtei St. Hildegard aus Rüdesheim-Eibingen in Marienrode ein.

14 Jahre ist der Konvent, der 1998 zu einem selbstständigen Priorat erhoben wurde, nun schon da. Aus dieser Gründungszeit ist die kleine Geschichte überliefert, dass Bischof Josef H. zu seinem evangelischen Kollegen, Landesbischof Eduard L. fuhr, um ihm von seinen Plänen zu erzählen. Er möge dies bitte nicht als das Einleiten einer Gegenreformation missverstehen, wenn hier und da Ordenskonvente im Bistum Hildesheim neu beheimatet würden. »Aber ich bitte Sie«, habe Eduard L. geantwortet, »das ist doch unsere gemeinsame Wurzel und unsere Zukunft«. Jürgen P., der evangelische Ortspastor, der mich freundlichst mit allem versorgt, was ich für Marienrode brauche, bestätigt den ökumenischen Geist und den hervorragenden Kontakt zum Kloster.

Aber zurück zum Empfang des Bischofs: Ich bin gerne früher da, wenn ich nach Marienrode fahre. Laufe um den Klosterteich herum, in dem gerade ein Mann Plankton für seine Enten fischt. Ich genieße den langsamen Gang durch das Klostertor mit dem kleinen Relief des Mönches und der Inschrift aus dem Beginn der Regel des Hl. Benedikt: »Obsculta, o fili« (»Höre, mein Sohn«). Der Blick ist schön über den noch leeren Hof mit dem alten Pflaster, dem Taubenturm mit dem Zwiebeldach und der sanft ansteigenden Fläche bis zu der ehemaligen Torkirche St. Cosmas und Damian, in der jetzt die evangelische Gemeinde zu Hause ist. Im Wald oberhalb des Klosters kann man lange laufen. Man ist noch nicht hoch genug, um den ganzen Klosterbereich von oben einsehen zu können. Aber der Blick über die hügelige Landschaft mit den kleinen Dörfern dazwischen ist wunderbar.

Dann ist die Zeit des Empfangs da. In der Hora versuche ich, zusammen mit dem Hildesheimer Oberstadtdirektor die lateinischen Psalmen zu verfolgen, die die Benediktinerinnen vorne singen. Hier und da stimmen wir ein. Draußen hat es zu regnen angefangen. In langer Reihe stehen die Gäste im Regen, während Bischof H. am Eingang zum Pilgerhaus jeden Einzelnen begrüßt. Für jeden hat er ein freundliches Wort, es dauert lange. Wer die Ehre hat, darf sich über Einschränkungen nicht beklagen. Interessante Referenten hat Josef H. in jedem Jahr eingeladen, die Anstöße geben können. Diesmal fasziniert mich eine Tübinger Privatdozentin mit klugen Beobachtungen über die Beziehungen zur Körperlichkeit des Menschen in Kirche und Gesellschaft. Der Abschnitt »Von der Scham, im Leibe zu sein«, regt mich besonders an. Die Fitness-Studios als »Selbstverbesserungsinstitute«, so habe ich das noch nie gesehen. Der Körper wird als Markt entdeckt, wird zum Projekt. Die Anteile des Christentums an dieser desintegrierenden Entwicklung sind erheblich. Leib und Seele liegen miteinander im Krieg, das ist die Lehre der Kirche über die Jahrhunderte hinweg. »Überraschungsangriffe zwischen Leib und Seele« eingeschlossen: Askese und Ekstase. Noch immer will ich nachprüfen, was die junge Frau behauptet und was ich nicht sicher weiß: Dass näfäsch (= die Seele) ursprünglich »Kehle« bedeutet, und dass die Weiterentwicklung dieses zentralen hebräischen Wortes zur Psyche schon wieder einer dieser typischen Spiritualisierungsvorgänge ist. Im Judentum klinge überall noch so viel Körperliches mit. Dass das Wort Gottes in Christus »Fleisch geworden« ist, wie es das Johannesevangelium beschreibt, hat die Körpervergessenheit des Christentums offenbar nicht bremsen können. - Bei einem schlichten gemeinsamen Mahl und manchen Gesprächen ist es Abend geworden. Der komplizierte Weg nach Marienrode, bei dem ich mich auf der Hinfahrt nach dem Verlassen der Autobahn in Hildesheim an den Hinweisschildern »Ochtersum« orientiere, wird bei der Rückfahrt durch die deutlicheren Autobahnschilder leichter.

Das Verhältnis zwischen Seele und Leib wird eines der zentralen Probleme auch einer Klosterexistenz sein, geht mir durch den Kopf. Bei der erwarteten und vorausgesetzten Hingabe der Seele: Wird man als Ordensschwester, als Ordensbruder noch auf seinen Körper achten können? »Mit der ganzen Sehn-

Marienrode: 1125 als Augustiner-Chorherrenstift gegründet und heute Benediktinerinnen-Priorat im Bistum Hildesheim.

sucht des Geistes nach dem ewigen Leben verlangen« (Benedikt-Regel Kap. 4). Asketische Strömungen hat es sicher immer auch in den Klöstern gegeben. In Loccum habe ich gerade am Eingang zur Beichtkapelle eine eiserne Geißel gesehen, als Hinweis darauf, wie man seinen Körper zu behandeln habe. »Den Leib in Zucht halten« (ebd.) ist die häufigste Mahnung in den Klosterregeln, was den Körper betrifft. Andererseits hat die selbstverständliche Praxis der Gastfreundschaft in den Klöstern zentral auch mit der Achtung vor den Bedürfnissen des Körpers zu tun. Und dass es in fast allen Klöstern, so auch in Marienrode, einen guten »Klosterlikör« gibt, verweist auf eine Seite, die mit der Askese nur mühsam in Einklang zu bringen ist.

Es wird dies in den verschiedenen Zeiten auch ganz unterschiedlich gesehen und praktiziert worden sein. Marienrode hat eine außerordentlich wechselvolle Geschichte. 1125 wird das Kloster als Augustiner-Chorherrenstift gegründet. Kurze Zeit ist es im 13. Jahrhunder Doppelkloster. 1259 löst Bischof Johann von Hildesheim – aus welchen Gründen auch immer – den Augustinerkonvent auf und holt sich die Zisterzienser aus dem Kloster Isenhagen, deren Abtei gerade abgebrannt ist, nach Marienrode. Mit den 12 »grauen Mönchen« unter dem Abt Thietmar beginnt das Klosterleben an dieser Stätte neu. Ein großer wirtschaftlicher und kirchenpolitischer Aufschwung ist die Folge. Die Besitzungen und Patronatsrechte reichen weit. Im Mittelalter ist das Kloster Marienrode unter anderem Patron meiner jetzigen Wohngemeinde, St. Jakobi in Hannover-Kirchrode. Wieviele Stunden man damals von Kirchrode nach Marienrode brauchte, und wie oft der Pfarrer diese Reise anzutreten hatte, würde ich wohl gerne wissen.

Das Verhältnis des Zisterzienserkonvents zum Bischof und zur Stadt Hildesheim wird in den nächsten Jahrhunderten turbulent. Ständige, auch kriegerische Auseinandersetzungen sind die Regel, auch von der Androhung eines bischöflichen Kirchenbanns ist die Rede. Dennoch bleibt das Kloster Marienrode katholisch, auch als die Stadt Hildesheim evangelisch wurde. Es geht mit dem Klosterleben bergab, bis dann im 18. Jahrhundert Äbte kommen, die die innere und äußere Ordnung wieder herzustellen in der Lage sind. Die Wappen zweier der letzten Äbte schmücken die beiden Portale des langen Konventsgebäudes: Abt Edmund Joachim (1726-48) und Abt Niward Bösen (1695-1721). Aus dieser Zeit stammen die stattlichen barocken Klostergebäude, die beiden Wappen zeigen den jeweiligen Bauherrn an. Die beiden lateinischen Inschriften sind ein »Chronogramm«, aus dem man die Jahreszahl des Baus errechnen können soll. 1729 soll bei Abt Joachim herauskommen und 1717 (sogar vierfach) bei Abt Bösen. Ich kann das nur mit dem Kirchenführer in der Hand nachvollziehen, in dem das alles sorgsam entschlüsselt ist. Man wird von dieser eigenartigen Spielerei barocker Kirchenfürsten doch erheblich überfordert.

1806 wird das Kloster aufgehoben. Es ist die Zeit der Säkularisierung des Kirchengutes, der vor allem auch – in der Verquickung von geistlicher und weltlicher Herrschaft – die Fürstbistümer und die Reichsabteien zum Opfer fallen. Das Klostergut wird verpachtet oder für besondere Verdienste auf Lebenszeit »zum Nießnutz« vergeben. So ziehen die Gutsbesitzer oder Gutspächter (ab 1864 gehört der gesamte Bereich der Klosterkammer in Hannover) in das Konventsgebäude ein. Bis dann 1986-88 der Rückbau zu einem Kloster erfolgt und die Ordensschwestern aus dem Kloster der Hl. Hildegard von Bingen ihren Einzug halten.

Der Termin des Gesprächs mit der Priorin des Klosters ist schnell abgemacht. Meine Frau hat Lust, nach Marienrode mitzufahren. So sitzen wir zu dritt in dem schlichten Besuchszimmer, in dem sich auch die Ordensschwestern mit ihren Angehörigen treffen. Die Klausur, der vor der Öffentlichkeit abgeschirmte Raum, wird hochgehalten in diesem Kloster. Ein Schutzraum ist er, sagt Maria Elisabeth B. »Ich bin in das Kloster gegangen, um Zeit zu haben für Gott. Es braucht die Räume, in denen das gelebt werden kann«. Zu diesen geschützten Räumen und Zeiten gehört auch, dass nach der letzten Hora, der Vigil um 19.15 Uhr, nicht mehr gesprochen wird. Das »Hohe Silentium« wird diese Zeit bis zum nächsten Morgen, bis 7.30 Uhr genannt. Das große Schweigen.

Schon am Telefon ist mir die Lebendigkeit und Herzlichkeit der Priorin aufgefallen. Immer mehr schließt sie sich auf, als sie merkt, dass wir beide nicht aus bloßer Neugierde, sondern mit dem Wunsch zu verstehen fragen. Mit lebhaften Gesten redet sie. Da der schwarze Habit mit dem Schleier und der Tunika nur gerade das Gesicht freilässt, ist es nicht leicht, ihr Alter zu schätzen. Sie hat keine Scheu, es uns zu verraten. Mit 20, kurz nach dem Abitur, sei sie in den Orden eingetreten. Das ist jetzt 35 Jahre her.

Über die Motivation und den Zeitpunkt des Eintritts in eine Ordensgemeinschaft sprechen wir lange. Die Tendenz geht zu einem späteren Eintritt in den Orden, sagt sie. »Besser mit 30 als mit 25«. Und dann gebraucht die Priorin eine Formulierung, die so hintergründig ist, dass ich mehrmals nachfragen muss, ehe ich alles, was mitschwingt, wirklich verstehe. »Die Frauen sollen erfahren haben, was sie nicht brauchen«. Eine Erfahrungsbasis für ihr Leben brauchen sie, begreife ich. Keine idealisierten Vorstellungen, wie es wäre, wenn.... Erfahrungen mit Ausbildung und Beruf sind gut. Normale Beziehungen zu dem anderen Geschlecht. Erst dann kann die Abwägung erfolgen: Brauche ich das alles zu einem Leben, in dem Gott die Grundmelodie des Daseins bilden soll? Brauche ich Beruf, Besitz, Familie, Ehe? Oder brauche ich das alles letztlich nicht?

Eine Erfahrungstheologie ist das, begreife ich, wenn ich mich, nachdem ich weiß, worauf ich verzichte, für die klösterliche Gemeinschaft und für ein Leben, das ganz auf die Hinwendung zu Gott ausgerichtet ist, entscheide. Sonst laufe ich in der Phantasie Sehnsüchten nach, die umso größer sind, je mehr sie aus der Unkenntnis der Dinge kommen. Die Lebensschule der Sehnsucht aber soll auf einen Horizont sich ausrichten, der wirklich alle Erfahrung übersteigt. »Öffnen wir unsere Augen dem göttlichen Licht und hören mit erschrecktem Ohr, was die Stimme Gottes, jeden Tag uns mahnend, zuruft« (Vorwort der Regel des Hl. Benedikt). Nicht von den Defiziten her kann man ein Leben im Kloster aufbauen. Maria-Elisabeth B. macht es wieder ganz persönlich. »Ich habe es erfahren: Ich brauche Gemeinschaft, ich brauche ein geregeltes Leben, ich brauche Ortsstabilität«. Sie würde wohl auch, wenn sie es könnte, nicht viel reisen. »Ich muss herausbekommen: Wie ist meine Struktur?«

Meine Frau würde gerne etwas über die Aufgabe einer Priorin wissen. Als »Dienst an der Einheit«, als »Dienst an der Gemeinschaft« beschreibt sie ihre Funktion. »Wir sind stinknormale Leute«, sagt sie, »nur mit dem Unterschied, dass wir ein Habit tragen und mehr beten«. Zwischen 82 und 27 Jahren ist eine große Altersspanne, 13 Frauen sind sie im Augenblick, zwei Postulantinnen stehen vor der Tür. »Es ist so schön, gekannt zu sein, in einer Gemeinschaft zu leben«. Aber man habe sich nicht als Person gewählt, sondern um des gemeinsamen Zieles wegen. Und man ist ein ganzes Leben mit denselben Leuten zusammen. So muss man hören können, Menschen verstehen lernen.

In diesem Sinne sieht Maria-Elisabeth B. auch die Verpflichtung zum Gehorsam, die die Ordensschwestern auf sich nehmen. Sicher, im Konfliktfalle hat die Priorin das letzte Wort. Aber es geht doch darum, die Prozesse zur Entscheidungsfindung im Auge zu behalten. Welche Antworten ergeben sich aus dieser oder jener Frage? »Gott schickt keine E-mail, er gibt Ideen«. »Gehorsam heißt: Hören, was in einer Situation sich zeigt«. Und die Priorin erzählt uns, wie der Hl. Benedikt diese Prozesse der Entscheidungsfindung beschrieb. Man solle alle zusammenrufen und alle anhören, vom Ältesten bis zum Jüngsten. Die Begründung ist ihr wichtig, das wiederholt sie zweimal: Weil Gott oft einem Jüngeren eingibt, was zu tun ist.

Eine Weile reden wir noch darüber, wie stark sich die Sprache wandelt und wie sehr der Begriff der »Nonne« durch Missbrauch oder Missverstehen korrumpiert ist. Nein, dieses Wort würde sie nicht gern auf sich oder ihren Konvent angewendet sehen. Dann tauchten in der Erinnerung der Menschen gleich Filmtitel auf wie »Der Priester und die Nonne« oder Ähnliches. Ja, die Perversion der Religion in der Phantasie und in der Sprache der Menschen. »Ordensschwester« wäre ihr recht oder »Ordensfrauen«, »Schwestern« oder eben »Benediktinerinnen«.

Dann geht sie mit uns zur Klosterkirche St. Michael hinüber, die zugleich Gemeindekirche ist. Das Verhältnis zwischen Ortsgemeinde und Kloster empfindet sie, nach anfänglicher

Angst vor Überfremdung, gegenwärtig als sehr gut. Die verschiedenen Akzente bleiben. Einmal im Jahr trifft man sich mit der Ortsgemeinde. Im Kloster heißt dies »Gemeindekaffee«, in der Gemeinde »Klosterkaffee«. Auf dem Weg lässt Schwester Maria-Elisabeth uns noch einen Blick in den Kreuzgang werfen. Rund um den Innenhof herum, in den wir auch schauen dürfen, läuft er. Der Originalgestalt ist er wieder angeglichen, die bemalten Marmor-Säulen kommen schön heraus. All dies gehört mit zur Klausur. Das Eigenleben des Konvents wollen wir natürlich nicht stören.

Den Altarraum in der Kirche hat Gerhard Bücker ausgestaltet, den ich von seinen Arbeiten an der Clemenskirche in Hannover kenne: Das hängende Kruzifix und die stürzenden Engel auf den Szenen des Sakramentshäuschens. Die gotische Sandsteinmadonna aus dem 15. Jahrhundert links vor dem Altarraum gefällt meiner Frau besonders. In ihre Brust ist ein kleiner offener Behälter eingelassen. Damit steht ein Problem im Raum, das mich besonders beschäftigt. Ich erzähle der Priorin, dass ich mich mit meinem katholischen Freund Joop B., dem früheren Propst von Hannover, in allen theologischen Fragen fast blind verstanden habe. Aber in einer Sache habe ich mich ihm als Protestant verweigert: Mich bei der Straßenprozession zu Ehren der Reliquie des Hl. Niels Stensen einzureihen.

Die Priorin zeigt uns die Reliquie in der goldenen Kapsel im Altar. Eine Reliquie des Niels Stensen und, vor allem, eine Erinnerung an das Heimatkloster, eine Reliquie der Hl. Hildegard von Bingen ist darin. Der kirchliche Brauch, Reliquien in den Altar einzumauern, soll sich von den frühen Gottesdiensten der Christenheit herleiten, die in den Katakomben über den Gräbern der Märtyrer gehalten wurden. Maria-Elisabeth B. versucht nicht, uns zu belehren oder zur Reliquienverehrung zu bekehren. Sie teilt ihre Erfahrungen mit. Sie habe Hildegard von Bingen lange Zeit vernachlässigt. Dann sei sie in dem Kloster gewesen, in dem sie gelebt hat. Dort habe sie ganz stark gespürt: Wir sind weiter mit ihr verbunden.

Die Grenze zwischen oben und unten ist ganz dünn. Menschen, die gestorben sind, gehören weiter mit dazu. Unsere Toten sind nicht abwesend, sie sind nur unsichtbar. Ihre Augen schauen das Licht, unsere Augen sind voll Tränen. Reliquien seien für sie die materiale Erinnerung, dass die Menschen, die uns im Glauben ein Vorbild sind, nicht vergessen und verschwunden sind. – In dieser Auslegung, meint meine Frau, kann sie dem fast etwas abgewinnen, und mir geht es nicht viel anders. In der Achtung vor der »Wolke der Zeugen«, wie es der Hebräerbrief nennt, hat die katholische Kirche einen langen Atem und eine kompakte Sinnlichkeit. Uns Protestanten steckt doch die reformatorische Sorge vor der Heiligenverehrung in allen Knochen.

Bis zur Hora haben wir noch Zeit. Wir stöbern in der großen Buchhandlung herum, schlendern über den Hof. Der Küster der evangelischen Gemeinde hat uns die Kirche oben an der Mauer aufgeschlossen. Als Torkapelle war die Kirche St. Cosmas und Damianus ursprünglich konzipiert und gebaut, wie es sie an vielen Klöstern im Mittelalter gab. Im Kloster Loccum kann man noch die vollständige Toranlage eines Zisterzienserklosters studieren. Das Torhaus ist ein langer, überbauter Eingang, die Torkapelle steht quer dazu. Der Pförtner empfängt die Pilger, die Fremden und die Armen, fragt nach ihrem Begehr. Er nimmt von seiner Stube aus die Armenspeisung vor, verweist die Fremden an die Herberge. Vor allem für die Pilger, die Frauen und die Fremden ist die Kapelle da. Der ganze heutige Klosterbereich ist offensichtlich Klausur gewesen, aber hier in der Kapelle ist man dem Kloster nahe. Porta patet, cor magis: Dass Tür und Herz bei den Zisterziensern offen stehen, ist also exklusiv auf diesen Torbereich zu beziehen. Entsprechend ist das Sozialprestige des Pförtners im Kloster groß, er rangiert gleich hinter Abt und Prior.

Um 1788 sind offensichtlich die mittelalterlichen Toranlagen mit der Kapelle abgebrochen, der Neubau der Kirche ist für die folgenden Jahre anzunehmen. Gerade 10 Jahre hat sie ihre Funktion als Torkapelle des Klosters noch ausüben können. Immerhin ist noch die zugemauerte Öffnung zu sehen, durch die der Priester aus dem Klausurbereich die Kirche betrat. Wir können es alles selbst sehen: Ein schlichter Saalbau ist entstanden, der in schöner Korrespondenz zu der sanft gewölbten Orgelempore und dem Kanzelaltar steht. Man muss sich allerdings vor Augen halten, dass der Kanzelaltar erst beim Umbau der Kapelle zur evangelischen Kirche 1835 in den Raum hineingekommen ist.

Nach der Aufhebung des Klosters 1806 stellt sich natürlich die Frage nach der weiteren Nutzung der Torkapelle. Eine Umsetzung an andere Orte wird erwogen, sogar die Umnutzung als Pferdestall. Aber mit Gutsarbeitern und vor allem mit den Gutspächtern ist eine kleine evangelische Gemeinde entstanden. 1815 wird Carl von Beaulieu-Marconnay Oberforstmeister in Hildesheim, 1818 wird ihm wegen seiner Verdienste in den Befreiungskriegen gegen Napoleon auf Lebenszeit das Klostergut Marienrode zur Nutzung zugesprochen. Im gleichen Jahr wird Christian Eberhard Mejer Klosteramtmann in Marienrode. Beide Familien sind evangelisch und ziehen in das Kloster der Zisterziensermönche ein.

Die Familie Beaulieu-Marconnay wohnt allerdings zunächst nur im Sommer dort, da das Kloster in den ersten Jahren noch unbeheizbar ist. Die Mönche kamen anscheinend noch immer mit einer oder zwei Heizungsstuben (Calefactorien) aus. Für den Winter behielten die Beaulieus ihre Wohnung in Hildesheim bei. Am 3. Advent 1821 findet der erste evangelische Gottesdienst in Marienrode statt, in der Wohnung des Amtmann Mejer, im Kreuzgang des Prälatenflügels. Jahr für Jahr stellt nun Christian Eberhard Mejer seinen Antrag an das Königliche Konsistorium zur Übergabe der Kapelle St. Cosmas und Damian an die evangelische Gemeinde. 1831 findet die Übergabe statt. Zur 200-Jahr-Feier der Kirche 1992 wird dann auch dieses Gebäude von der Kirche, diesmal von der evangelischen Gemeinde erworben.

Mit dem Namen Carl Freiherr von Beaulieu-Marconnay treten Menschen auf den Plan, die für mich – neben dem Benediktinerinnen-Konvent – die andere Seite der Faszination von Marienrode sind. Denn der Freiherr ist seit 1804 mit Henriette Gräfin von und zu Egloffstein verheiratet, und die »Egloffsteins« – die drei Töchter aus der ersten Ehe, Caroline, Julie und Auguste, sind mit ihrer Mutter in die neue Familie hineingegangen – haben mich schon lange beschäftigt. Jeder Umgang mit Menschen oder mit geschichtlichen Ereignissen bringt Neues an den Tag. So habe ich ein wenig sorgenvoll die Seiten in meinem Buch »Hannover – weit von nah« aufgeschlagen, in denen ich den »Cour d'amour«, den Minnehof der Egloffsteins nach Weimarer Muster im Forsthaus von Misburg (bei Hannover) beschrieben habe. Aufatmend habe ich das Buch beiseite gelegt. Ich brauche anscheinend nichts zurückzunehmen. Bis auf eines: Die Verliebtheit des neuen Paares, Carl von Beaulieu-Marconnay und Henriette von Egloffstein, hat sich offensichtlich zunächst auf den Mann beschränkt.

Henriette hat während der fast 50 Jahre, die sie zumindest überwiegend im Konventsgebäude von Marienrode wohnte, Tagebuch geführt. Vieles hat sie selbst vernichtet; 12 ihrer Hefte sind im Nachlass der Egloffsteins, im Goethe-Schiller-Museum in Weimar erhalten. Das meiste ist davon unpubliziert. Eine Fundgrube, mindestens für die Geschichte dieser Familie, muss das sein, wenn ich von dem ausgehe, was veröffentlicht worden ist. Drei Jahre vor ihrem Tod mit 91 Jahren, »geschrieben am 12. April 1861 mit halberblindeten Augen«, hat Henriette – wahrscheinlich für ihre drei Töchter – bis ins Detail die Ereignisse um ihre zweite Eheschließung geschildert.

Danach ist es zunächst nur Carl von Beaulieu-Marconnay gewesen, bei dem man – bei ihrem Kennenlernen in Nürnberg – von einer Liebe auf den ersten Blick sprechen kann. Und zwar einer Liebe »von der heftigsten Leidenschaft«, die er jedoch »mit der seltensten Festigkeit eines edlen Charakters« zu beherrschen vermochte. Die ihn aber doch immer wieder an den Rand der Verzweiflung und des Untergangs bringt. Als Henriette sich von ihrem ersten Mann trennt und zu Verwandten nach Weimar zieht, ist er sofort zur Stelle. Aber Henriette lebt getrennt, ist noch nicht geschieden. Als die Scheidung nach Jahren ausgesprochen wird, macht er sofort seinen formellen Heiratsantrag. Henriette zögert, liebt immer nur seine charakterliche Stärke und Aufrichtigkeit. Bis ihre familiäre und vor allem auch finanzielle Unsicherheit, die man fast ein Desaster nennen kann, sie zwingt, ihre Einwilligung zu dieser Heirat zu geben. Ich vermute, sie hat es nie bereut, und auch die drei Töchter nicht, für die das Forsthaus in Misburg und dann auch das Gutshaus (Kloster) Marienrode eine Heimat werden. Auch wenn sich Carl von Beaulieu-Marconnay in sei-

155

nem Ruhestand, nach 1848, oft in gereizter Stimmung und finanziell in zerrütteten Verhältnissen befindet.

Neu wahrgenommen habe ich auch, dass die Gräfin Henriette von dem »Stern von Weimar«, Johann Wolfgang von Goethe, bei ihrem ersten Kennenlernen im Jahr 1795 in keiner Weise überwältigt war. Sie findet Goethe, so schreibt sie in ihren Aufzeichnungen »schroff, wortkarg, spießbürgerlich steif, und so kalten Gemütes wie ein Eisstollen«. Der erstaunliche Plan der Charlotte von Stein, Goethe nach dessen Rückkehr aus Italien mit der schönen Henriette zu verkuppeln, hätte also möglicherweise deren Zustimmung gar nicht gefunden. Aber »die Zeiten ändern sich und wir in ihnen«. Es ist ein weiter Weg bis zu den ständigen Empfehlungen aus Hildesheim und Marienrode, die Henriette an die Töchter in Weimar richtet: Doch ja den Kontakt mit Goethe nicht zu vernachlässigen. »Selbst für das praktische Leben ist es gut«, schreibt die Mutter an Julie, »wenn Du Dich in den letzten Strahlen dieser sinkenden Sonne spiegelst. Bald folgt die Nacht auf dieses Abendrot, aber keine so schöne, liebliche, wie die, die er sprechen ließ.... Jedes Wort von Goethe wird nach seinem Tode gleich Edelsteinen glänzen und denen Wert geben, an die es gerichtet war«. Prophetische Worte, im Konventsgebäude von Marienrode gedacht und geschrieben.

Julie hat von dem engen Kontakt zu Goethe am meisten profitiert. Goethe war von der ebenso schönen wie impulsiven und halsstarrigen Gräfin fasziniert, bewunderte ihre Zeichenkunst, jammerte ihr nach, wenn sie fort war. Als Julie einmal wieder längere Zeit in Marienrode bei der Mutter ist, klagt sich Goethe bei dem Kanzler von Müller aus. »Es ist doch recht absurd, dass Julie diesen Winter nicht hier ist; sie weiß gar nicht, wieviel sie mir entzieht und wieviel ich dadurch entbehre, so wenig sie weiß, wie sehr ich sie liebe und wie oft ich mich im Geiste mit ihr beschäftige« (1823/24).

Die Aufmerksamkeit, gerade auch in Weimar, ist also längst von der Mutter auf die drei schöngeistigen Töchter übergegangen. Caroline singt, spielt und komponiert, Julie malt und schreibt, Auguste dichtet. Einen »Musenhof« mit der entsprechenden Anziehungskraft machen die vier Frauen in Marienrode nicht mehr auf. Die unbeschwerte Zeit ist vorbei, zwei der Töchter sind zu selten da. Caroline wird Hofdame in Weimar bei der russischen Zarentochter Maria Pawlowna. Auguste bleibt zu Hause und führt den Haushalt ihrer Mutter. Julie bricht aus allen Bindungen immer wieder aus, reist durch die Welt, nach Italien vor allem, aber auch dort hält es sie nicht. Getrieben von einer Sehnsucht, die nicht gestillt werden kann. Die Sehnsucht nach dem Unendlichen? Nach der Erfüllung in der Kunst?

1992, zu ihrem 200. Geburtstag, ist in Hildesheim eine große Ausstellung mit den Werken von Julie von Egloffstein gezeigt worden. »Goethes glückliche Zeichnerin?«, so lautete der Titel. Das Fragezeichen darf man nicht übersehen. Ich habe die Ausstellung leider nicht gesehen, aber der Katalog ist mir ein wichtiges Buch geworden. Über die künstlerische Einordnung des Werkes dieser Malerin ist die Diskussion, so scheint mir, noch gar nicht recht in Gang gekommen. Da ich die Originale alle nicht kenne, kann ich mir dazu auch kein Urteil erlauben. Aber ich liebe gerade auch die Bilder, die in Marienrode entstanden sind.

Etwa das Ölbild von 1848, das im Hintergrund – genau von Osten aus gesehen – die Klosterkirche zeigt. Vor der Kirche ist das Wasser des Klosterteichs. Im Vordergrund, noch über die Kirche hinausragend, sitzt der Stiefvater der Julie unter einem Baum. Auf einen Stock gestützt, schaut er mit einem nachdenklichen Gesicht den Betrachter an. Die Malerin hat diesen Mann gemocht, an dessen Freundlichkeit und Gerechtigkeitssinn man sich in Marienrode noch lange erinnert hat. Oder das Bild von 1838, in dem Julie ihre Mutter gemalt hat mit dem aufgeschlagenen Buch in der linken Hand und den Blumen daneben. Etwas füllig ist die Mutter inzwischen geworden, wie man es vor allem auf dem Bild von 1833 im Biedermeier-Stil (Henriette am Fenster mit dem Papagei) sehen kann.

Am Ende des Lebens ist dann die ganze Familie wieder in Marienrode vereint. Aber da sind sie alle krank. Von unserem »Krankenhaus Marienrode« schreibt Julie gelegentlich. Ab 1849 verlässt Julie Marienrode nicht mehr, lebt die letzten 20

Jahre ihres Lebens ganz im Konventsgebäude. 1855 stirbt als erster Carl Freiherr von Beaulieu-Marconnay, er ist auf dem Marienfriedhof in Hildesheim begraben. Die jüngste der Schwestern, Auguste, stirbt zuerst (1862). 1864 wird die Mutter von ihrem Leiden erlöst. 1868 stirbt Caroline, ein halbes Jahr später, als letzte, Julie von Egloffstein.

Wir haben uns im Kloster den Schlüssel geben lassen. Gegenüber der evangelischen Kirche ist, auf einem kleinen Sonderfriedhof, das Grab der vier Frauen mit dem einen großen Stein. »Zur seeligen Ruh bis zum großen Auferstehungs-Morgen sind vereinigt hier« – und dann folgen die Namen. Beide Seiten des Steins sind mit Bibelworten vollgeschrieben, die Seligpreisungen dominieren. »Selig sind, die da Leid tragen, denn sie sollen getröstet werden«. Die Sehnsucht nach der neuen Welt, die Gott schafft, steht über allem. Still gehen wir um den Stein herum, lesen, machen uns auf dies und jenes aufmerksam, schließen die Tür wieder ab.

Unser Besuch in Marienrode geht heute mit dem Mittagsgebet zu Ende. Lautlos kommen die Ordensschwestern, in Zweierreihe, herein. Der hohe Ton der Frauenstimmen steht fast unbewegt in der Luft. Psalm 117 – in Teilen – wird auf lateinisch psalmodiert, die Lesung in deutsch gesprochen. Schön ist das zehnminütige Schweigen nach der Hora, bis die Uhr die 12. Stunde schlägt. Man hört die Fliegen in der Kirche summen. Das lächelnde Nicken der Schwester Maria-Elisabeth beim Auszug des Konventes begleitet uns.

»Bescheiden, großzügig und liberal«

Das Kloster Walsrode

»Die Damen leben umsonst im Kloster und tun Gutes«. So knapp lässt sich das Klosterleben in Walsrode auf eine Formel bringen. Ich habe zwei Frauen angesprochen, die miteinander auf der Straße am Kirchplatz reden, und habe sie nach der Bedeutung des Klosters für ihre Stadt befragt. »In vielen sozialen Aktivitäten sind sie dabei«. Auch beim Kirchenkaffee träfe man die Klosterdamen; die Teilnahme am Gottesdienst wird anscheinend als selbstverständlich vorausgesetzt. Richtig entsetzt sind die beiden, als ich behaupte, die Menschen in Hannover hätten vermutlich von einem Kloster in Walsrode noch nie etwas gehört. Wo doch Walsrode ganz nach Hannover hin orientiert ist, und die Hannoveraner in Massen im Herbst nach Walsrode zu den Brauchtumstagen strömen! Sie verschweigen mir, was ich hinterher von Anderen erfahre: Dass bis zur 1000-Jahr-Feier des Klosters im Jahr 1986 auch viele Walsroder von ihrem Kloster nicht viel wussten oder wenig davon hielten. Die 60-Pfennig-Briefmarke der Bundespost zum Klosterjubiläum brachte den Ruhm von Walsrode in alle Welt, aber auch nach Hause.

Ich habe noch viel Zeit. Laufe einmal um den kleinen Klostersee herum, 10 Minuten braucht man dazu. Den schönen Blick über den See hinweg auf das geduckte Kloster finde ich oft abgebildet. Die »Böhme« fließt nebenan. Immer mehr versteht sich offensichtlich Walsrode als die Stadt des »größten Vogelparks der Welt« (Prospekt). 40 Jahre ist der Vogelpark in diesen Monaten geworden, und die bunten Vögel der »Tukan-Parade« bevölkern nicht nur den Klostersee, sondern auch den Kirchplatz vor der Stadtkirche und den ganzen Ort. Hermann Löns wird in Walsrode hochgehalten, auch wenn der Ruf einer »Heidestadt« zu anderen Orten weiter gewandert ist.

Statt einer »Heidekönigin« wird dann eben in Walsrode die »Heidelbeerkönigin« gewählt. Von der Witwe von Hermann Löns hat man die Möbel des Dichters aufgekauft. Das »Heidemuseum« mit dem »Löns-Zimmer« darf ich beim nächsten Besuch nicht wieder übersehen.

Die Äbtissin ist mit der Straßendefinition ihrer Klosterexistenz, von der ich ihr sofort erzähle, sehr zufrieden. Wir sitzen in dem von Bothmerschen Haus gleich rechts neben dem Klostereingang, das jetzt die Äbtissinnenwohnung ist, bei einer Tasse starken Kaffees. Die Konventualin Henrike A., die gerade an der Universität Hamburg ihren Magister in Geschichte gemacht hat, ist auch dabei. Es ist eine fröhliche Runde, wir lachen viel.

Seit 1990 ist Thea B. als Äbtissin in Walsrode. In den Heideklöstern werden die Äbtissinnen, unter notarieller Aufsicht, direkt vom Konvent gewählt. Forstwirtschaft hat sie studiert. »Von der Axt zum Krummstab«, beschreibt sie schmunzelnd ihre Laufbahn. »Auch wenn die Äbtissinnen natürlich keinen Krummstab haben«. (Sie verschweigt mir, dass es Äbtissinin gibt, die einen Krummstab führen).Die Nähe zur Natur ist ihr geblieben. 32 Vogelarten hat sie auf dem Klostergelände gezählt, in den letzten Jahren sind es leider weniger geworden. Drüben an der Böhme singt abends die Nachtigall. Plötzlich, als wir mitten im Gespräch sind, schwirrt eine Kohlmeise durch die offene Tür ins Zimmer und holt sich einen Cashewkern aus ihrer Hand. »Feinschmecker sind die alle«.

Ich rühme die aufgelockerte Anlage des Klosters, zu dem sich um das zentrale Gebäude herum, das »Lange Haus« mit der Kapelle, eine Reihe von schönen Einzelhäusern gruppiert. Sie hat mich vorhin in das »Brau- und Waschhaus« gelockt, das gerade umgebaut wird und in dem die Stoßhämmer regieren. »Heidebarock ist das alles«, lacht sie. Der Dreißigjährige Krieg und die Zeit danach hatten nicht nur den wirtschaftlichen Niedergang, sondern auch den Verfall der Gebäude mit sich gebracht. 1712 wurde endlich das ruinöse Haupthaus abgerissen, 1719 der neue Bau, der »Lange Gang« bezogen. Man hing direkt von der Staatskasse ab, die in diesen Jahren jedoch durch den Nordischen Krieg und den Erwerb der Herzogtümer Bremen und Verden arg strapaziert war. So fiel der Neubau eher bescheiden aus. Das schlichte zweiflügelige Haupthaus ist mit den Wohngebäuden der Calenberger Klöster, die etwa zur gleichen Zeit entstanden, in keiner Weise zu vergleichen. Die hatten es besser, mit den Mitteln des Klosterfonds im Rücken. Aber die Privathäuser, die auf dem Klostergelände im 17. Jahrhundert entstanden sind, lockern die Anlage erheblich auf. Großzügig aber sind die Wohnungen auch im »Langen Haus«. Henrike A. lädt mich zu einem kleinen Rundgang in ihre Wohnung ein, ich staune über die Zahl der Zimmer und über den Geschmack und die Geschlossenheit des Ganzen. Die Dienerschaft vergangener Zeiten, die man auch unterbringen musste, gibt es natürlich nicht mehr.

Acht Konventualinnen sind im Kloster. Eine neunte ist im Kommen, zehn oder elf könnte man unterbringen. »Wenn Sie für uns werben wollen, soll uns das recht sein«, meint die Äb-

Bescheiden, großzügig, liberal geht es im Kloster Walsrode zu.

161

tissin. Ich werde es mit Überzeugung tun. Die Uhren gehen ruhig in diesem Kloster, habe ich den Eindruck, herzlich und menschlich geht es zu. Ein ausgewogenes Verhältnis zwischen persönlicher Freiheit und Eingebundensein in die Gemeinschaft ist das Ziel in allen Damenstiften. Mir scheint, in Walsrode will es gut gelingen.

Eine »zwar fromme«, aber doch auch wieder »behagliche Lebensart« hat der frühere Präsident der Klosterkammer in seinem Festvortrag zur 1000-Jahr-Feier schon den Damen des mittelalterlichen Klosters attestiert. Die alte Stiftsverfassung, mit der das Kloster angetreten war, kannte die Gelübde klösterlichen Lebens, aber schränkte sie ein auf die möglicherweise begrenzte Zeit im Kloster, beließ den Nonnen persönliches Vermögen und den Kontakt zur Außenwelt. Die Kontinuität auch in der Liberalität eines Klosters über die Jahrhunderte hinweg setzt mich immer wieder in Erstaunen.

Damit bin ich in der Vergangenheit angelangt. Auch das Kloster Walsrode hat seine Gründungslegende, und sie ist genauso bedeutungsvoll wie sie historisch unbeweisbar ist. Adelige Herkunft und göttliche Beglaubigung gehen Hand in Hand. Ein Graf Wale kehrt von einer Pilgerreise nach Jerusalem zurück, bleibt an der Böhme-Furt im morastigen Sumpf mit seinem Wagen stecken. Alle Bemühungen, ihn aus dem Sumpf herauszuziehen, scheitern. Da leistet Graf Wale den Schwur, wenn er lebend davonkäme, würde er an dieser Stelle ein Kloster gründen. Das Wunder geschieht und das Kloster wird gebaut.

Die historischen Fakten sind nüchterner; Historie und Legende schließen sich im Mittelalter nicht aus, sondern ein. Es gibt eine Urkunde vom 7. Mai 986, mit der König Otto III. dem Kloster »Rode«, das Graf Wale und seine Frau Odelint anscheinend gerade gegründet haben, das Dorf Zitowe (östlich des Harzes) zu eigen schenkt. So nahe an das Gründungsdatum kommt man bei unseren niedersächsischen Klöstern selten. Graf Wale entstammt vermutlich dem Grafengeschlecht der Billunger, Odelint scheint zur Großfamilie des Markgrafen Gero gehört zu haben. Die Beziehungen beider zum Königshaus der Ottonen sind danach eng.

So ist es nicht verwunderlich, dass das Kloster für unverheiratete Töchter aus dem sächsischen Adel bestimmt war. Die standesgemäße Lebensführung war selbstverständlich eingeschlossen. Das allgemein übliche Gedenken im Gebet für die Stifter des Klosters ist in der Urkunde erwähnt, darüber hinaus aber noch das Gedenken für die Mitglieder des Königshauses. »Dies weist nun über die Norm des einfachen Dynastenklosters hinaus und ordnet Walsrode in eine Gruppe von Klöstern und. Stiften ein, die durch ihre besondere Königsnähe ausgezeichnet sind« (Josef Fleckenstein in seinem Vortrag zur 1000-Jahr-Feier).

Die Verbindung von adeliger und königlicher memoria (Totengedenken) hebt also Walsrode wahrscheinlich über viele andere Klostergründungen hinaus. Vielleicht ist die große Bedeutung des Totengedenkens in diesen frühen Zeiten als eine Verchristlichung des altgermanischen Totenmahls zu verstehen, das seine zentrale Bedeutung in neuer Interpretation behauptete. Die Verbundenheit der Lebenden und der Toten in Gottes ewigem Reich bekam so den Akzent der aktiven Einwirkung der Lebenden für die Toten.

Das altgermanische Totenmahl war nicht einfach beseitigt, sondern setzte sich in der Speisung der Armen christlich fort (Fleckenstein). Die enge Beziehung von Totengedenken und Fürsorge für die Armen und Kranken, die eine der Schwerpunktaufgaben für die Klöster wurde, reicht so möglicherweise ganz weit zurück. Aufregend ist es, solchen Durchdringungsformen von Kontinuität und Veränderung durch die Epochen der Geschichte nachzusinnen.

So stehen am Anfang der Geschichte des Klosters Walsrode große Namen. Einen habe ich noch nicht erwähnt: Die Äbtissin Mathilde von Quedlinburg wird in der Urkunde von 986 als Fürsprecherin der königlichen Schenkung genannt. Mathilde aber ist die Enkelin des Königs Heinrich I. und seiner Frau Mathilde, verkörpert den Typus der adeligen Klosterfrauen mit höchster Bildung. Widukind von Corvey hat ihr die drei Bücher seiner Sachsengeschichte gewidmet und preist sie als Vorbild einer engen Verbindung von »blühender Jungfräulichkeit, kaiserlicher Hoheit und einzigartiger Weisheit (sapientia singulari)«.

Das Kloster als Ort der Erziehung und der Bildung adeliger Töchter kommt damit in den Blick. Dies wird auch im Kloster Walsrode seine hohe Bedeutung gehabt haben. Davon wissen wir leider so gut wie nichts. Ein Blitzschlag löste am 29. Mai 1483 einen Großbrand des Klosters aus, die mittelalterlichen Wohn- und Wirtschaftsgebäude wurden eingeäschert, die Kirche stark beschädigt. Die Bibliothek, die Kunstschätze, nahezu alle Einrichtungsgegenstände werden in dem Feuer untergegangen sein. Wenn man zu den Schwesterklöstern Lüne, Ebstorf, Wienhausen, Isenhagen schaut, beginnt man zu ahnen, was vernichtet worden ist und wovon wir keine Ahnung haben.

Auch über das geistliche Profil des mittelalterlichen Lebens in Walsrode sind wir offenbar auf Vermutungen angewiesen. Im 13. Jahrhundert wird im Kloster die Regel des Hl. Benedikt offiziell eingeführt. Die Horengottesdienste werden auch vorher das Zentrum des Lebens gebildet haben. Aber die strenge klösterliche Disziplin hat wohl den Freiheitsraum der adeligen Damen im Kloster Walsrode nur wenig eingeengt, und die verschiedenen Reformbewegungen oder Klostervisitationen haben nur kurzfristig etwas ändern können.

Dann kommt die Reformation. Herzog Ernst von Lüneburg, der sich durch seine Unterschrift unter das »Augsburger Bekenntnis« von 1530 den ehrenvollen Titel »Ernst der Bekenner« zugezogen hat, scheint eine durchaus zwielichtige Gestalt gewesen zu sein. Jedenfalls höre ich überall in den Lüneburger Klöstern, dass er die Einführung der Reformation als gute Gelegenheit sah, sich durch die Einverleibung der Klostergüter von seiner riesigen Schuldenlast etwas zu erleichtern. Im Kloster Walsrode wird er nach dem Brand von 1483 und dem notdürftigen Wiederaufbau einiger Gebäude durch Konfiskation nur wenig bekommen haben. Dass er auf seiner Visitationsreise 1529 Walsrode zuletzt aufsucht, wird seine Gründe gehabt haben. Der Konvent leistet kräftigen Widerstand gegen die neue Lehre, die nicht nur ihre alten Glaubensformen, sondern auch ihre Existenz zu gefährden schien. Seit 1528 ist der lutherische Theologe Henning Kelp als Klosterprediger im Amt. Dass die Priorin Anna von Behr während der Predigt in der Klosterkirche mit ihrem Pantoffel nach ihm geworfen habe, ist nicht sicher verbürgt. Aber ich will es gerne glauben.

1699 wird durch den letzten Welfen, der in Celle residiert, Vater der verbannten »Ahldener Prinzessin« Sophie Dorothea und Mann der schönen (nichtadeligen) Eleonore d'Olbreuse, das Dekret erlassen, dass sämtliche Stellen im Kloster Walsrode dem Adel vorbehalten bleiben müssten. Der Erlass schärfte vermutlich nur eine mittelalterliche Praxis von neuem ein, die durch die Reformation sicher in der Gefahr stand, aufgelöst zu werden. Erst vor Jahrzehnten ist dieser Adelsvorbehalt in Walsrode grundsätzlich gefallen.

Aber die Bestimmung des Klosters Walsrode als Adelsstift hat dem Haus ein besonderes Gepräge gegeben. Ich gehe durch die Gänge im »Langen Haus; an den Wänden sind die Namen und Wappen aller adeligen Familien angebracht, die in hannoverschen Landen etwas galten oder gelten wollten. Da sind sie alle: die von Holle, von dem Busche, von Pückler, von Beaulieu-Marconnay, von Münchhausen, von Meding, von Spörcken, von Wrangel, von Wrestedt, von Pufendorf, von Ompteda und wie sie heißen mögen. Eine Kulturgeschichte des hannoverschen Adels könnte man anhand des Klosters Walsrode schreiben. Ich würde so gerne wissen, was man von den Adelshäusern in den verschiedenen Jahrhunderten erwarten konnte und was besser nicht.

An einem Punkt erhalten wir einen intensiven Einblick in das Denken und Empfinden der nachreformatorischen Zeit. 1649, also ein Jahr nach der Beendigung des 30jährigen Krieges, veröffentlicht die Domina (so heißt die Äbtissin jetzt) Anna Magdalena von Jettebrock ein Gebetbuch: »Christliche Gebet / So im Kloster zu Walsrode gebräuchlich«. Eine Reihe von Exemplaren haben sich, mit Gebrauchsspuren und persönlichen Ergänzungen, in Walsrode erhalten. 1995 ist das Gebetbuch als Nachdruck neu publiziert worden. Als »eine bibliophile und theologische Kostbarkeit« hat Renate Olderman-Meier in ihrem Begleitwort zum Nachdruck die 35 Seiten des Andachtsbuchs bezeichnet. In einer Zeit, in der es noch kein einheitliches Gesangbuch im Fürstentum gab (das erste Celler Gesangbuch erscheint 1667), sind solche Zusammenstellungen von Gebeten und Liedern für den Gebrauch in einem Klosterkonvent unerlässlich.

Interessante Einblicke in die veränderte Frömmigkeitspraxis im Kloster ergeben sich. Die Akzente haben sich von den Stundengebeten weg und zu der Morgen- und Abendandacht hin verlagert. Luthers Morgensegen taucht auf, aber nicht sein Abendsegen. Einzelne Psalmen werden abgedruckt. Vor allem aber werden Gebete und Litaneien aus dem »Kollektenbüchlein« der braunschweigisch-lüneburgischen Kirchenordnung von 1619 übernommen. Verfasser des Kollektenbüchleins ist Johann Arndt, der von 1611-21 als Generalsuperintendent in Celle amtierte. Arndt, der als »Vater des Pietismus« in Norddeutschland gilt, hat mit Offenheit für die mittelalterliche Mystik und ein theosophisches Weltverständnis, vor allem auch durch seine weitverbreiteten Schriften und Andachtsbücher, neues Leben in das langsam erstarrende Luthertum gebracht. Das wahre Christentum erweise sich durch einen lebendigen, tätigen Glauben, war seine Devise, und diesen Charakter der Verbindung einer ernsthaften Frömmigkeit mit der Ausrichtung auf das praktische Leben vermittelt auch das Gebetbuch der Anna Magdalena von Jettebrock.

Die Nöte der Zeit sind zu spüren. »Daß wir in diesem Elende unser täglich Brodt haben mögen«. »Und behüte uns doch gnädiglich für der Straffe der Pestilentz ... und aller gefährlichen Seuche-Tagen und Kranckheiten, auch für Krieg und Blutvergießung, auff daß dein armes Häufflein nicht so jämmerlich zerstrewet werde unnd daß sich deine Feinde nicht mögen frewen über unsers Glaubens Schwacheit«. Man sieht geradezu das kleine, durch den nichtaufhörenden Terror des endlosen Krieges dezimierte und verschüchterte Häuflein der Konventualinnen im Nonnenchor sitzen und beten. »Dann unsere Seele ist geneiget zu der Erde, unser Leib klebet am Erdboden«.

Die politische Gefahr wird deutlich benannt, »Türcken und Spannier«, »Kinder des Todes« sind sie. Später, als sich die Bedrohung geändert hat, wird das Wort »Spannier« in einigen Gebetbüchern überklebt. Aber christliche Haltung setzt sich am Ende doch durch: Nicht um die Vernichtung der Feinde wird gebetet. Vielmehr: »Nim dem Türcken, Spannier, und allen den, so dein Wort verfolgen, Hertz und Muth, daß sie mögen verzagen«. Konfliktbewältigung aus dem Geist Jesu ist das.

Die Konkretheit, die Leiblichkeit, die Erdverbundenheit der Gebete begeistert mich immer wieder. Der handschriftliche Nachtrag in einem der Walsroder Gebetbücher bittet in mittel-niederdeutscher Sprache um gute Zeiten und Sonnenschein: »O here Gott, im welchen roij leven, schweven und sint, wi bidden die, giff uns ein gutt tiedig, warm drög weder und einen klaren sonnen schien, und willest uns in düssen tidt-lichen und notdürftigen dingen nicht verlahten....«

Dieses Gebetbuch gibt uns eindringlich Zeugnis von der In-tensität des geistlichen Lebens, gut einhundert Jahre nach der Einführung der Reformation. »Das Kloster Walsrode als geist-liche Einrichtung und die lutherische Lehre hatten zu einer Einheit gefunden«, urteilt Renate Olderman-Meier, und ich gebe ihr darin völlig recht.

Eine Sonderführung durch das Kloster bekomme ich. Eher zu-fällig ist das, bei dem angesetzten Termin um 16.00 Uhr bin ich der einzige Tourist. Meine Führerin, Barbara S., ist Haus-frau und nebenbei im Büro ihres Mannes tätig. Hervorragend weiß sie Bescheid; ihr Schwiegervater, der Oberstudienrat am Gymnasium war, hat den ersten Klosterführer geschrieben und interessante Querverbindungen auch aus der Gründungsge-schichte des Klosters ans Licht gezogen.

Rot sind die Türen zu den Wohnungen der Konventualinnen im »Langen Haus«. Sechs Damen wohnen dort, und eine Gäs-tewohnung ist darin. Die langen Gänge mit den Wappen und Namen der adeligen Damen habe ich schon erwähnt. Die Wel-fenfreundlichkeit des Klosters nach der Annexion Hannovers durch die Preußen 1866 ist bei dieser Belegschaft in der Tat kein Wunder. Eine eher heitere Episode kommt mir in den Sinn, die ich in einem Aufsatz von Dieter Brosius über das Kloster Walsrode gelesen habe.

Der hannoversche Oberpräsident Rudolf von Bennigsen, auch ein niedersächsischer Adeliger, habe in einem Bericht an den preußischen Innenminister 1889 die Welfenfreundlichkeit der Lüneburger Klöster als Gefahr für den preußischen Staat angesehen. »Die lüneburgischen Klöster sind im Allgemeinen Herde des Welfentums. Nicht nur, daß dort eifrig regierungsfeindliche Politik getrieben wird.... Die Hauptgefahr für die Staatsregierung liegt darin, daß mehrere von den Äbtissinnen nur an solche Damen Expektanzen verleihen, deren Familien sich entschieden zur Welfenpartei halten.... Man wird nicht fehl gehen, wenn man den eigentümlichen Gegensatz, welcher in der politischen Haltung des jüngeren lüneburgischen und sonstigen hannoverschen Adels zu Tage tritt, zum Teil auf den Einfluß der lüneburgischen Klöster zurückführt. Insofern bergen dieselben eine wirkliche Gefahr für das Staatsleben in sich« (v. Bennigsen). Und der Oberpräsident empfiehlt der preußischen Regierung, den Äbtissinnen das Recht auf die Verleihung von Expektanzen, also auf die Anwartschaft im Kloster zu entziehen, die man noch bis um 1920 herum teuer bezahlen musste.

Der preußische Staat tat gut daran, diese angebliche Gefahr für seine Existenz großzügig zu übersehen. Walsrode und Wienhausen und Lüne eine Gefahr für Preußen? Rudolf von Bennigsen hatte schlicht übertrieben, vielleicht aus Ressentiment gegenüber anderen Adelsfamilien, deren Mitglieder eben dort als Konventualinnen saßen.

Wir gehen weiter durch den »Langen Gang«. Unter den alten Möbeln fasziniert mich die »Domestikenbank«: Eine ganze Sozialgeschichte taucht vor meinen Augen auf. Jede Klosterdame hatte ihre eigene »Jungfer«: Die saßen hinter den Konventualinnen in der Kirche, mit dem Rücken zum Pastor. Sie kamen von den Dörfern aus der Umgebung; wie eine Heiratsversicherung für die jungen Mädchen sei diese angesehene Position gewesen, sagt Barbara S.

Der 24. Juni, der Johannistag, ist der Klostertag in Walsrode. Dass Johannes der Täufer der Schutzpatron des Klosters wie überhaupt der Benediktiner ist: In der Kapelle, dem »Nonnenchor« ist das auf den ersten Blick zu sehen. Die farbigen Glasfenster aus der Zeit kurz nach dem mittelalterlichen Brand dominieren den Raum, in der Mitte die Kreuzigung Christi mit Maria und Johannes, links davon die mit einem Mantel verhüllte Gestalt Johannes des Täufers mit dem Lamm, auf das er zeigt. Rechts von dem Kreuzigungsbild ist die eindrucksvolle Figur des Hl. Benedikt mit dem langen Abtsstab zu sehen. Nur noch selten benutzt wird die Kapelle heute. Gerade am letzten Sonntag war die Einführung zweier neuer Konventualinnen, und der Nonnenchor ist bis auf den letzten Platz gefüllt gewesen. Am Johannistag ist natürlich auch viel Auftrieb, in der Kapelle wird viel gesungen und mit einer Andacht abgeschlossen. Aber zum Sonntagsgottesdienst gehen die Konventualinnen in die Prieche durch die Tür zur Stadtkirche St. Johannes des Täufers, gleich nebenan.

Vieles interessiert mich hier in der Kapelle. Die Holzstatue des Grafen Wale ist über den großen Klosterbrand hinübergerettet worden, aus der Zeit um 1300 soll sie stammen. Wenn man intensiv hinaufschaut, kann man in dem Modell der Kirche, das der Graf in der Hand hält, eine Kanonisse sehen, die aus dem Nonnenchor schaut.

Das »Bambino« von Walsrode ist eine geradezu heitere Statuette des bekleideten Christkindes, die aus Mecheln stammen soll (15. Jahrhundert). Der Reliquienschrein, die Altarantependien, das ornamentale Deckengemälde, die beiden Wappen- und Namenstafeln der Äbtissinnen von der Reformation bis auf die heutige Zeit, der zweisitzige Äbtissinnenstuhl von 1752: Es ist in der Kapelle viel zu sehen und zu entdecken. Aber richtig ins Schwärmen gerate ich vor einer kleinen Holzskulptur hinter einer Glasscheibe in der Wand, die das letzte Abendmahl Christi zeigt.

Ich habe nicht gewusst, dass Hans Brüggemann aus Walsrode stammt, erst bei meinem Besuch im Kloster und bei der Betrachtung der kleinen Abendmahlsskulptur erfahre ich das. Den großen Meister des Bordesholmer Altars im Dom von Schleswig habe ich schon lange verehrt. 1521 hat Hans Brüggemann den Bordesholmer Altar geschaffen, dieses riesige Werk mit den 16 Szenen zur Passion und den unendlich vielen Figuren, die ein ganzes Panorama der Heilsgeschichte sind. Dürers kleine Holzschnittpassion von 1511 hat sich Meister Brüggemann als Vorlage gewählt. Ausgewogenheit, Klarheit, Ordnung zeichnen seine Werke aus. Auf der Schwelle vom Mittelalter zur Neuzeit sehen die Kunsthistoriker seinen geistigen und ästhetischen Ort.

Ist es nicht zu vermuten, dass der Walsroder Hans Brüggemann auch ein Werk seiner Hände der Klosterkirche seines Heimatortes hinterlassen hat? Lange hat man die kleine Abendmahlsszene für ein Werk Brüggemanns angesehen, obwohl sie farbig gefasst ist, und der Bordesholmer Altar, wohl aus präzise überlegtem künstlerischen Kalkül Brüggemanns, auf jede Farbe verzichtet. Heute schreibt man dem Lüneburger Schnitzer Benedikt Dreyer die Abendmahlsszene zu (um 1520). Aber die Skulptur ist exquisit! Hermann Löns soll bei einem Besuch im Kloster geäußert haben, diese Szene sei wohl eine Laienarbeit, ein Schäfer habe sie geschnitzt. Ich habe diesen Bericht von seinem Besuch im Kloster Walsrode noch nicht gefunden, aber wenn die Bemerkung authentisch ist, dann hat Löns von bildender Kunst nicht allzu viel verstanden.

Mit der Äbtissin zusammen betrachte ich später noch einmal die Abendmahlsgruppe, mit unserer Begeisterung stacheln wir uns gegenseitig an. Aus einem einzigen Eschenstück ist die Skulptur gearbeitet, mit einem schräg angelegten Tisch. Lebhaft bewegt ist die ganze Gruppe. Christus neigt sich über den Tisch zu Judas und reicht dem Verräter die Oblate! Der Lieblingsjünger Johannes ist so sehr vor Jesus hingesunken, dass man ihn kaum als Individualgestalt erkennen kann. Rechts neigt sich Petrus Jesus zu, links wendet sich Thomas ab und schwätzt mit seinem Nachbarn.

Ich weiß, sagt Thea B., weshalb der Thomas nicht an die Auferstehung Jesu glauben konnte: Der hat nie zugehört. Rechts am Rand der Gruppe die Asketenfigur, links der Dicke, der ungeniert aus einem großen Humpen trinkt. Zu seinen Füßen liegt ein Hund. »Zu den Gemütsmenschen halten sich die Hunde, nicht zu den Rigorosen«, meint die Äbtissin, und ich will es ihr glauben. Stundenlang könnten wir weiterdiskutieren und uns anregen lassen von diesem Geschehen und von den Gestalten rund um den Tisch des letzten Abendmahls.

Die Führung durch das Kloster ist dann schnell zu Ende. Ein Blick in den Remter, das ehemalige Refektorium, das erst 1910 aus Privathand zurückgekauft und mit einer Dotation des Kaisers umgebaut wurde. Ein Gang über den Innenhof, den früheren Friedhof mit den vielen verschiedenen Bäumen und mit seiner herrlichen Abgeschiedenheit und Ruhe. Der Blick zur anderen Seite hin auf das ehemalige Äbtissinnenhaus, das später einen überdachten Zugang zum Nonnenchor bekam. »Wenn ich durch die Klosterpforte gehe«, sagt meine Führerin, »werde ich richtig ruhig. Es ist ein wunderbarer Ort«.

Abend ist es inzwischen geworden, die Klosterpforte muss mir schon aufgeschlossen werden. Die soziale Tradition zu beachten, wird mir zum Abschied eingeschärft: Die Armenschule und die Warteschule ist im 19. Jahrhundert vom Kloster aus gegründet worden. Die Äbtissin von Plato hat dafür die Ehrenbürgerschaft der Stadt erhalten. Aus dem Engagement der Priorin von Stoltzenburg für die Krankenpflege ist das städtische Krankenhaus erwachsen. Und zum Tag der »Klosterspende« soll ich wiederkommen. Aus der »Heringsspende«, einer aus der Reformationszeit stammenden Stiftung, wurde das traditionelle Armenessen, der Hering, zusammen mit anderen Nahrungsmitteln an bedürftige Familien ausgeteilt. Vor Jahren hat die vorige Äbtissin eine Revitalisierung dieses alten Klosterbrauchs eingeleitet.

An einem Tag kurz vor den Sommerferien sind die 4. Klassen der Walsroder Schulen in das Kloster eingeladen. In Klostertracht werden die Kinder von den Konventualinnen erwartet, werden bewirtet und im Kloster herumgeführt. Zum Abschied wird den Jungen und Mädchen ein gebackener Hering mit auf den Weg gegeben. In Schönschrift mit verzierten Initialen und altertümlichen Wendungen ist das Einladungsschreiben verfasst: »Wollet demnach eilend wallfahren am 18.ten Tage des Heumonds Anno Domini 2002 des Vormittags in das Kloster St. Johannis«. 300 Kinder werden in diesem Jahr erwartet. »Die Walsroder sollen doch nicht sagen können, sie seien noch nie im Kloster gewesen«. Öffentlichkeitsarbeit nennt man das heute wohl; im Kloster Walsrode ist sie auf Zukunft gesetzt.

»*Erben einer reichen Vergangenheit*«

Die Klöster Ebstorf und Lüne

Den Hundertwasser-Bahnhof in Uelzen wollte ich mir anschauen. Aber der Regen kommt geradezu wie aus Kübeln herab. Alle haben sich in ihre Autos geflüchtet, die Straßen der Stadt sind völlig verstopft, so gebe ich den Plan auf. Liegt es nur an dem schrecklichen Unwetter, dass ich die Straße nach Ebstorf so schlecht finde? Auch in Ebstorf irre ich zunächst, vom Parkplatz in Richtung Kloster gewiesen, ein wenig orientierungslos herum, bei dem Regen ist das kein Vergnügen. Bis ich begreife, dass man ganz um die Kirche herumgehen muss, um den Toreingang zum Kloster zu finden. Mit einem Schlage lichtet sich die Verwirrung: Ein heller, freundlicher Vorhof liegt vor meinen Augen. Auf drei Seiten ist der Platz von warmen, backsteinroten, zwei- oder dreigeschossigen alten Gebäuden umstanden. Links das sogenannte »Herrenhaus«, in der Mitte – mit dem Eingang in das Kloster – das »Lange Schlafhaus«, rechts der »Äbtissinnenflügel«. Ich spüre sofort: In dieser angenehmen, in keiner Weise übertriebenen Symmetrie und Weite der Anlage kann man gut zu Hause sein.

Es ist Museums- oder eben: Klosterwetter. Es kommen immer wieder Leute, die das Kloster besichtigen wollen. Man braucht in Ebstorf nicht auf die Führungen zu warten, das ist angenehm. Man wird sofort in eine laufende Führung eingeschleust, steigt sozusagen in eine Endlosschleife ein und macht so lange mit, bis man wieder am Ausgangspunkt angelangt ist. Anderthalb Stunden ist die normale Dauer eines solchen Rundgangs. Die Führerinnen lösen sich in bestimmten Zeitabständen ab. Meine erste Führerin, alle sind Konventualinnen des Klosters, ist schon ein wenig heiser von dem vielen Reden. Die nächste ist zunächst distanziert, glänzt mit scharfsinnigen, oft auch ein wenig bissigen Formulierungen. Man merkt, dass sie solche Führungen schon lange macht. Zu einer unglaublichen Hochform läuft sie vor der »Weltkarte« auf.

Das Kloster Ebstorf ist ein Universum des Mittelalters. Ich kenne kein Kloster im norddeutschen Raum, in dem eine solche Fülle der verschiedensten Aspekte, die die Weltsicht des Mittelalters formen, zusammenstößt. So ist ist es kein Wunder, dass alle zwei bis drei Jahre große Kolloquien in Ebstorf stattfinden, die die Geschichte des Klosters aufzuarbeiten suchen.

Die Legenden über die »Ebstorfer Märtyrer« gehören dazu, die nach Hamburg, aber auch zu den Slawen weisen und den frühen Ruhm des Klosters begründen. Die Geschichte des Klosterpatrons, des Hl. Mauritius, der auf die Verbindungen des Klosters zum Bistum Magdeburg verweist, ist ein eigenes Kapitel. Die Skulpturen des Klosters im Nonnenchor, von der Gnadenbildmadonna über die Schnitzfigur des stehenden Hl. Mauritius im Alltagsgewand bis zur großen Sitzmadonna stammen überwiegend aus der ersten Hälfte des 14. Jahrhunderts. Die »Ebstorfer Liederhandschrift« von 1541/42, die das Liedgut vieler Jahrhunderte in Ebstorf zusammenfasst und mit dem »Geistlichen Mühlenlied« von 24 Strophen beginnt. Die mittelalterliche Klosterbibliothek mit 51 Kodizes: All dies erweist Ebstorf als ein Kloster von hoher geistiger Kultur.

Um 1160 hatte Volrad von Bodwede, Graf zu Dannenberg, ein Chorherrenstift gegründet, das er wahrschienlich mit Prämonstratensern beschickte. Nach einem Brand verließen die Chorherren Ebstorf, und Heinrich von Bodwede, ein Sohn des Stifters, holte Benediktinerinnen aus dem Nachbarkloster Walsrode nach Ebstorf. Die erste historische Erwähnung findet sich in einer Urkunde aus dem Jahr 1197, und entsprechend hat man in Ebstorf 1997 die Achthundertjahrfeier begangen.

Schon bald nach der Gründung muss das Kloster zu einer erstaunlichen Blüte gelangt sein, die sich noch heute auf Schritt und Tritt in Ebstorf dokumentiert. Drei Dinge sind es, um derentwillen ich immer wieder einmal dorthin fahre: Die Glasfenster im Kreuzgang, die Bauplastik in der Kirche, im Kreuzgang und im Nonnenchor, und natürlich die berühmte »Ebstorfer Weltkarte«. Jeder einzelne Bereich verdient im Grunde eine Spezialführung; man wird der Großartigkeit der vielfältigen Aspekte in einem Überblick in keiner Weise gerecht.

Da sind die Glasfenster von 1420 im Südflügel und Westflügel des Kreuzgangs. Ein »Spiegel des menschlichen Heils« (Speculum humanae salvationis) sind sie, eine Darstellung der Geschichte Christi, vor der man sich in Andacht versammeln und die Erlösungstat Chrsti aufnehmen und meditierend vertiefen konnte. Von der Verkündigung des Engels an Maria reicht der Zyklus über die Kreuzigung bis zur Himmelfahrt. Aber in welchem Facettenreichtum, mit welchem Assoziations-

Ebstorf – ein Kloster von hoher geistiger Kultur seit alters her.

175

reichtum ist die Heilsgeschichte dargestellt! Die ganze Bibel kommt dabei zu Wort. Wenn es nicht bei irgendeiner späteren Restaurierung eine Vertauschung gegeben hat, dann ist in dem Fenster oben das entsprechende Ereignis aus dem Neuen Testament dargestellt. Darunter gibt es in drei Fenstern Szenen aus dem Alten Testament, die gedanklich – typologisch – mit dem oberen Bild verbunden sind.

Ich greife eines dieser Fenster heraus und bleibe vor ihm stehen, auch wenn die Gruppe – vielzu schnell – weiterzieht. Da ist das Bild von der Grablegung Christi. Christus ist vom Kreuz genommen und wird in das Grab des Josef von Arimathia gelegt. Drei alttestamentliche Begebenheiten sind dieser Grablegung zugeordnet. Jonas wird über Bord geworfen und verschwindet im Maul eines Walfischs. Die zweite und dritte beziehen sich auf die Josefsgeschichte: Josef wird von seinen Brüdern in den Brunnen geworfen, und: Jakob empfängt den Rock Josefs, den seine Brüder mit dem Blut von Tieren getränkt haben.

Wie hängen diese vier Glasfenster miteinander zusammen, in welcher Weise beziehen sich die drei alttestamentlichen auf das neutestamentliche Geschehen, überlege ich. Und langsam wird mir klar: Die Typologie, die das eine Ereignis als Typos, als Abschattung und Typ des anderen versteht, ist kein genetischer oder kausaler Zusammenhang. Die Grablegung Christi entwickelt sich nicht aus der Jonas- oder der Josefsgeschichte. So, mit Ursache und Folge, hat das Mittelalter – jedenfalls bei solchen Bildzusammenstellungen – nicht gedacht. Nicht die direkte Verbindung zwischen zwei Dingen oder Ereignissen wird hier dargestellt. Die Typologie ist ein plötzlicher Gedankenblitz, ein skurriler Einfall, ein überraschendes Überspringen der Gedanken von der einen Szene auf die andere.

In einem großen, allumfassenden Denksystem einer symbolischen Ordnung ist diese Welt zuhause. In jeder Erscheinung ist ein verborgener Sinn vorhanden, der einem plötzlich aufgehen kann. Und so geht es mir vor diesen vier Scheiben im Kreuzgang von Ebstorf: Auf einmal sehe ich, dass auch die Jonasgeschichte wie die Josefsgeschichte nur mit einem scheinbaren Verschwinden im Tode zu tun haben. Jonas wird von dem Walfisch ausgespuckt und Josef wird aus dem Brunnen errettet werden. Kein Wunder also, dass drei Fenster weiter, bei der Szene der Auferstehung Christi, wieder Jonas erscheint, den ein mächtiger Walfisch gerade kerzengerade in die Höhe führt.

Von einem »Übermaß an Verbildlichung« im späten Mittelalter hat Johan Huizinga gesprochen. Die Suche nach den vergleichbaren Bildern nimmt kein Ende. Aber mir, der ich aus Jahrhunderten des Verblassens der Bilder des Heilsgeschehens komme, erscheinen diese Aufdeckungen von Bezügen einfach wunderbar.

Ein anderes freilich kommt dazu. Der Symbolismus könnte sich in einem festgefahrenen System von Zuordnungen erschöpfen, die nur noch eine Signal-, aber keine Realitätsdimension mehr mit sich führen. Die Glasfenster des Ebstorfer Kreuzgangs aber sind von einer packenden Realitätswahrnehmung. Man schaue sich die Szene von dem über Bord gehenden Jonas ganz genau an. Wie da der Schiffer die Füße des Jonas packt und ihn geradezu in das Maul des Walfischs stopft, wie das Segel sich bläht und die Wellen hoch gehen: Das ist eine einzige Geschichte in einem ganzen Bild, und eine präzise Wiedergabe von Wirklichkeitserfahrung zugleich.

So werden Symbolismus und Realismus in einem guten Gleichgewicht gehalten. Als typologische Verdeutlichung der Himmelfahrt Christi taucht natürlich die Himmelfahrt des Elia auf, der mit einem Doppelgespann und einem Kastenwagen gen Himmel fährt. Wie eine Ausfahrt zur Feldarbeit sieht das fast aus. Aber unter dem Wagen tummeln sich Hunde und Hasen.

Da muss man natürlich die Ebene des Symbolismus bedenken und den »Physiologus« kennen, diese Schriftsammlung aus der Zeit von 200 bis 600 n. Chr., die in den Elementarklassen auf den Klosterschulen eines der Lesebücher war (auch wegen des einfachen Latein). Vom Hasen erzählt der »Physiologus« die Geschichte, dass dieser besser bergauf als bergab laufen kann. Wird er von Hunden oder Jägern verfolgt, dann flüchtet er in die Felsen. So, wie der Hase, soll auch der Mensch seine Blicke nach oben lenken und sich im Felsen Christus bergen. »Denn wenn der Böse sieht, dass der Mensch nach abwärts läuft und auf das Irdische bedacht ist und auf das, was dieses Leben zu bieten hat, dann kommt er ihm umso eifriger nahe mit seinen Schlichen«.

Eine starke Spannung ist also in diesem Glasfenster verborgen. Elia fährt im Wagen nach oben, und die Hasen – vom Hund verfolgt – nach unten. Verheißung und Warnung dicht beieinander. So kann man Tage um Tage im Studium dieser Viererkombination verbringen, die in den beiden Flügeln des Kreuzgangs jeweils sieben Stationen des Heils in Jesus Christus in die Anschaulichkeit zu bringen suchen.

Ein weiteres unerschöpfliches Kapitel im Kloster Ebstorf schreiben die Bauplastiken der Romanik. Die Gotik löst die zusammenhängenden Flächen und damit die Voraussetzungen für die skulpturale Gestaltung der Konsolen, der Schlusssteine, der Wandflächen weithin auf. In Ebstorf ist noch einmal die geballte Gestaltungswucht der ausklingenden romanischen Epoche zu spüren. 205 von etwa 250 figürlichen Bauplastiken sind erhalten, und alle Steine stammen aus dem 14. Jahrhundert und damit aus der Periode der Neuerrichtung der Kirche und des Klosters. Das 19. Jahrhundert hat hier und da kräftig herumrestauriert, aber es ist genügend alte Substanz erhalten, um von einem Staunen in das andere zu fallen.

Natürlich ist es bei einem Kloster zu erwarten, dass es Figuren aus der Heilsgeschichte gibt. Konzentriert sind sie vorhanden in den 15 Tonplastiken im südlichen Kirchenschiff, die hoch oben die Nordwand des Seitenschiffes schmücken. 60 – 80 cm sind die Plastiken hoch, stehen jeweils in einer Nische, die zusammen eine Art Arkade bilden. Jesus als der Auferstandene ist der Mittelpunkt, die 12 Apostel sind darum herumgruppiert und an ihren Attributen zumeist gut zu erkennen. Johannes der Täufer und der Klosterpatron, der Hl. Mauritius, vervollständigen die Reihe.

Sie wirkt lebendig, obwohl die Gestalten mit der antiken Tunika und den Mantelpallien ähnlich sind. Szenen im Kreuzgang aus dem Alten und Neuen Testament, in Konsolen und

Schlusssteinen, fügen den erzählerischen Gestus hinzu. Samsons Kampf mit dem Löwen etwa (Konsole Westflügel), die Geschichte vom Sündenfall (Konsole Südflügel), Christus als Schmerzensmann (ebd.) und vieles andere. Die Heiligengestalten spielen natürlich eine große Rolle. Allein der Hl. Mauritius als der Schutzheilige des Klosters ist in Konsolen und Schlusssteinen des Kreuzgangs dreifach vertreten.

Mehr noch interessieren mich die Szenen aus dem Klosterleben. Die schönsten sind oben im Nonnenchor zu sehen. Da ist, in zwei Konsolen, der Wechselgesang der Nonnen in zwei Dreiergruppen festgehalten. Die einen singen mit weit geöffnetem Mund, das ganze Gesicht ist nur Gesang. Die anderen hören mit geschlossenem Mund aufmerksam zu. »Hier oben war man dem Himmel etwas näher«, sagt unsere Klosterführerin. Die Dreierformation mag auf die Wichtigkeit von gelingender Gemeinschaft im Kloster verweisen.

Unter der Nonnenempore, in der Kirche, dominieren die Zweierkonstellationen. Da sind die beiden, die sich (etwas mühsam) küssen, und die zwei, die sich voneinander abwenden. Eintracht und Zwietracht – »mit der Eintracht scheint das auch im Kloster ganz schön schwierig zu sein«, kommentiert unsere Führerin. Eine Äbtissin mit Krummstab (Konsole Ostflügel), ein Propst auf einer Bank, eine Nonne, die zu dem Hl. Mauritius fleht (Konsole Westflügel): Schnappschüsse aus dem Klosteralltag sind viele dieser Szenen.

Am längsten halten mich die vielen Tierdarstellungen im Kloster Ebstorf fest. Ein intensives Studium erfordern gerade sie, und das Buch von Birgit Hahn-Woernle über die Bauplastik des Klosters Ebstorf ist auch darin ein guter Begleiter. Der Humor und die Selbstdistanz, die ich in vielen dieser Darstellungen am meisten spüre, haben es mir angetan. Die Ambivalenz des Lebens, das die guten wie die finsteren Seiten umspannt, kommt gerade bei den Tierdeutungen hervorragend heraus.

Aus seinem Zusammenhang ist alles zu interpretieren. So kann der Löwe einmal für Christus stehen, ein anderes Mal für die Gewalt der Finsternis. Die Mischwesen machen mir Spaß, wie das kokette Meerweibchen im Schlussstein des Kreuzgangs

(Südflügel) oder der Fries mit Sirenen und Menschenköpfen, auf dem sich der eine mit seinen von oben kommenden Armen die Lippen auseinanderreißt. Drachen spielen eine große Rolle (Kirchenschiff), Kentauren (Kreuzgang Nordflügel), das berühmte Einhorn als Zeichen für die Jungfräulichkeit Marias, im Frauenkloster natürlich ein zentrales Thema (Schlussstein im Raum über der Sakristei). Der Pelikan als Zeichen für das Opfer, das Christus gebracht hat (Kreuzgang Ostflügel Schlussstein). Hasen und Hunde und Hirsche zuhauf.

Die Tierfabeln sind ein eigenes Thema, die einfache Lebenswahrheiten in die Gestalt einer Geschichte bringen. Wie die Fabel des Aesop von dem Storch und dem Fuchs, die sich gegenseitig aufs Glatteis führen und die Goldene Regel in eine Geschichte bringt (Kreuzgang Westflügel). Herrlich die beiden Darstellungen des Fuchses als Gänseprediger (mit Mitra und Krummstab), der mit ironischem Augenzwinkern vor den »Wölfen im Schafspelz« warnt (Kreuzgang Westflügel und Schlussstein Paradies). So wandere ich durch den Kreuzgang und das ganze Kloster auf Spuren, die vor 600 oder 700 Jahren gelegt sind und die ich zu entziffern suche.

Schließlich: Die »Ebstorfer Weltkarte«. Ich kenne kein anderes Beispiel, das die Einheit des mittelalterlichen Weltbildes in so sinnenhafter Gestalt zum Ausdruck bringt. Theologie, Astronomie, Geographie, Geschichte, Architektur sind ein großes Ganzes, gehen nahtlos ineinander über. Die eine Welt, die man im Zeitalter des Pluralismus von Wissenschaften und Lebensentwürfen nur noch als Idee begreifen und postulieren kann, ist in der Weltkarte von Ebstorf Realität und im Großformat von 358 x 356 cm anschaubar. Das Original der Ebstorfer Weltkarte ist leider bei dem Großangriff auf Hannover 1943 im Staatsarchiv verbrannt. Eine der vier Kopien, die nach glücklicherweise vorher angefertigten Nachbildungen zwischen 1950 und 1955 gezogen worden sind, ist als Höhepunkt der Führungen im Kloster Ebstorf zu sehen.

Da ist die theologische Perspektive. Die Welt ist als Schöpfung Gottes und als Leib Christi gesehen. Oben ist das Haupt Christi, unten seine Füße, links und rechts ragen eine Hand und ein Arm heraus. Im Mittelpunkt des runden Erdenkreises steht das Himmlische Jerusalem mit seiner Pracht. Die biblischen Geschichten, vom Sündenfall (Eva und Adam haben je einen Apfel in der Hand, die Hauptverantwortung der Eva ist abgewehrt!) bis zur Geschichte Christi sind im oberen Drittel dargestellt.

Die Hauptorte des christlichen Mittelalters (Rom, Köln) werden hervorgehoben, die Klöster sind oft wichtiger als die Städte und die geographischen Gegebenheiten (Reichenau!). Beim Kloster »ebbekestorp« (links unten auf der Karte) sind natürlich die drei Märtyrergräber eingezeichnet. Es beruhigt mich sehr, dass »honovere«, das auf den ersten Blick nur mit einem ungefügen Gebäude eingezeichnet zu sein scheint, beim genaueren Hinsehen doch mit dem Turm der romanischen Marktkirche dargestellt ist. Selbst die geschichtlichen Daten und die historischen Epochen sind nach der Vision des Propheten Daniel in Kapitel 2 strukturiert.

Da ist die astronomische Perspektive. Das Mittelalter basiert – bis zur kopernikanischen Wende – auf dem antiken Weltbild des Ptolemäus: Das Weltall ist eine Kugel mit der Erde als Mittelpunkt, die Erde eine Scheibe, von Ozeanen umflossen. Entsprechend ist die Weltkarte in einem großen Kreis angeordnet.

Da ist die geographische Perspektive. Die Karte ist geostet, man muss sie also um 90 Grad drehen, um die zutreffenden Himmelsrichtungen zu finden. Aber das geographische Wissen der Zeit ist in sie eingearbeitet. Amerika ist noch nicht entdeckt, aber Asien und Afrika spielen eine wichtige Rolle. Alte Mythen und Überlieferungen müssen ergänzen (die Hesperiden!), was man an exakten Kenntnissen vermisst. Aber insgesamt spielen die geistigen Bedeutsamkeiten die entscheidende Rolle. Als ich auf dem kleinen Podest vor der Weltkarte in Ebstorf sitze, schießt mir auf einmal durch den Kopf: Wie würde deine Weltkarte aussehen, wenn du darin einzeichnen würdest, was dir wichtig ist?!

Da ist die geschichtliche Perspektive. Die historischen Daten werden, so weit man sie kennt, eingeordnet in ein weltgeschichtliches Panorama der von Gott gesetzten und bestimmten Perioden dieser Erde. Das »eherne Reich« Nebukadnezars kreist um Babylon. Aber auch die geschlossenen Kulturen der Ägypter und der alten Griechen haben ihren Ort. Mit dem Zeitalter Alexander des Großen, der auf der Weltkarte eine besondere Rolle spielt, geht die »Alte Welt« zu Ende. Das Römische Weltreich, das frühe Christentum, die eigene Zeit des Mittelalters, mit den Wallfahrtsorten, den Städten und Burgen: Alles hat seinen Ort. Aber alles passt auch zusammen, fügt sich in das große Bild einer Welt, die in der Höhe und Tiefe, in der Breite und Länge und allen Dimensionen von Gott gehalten wird.

Über Verfasser und Entstehungszeit der Weltkarte schien mir Birgit Hahn-Woernle die Argumente überzeugend zusammengetragen und gewertet zu haben. Danach wäre der aus England stammende, gelehrte und mit der Propstei von Ebstorf verbundene Freund und Berater Kaiser Ottos IV., Gervasius von Tilbury, der Autor gewesen, mit der Entstehungszeit um 1240. Jürgen Wilke schließt indessen in seiner gerade in zwei Bänden veröffentlichten Dissertation aus vielerlei Gründen eine Verfasserschaft von Gervasius von Tilbury aus und kommt auf eine Spätdeutung der Weltkarte um 1300 und als Verfasser oder Auftraggeber auf Propst Albert von Ebstorf (1293-1307). Die Experten werden in der nächsten Zeit diese unterschiedlichen Ansätze und Ergebnisse neu zu diskutieren haben.

So überwältigend ist die Präsenz des Mittelalters im Kloster Ebstorf, dass sich mir die Frage nach dem gegenwärtigen Leben des Damenstiftes von Ebstorf – wie ich mit Erstaunen bei mir feststelle – fast gar nicht stellt. Es wird seine großen Chancen und seine Probleme haben, so stark auf die Erhaltung und Präsentation des mittelalterlichen Erbes geworfen zu sein. Mir schiebt sich gerade hier bei meinen Klosterfahrten in meinem Interesse ganz deutlich die Vergangenheit vor die Gegenwart.

*

Das uralte Pflaster auf dem Weg in den Eingang des Klosters Lüne lässt nur ein Stolpern zu. Wie sind wir doch heute verwöhnt mit den glatten Straßen! Selten eine Lust, fast immer eine Last wird das Reisen früher gewesen sein. Bei unserem Urlaub auf Juist in diesem Jahr wurden wir vom Dampfer mit einem Pferdewagen abgeholt. Der Wind pfiff durch die Planen, es wurde umso kälter, je schneller die Pferde liefen, von Romantik war da nichts zu spüren. Wege als Mühsal, das wird einem schon auf den ersten Schritten eingeprägt. Gleich links eine Textilwerkstatt, man kann den Frauen und Männern durch die offenen Luken bei der Arbeit zuschauen.

Schon die ersten Schritte bringen mir meine Erinnerung zurück. Ich habe Lüne immer als den Prototyp des Heideklosters empfunden. Da ist die Unübersichtlichkeit mit den vielen Häusern, die sich nicht so schnell zu einer Klarheit formen will. Da ist dieses Hingeduckte, dieses Stück Gemütlichkeit, das auch die Heidedörfer auszeichnet. Selbst das repräsentative Gästehaus in der Mitte aus dem 18. Jahrhundert, das wohl für den Besuch von Staatsgästen geplant war und dem Kloster bei dem Besuch des englischen Königs und hannoverschen Kurfürsten Georg II. mit seiner nicht standesgemäßen Unterkunft eingefallen sein soll, vermag mich nicht auf höfische Festlichkeit einzustimmen. Es stimmt mich vergnügt, dass der höchste Gast, den Lüne in absolutistischen Zeiten empfangen hat, eben Georg II., nicht in diesem Hause wohnte.

Ich entdecke bei mir eine Stimmung, dem reichen Erbe dieses Klosters nicht mit einem kunsthistorischen Interesse zu begegnen. Wenn es ginge, würde ich in diesem Kloster nur schlendern und herumspazieren. Würde nur die Atmosphäre auf mich wirken lassen, ohne zu fragen, was dies sei und aus welcher Zeit es stamme. Wir erwischen eine Führung mit einer äußerst kenntnisreichen und klugen Konventualin. Aber ich entdecke, dass ich wenig mitschreibe und auch zu Hause in den verschiedenen Führern am liebsten nur herumblättere. Ich vermute: Allzu viel Handfestes wird von meinerr Fahrt zum Kloster Lüne nicht mitzubringen sein

Schon die Eingangshalle will mich nicht loslassen, und die Eile, mit der die Konventualin am Empfang uns in eine laufende Führung einschleusen will, vermag ich nicht zu teilen. Diese Brunnenhalle mit dem »Handsteinbrunnen« verbreitet eine Stimmung, die man nicht so schnell verlieren möchte. Wie da aus dem gotischen Türmchen mit dem Kreuz obendrauf aus verschiedener Höhe das Wasser in die Bronzeschale fließt, und dies Tag und Nacht: Das verbreitet eben diese Atmosphäre von Kleinkunst und Gemütlichkeit, die ich an Lüne schätze. Vielzu spät fällt mir die Frage ein, was in diesem gotischen Erker ein »Handstein« eigentlich ist. Bei einem späteren Anruf in Lüne lande ich im Büro, und da ist man auf solche kunsthistorischen Fragen nicht gefasst. Mir gefällt es, dass ich auch hier mit meinem Halbwissen leben muss.

Das Modell des Klosters stellt natürlich die Frage nach den Ursprüngen und der Geschichte. Am 9. Januar 1172 als Benediktinerinnenkloster gegründet, zweimal abgebrannt, beim zweitenmal näher an Lüneburg heran, eben an dieser Stelle wieder aufgebaut. Die jetzige Klosteranlage reiche in die Zeit dieses Wiederaufbaus, also in die Jahre 1372-1412 zurück. Interessiert mich das wirklich? Es ist eigentümlich, wie die Fragen aufhören, wenn man sich irgendwo wohl und zu Hause fühlt.

Da schaue ich mir lieber den Sommer-Remter an. Etwas enttäuscht bin ich, dass die Restaurierung den Stil des 16. Jahrhunderts in der Bemalung gewählt hat. Aber wenn ich es recht bedenke, was macht das schon! Die Farbbänder, die über die Balkenkonstruktion gelegt sind, haben einen derart überraschenden Effekt, dass sich der Raum zu weiten scheint. Auf einmal sehe ich den Raum voller Menschen, die fröhlich tafeln. Dass die Realität eine andere war, dass es hier im Mittelalter bei den Benediktinerinnen sicher Schweigemahlzeiten gab und das Gewand der Klosterfrauen einen schwarzen Grundton in den Remter brachte, bekümmert mich in diesem Augenblick nicht mehr.

Dann nehme ich doch gleich das Refektorium, den Winter-Remter noch hinzu. Allein der lange schmale, anscheinend aus einem Stück gefertigte spätmittelalterliche Tisch könnte mich hier lange halten. Acht Meter soll er lang sein. Ich versuche zu überschlagen, wieviele Nonnen an ihm wohl Platz gehabt haben, 16 Frauen auf jeder Seite sicherlich. Ein Symbol der geschwisterlichen Gemeinschaft in einem Kloster ist doch solch eine Tafel! Nicht nur gegessen haben sie hier, auch der Ort der Stickarbeiten war es. Dazu brauchte man sicher mehr Platz für die einzelne Person. Aber die langen Banklaken, die ich schon in Hannover im Kestner-Museum gesehen habe, werden an diesem Tisch entstanden sein. Da konnte man an einem Laken mit vier oder acht Personen sticken.

Das Bild der stickenden Klosterfrauen, das sich in meiner Phantasie aufbaut, erfreut mich ganz von innen. Wie gut, dass die Priorissa Sophie von Bodendike in dieser Zeit den Einbau einer Luftheizung unter dem Plattenfußboden veranlasst hat, so wurden nicht die Finger der Frauen steif. Eine um das Wohl des ihr anvertrauten Konvents besorgte Frau ist die Priorin doch gewesen. Dass ihr Wappen in verschiedenen Lüner Teppichen auftaucht, sagt mir zu.

Das frühe 18. Jahrhundert hat in dem Winter-Remter numerierte, mit Grisaille-Malerei versehene Vorratsschränke eingebaut. Die muss man sich also wegdenken können. Aber das ist leicht, da man durch die Schränke hindurchgehen kann und dahinter, auf der Wand, Reste von Seccomalereien entdeckt. Versteckt sich dort, mit immer neuen Übermalungen, ein ganzes ikonographisches Programm? Mit männlichen und mit weiblichen Heiligen, mit Ambrosius und Antonius und Augustin, mit der Hl. Katharina und der Hl. Barbara? Aber ich will mich nicht hinein vertiefen und überlasse alles dem kunsthistorischen Disput.

Lieber folge ich der Führerin und der Gruppe in das Dormitorium. »Ulenflucht« heißen die Gänge über dem Klausurgeviert und »Sarggang«. Die Benediktinerinnen haben sich nicht gescheut, die Finsternis des Ortes wie auch die Finsternis des Lebens im Wort festzuhalten. Meine Frau meint, ein Leben hier sich nicht vorstellen zu können. Mir geht es ähnlich. Bei den vergitterten Fenstern nur ja nicht an ein Gefängnis denken! Das Sprechgitter des Beichtstuhls ist schon eine bessere Assoziation. Einzelne Zellen sind im Originalzustand erhalten: In der mittelalterlichen Kargheit oder in der barocken Veränderung, die die Wände mit Leinwandmalereien erweitert, die Decken stukkatiert und die Räume wohnlich macht.

Ein eigenes Studium verlangen die Truhen und die Schränke, die in großer Fülle vorhanden sind. Ob das Stollentruhen aus dem 12. oder aus dem 14. Jahrhundert sind, ob es ganz schlichte Holzkästen sind oder Verzierungen mit dem Taustab-Motiv oder mit anderen Motiven haben. Am spannendsten finde ich, wie diese mittelalterlichen Truhen unsere Sprache bis heute geprägt und bereichert haben. Links in vielen Truhen der Einsatz für das Geld: »Auf die hohe Kante legen«, sagte man. Unten auf manchen Truhenböden die Abbildung eines Hundes: »Ich bin auf den Hund gekommen« bedeutete, man habe alles verbraucht, was man an Vorrat besaß. Wir kommen von weit her, merke ich, und wissen es nicht einmal.

Immer wieder dies Hindurchgehen durch die Kreuzgänge. Eingewölbt ist die eine Seite, mit Balkendecken versehen die andere. Niedrig sind sie alle, aber das macht sie nicht bedrückend. Man verliert sich nicht, wird ruhig, still.

In der Kirche mit dem prachtvollen Gehäuse der frühbarocken Orgel stehen wir lange vor dem Hauptaltar mit der Kreuzigung Jesu im Zentrum. Ich fange an mitzuschreiben, als unsere Führerin von der Pferdebegeisterung in dieser Gegend redet und beginnt, auf die vielen Pferde hinzuweisen, die sich auf dem Triptychon befinden. Gegen eine angebliche Verehrung der Pferde, die möglicherweise aus altsächsischerr Zeit stammte, habe es Proteste der Bischöfe gegeben, sagt sie. Und behauptet, dass es in Süddeutschland keine Pferde auf den Altären gäbe. Ob das so stimmt, weiß ich nicht, aber es ist ein netter Gedanke, die mentalen Differenzen zwischen Bayern und Niedersachsen auch einmal so zu bestimmen.

In den Kapitelsaal werden wir geführt, auch dafür ist die Zeit zu kurz. Eine Besonderheit des Klosters Lüne sind die 17 Porträts der Äbtissinnen seit der Reformation, die dort, in Festtracht gemalt, versammelt sind. Die Kostümforscherin Rotraut K. hat diese Gemälde zu einem eigenen Projekt inspiriert, das sie auch in Buchform niedergelegt hat. Kontinuität und Wandel, Tradition und Mode, das ist ein weites Feld. Das erste Porträt der Domina Dorothea von Meding von 1590 zeigt die Äbtissin noch in der mittelalterlichen Nonnentracht der Benediktinerinnen. Elemente der spanischen Mode (Halskrause) greifen in die Entwicklung ein. Die stärkste Annäherung an die Mode der Zeit scheint die Kleidung der Domina Friederike von Meding (1850) in dem Stil des Biedermeier zu sein: Mit geschnürter Taille und gebauschtem Rock. Dem in der Raffinesse der Mode unkundigen Mann, der ich bin, drängt sich die Kontinuität der Kleidung stärker auf als die Variationen, die einen grundlegenden Wandel signalisieren. Die Tradition des Klosters behält ihr prägendes Gewicht, so scheint mir.

Nicht nur die Kleidung, auch der textile Kunstbesitz des Klosters ist ein weites Feld. Christian Pietsch hat darüber ein ganzes Buch geschrieben. Auf die Schätze des Textilmuseums, das

Ein Ort der Ruhe und Besinnung: Kloster Lüne.

einen ausführlichen Besuch verdient, mit Altardecken, Paramenten, Bildteppichen und Banklaken habe ich mich schon in Hannover einstimmen können. Im Kestner-Museum neben dem Neuen Rathaus hängen, man läuft die Treppe hinauf und gerade darauf zu, zwei Teile des großen Banklakens mit Szenen der Georgslegende aus der Zeit um 1500. Im Klosterstich haben die Benediktinerinnen im Kloster Lüne, an dem Tisch im Winter-Refektorium sitzend, in 41 Medaillons die Geschichte des Hl. Georg auf die Leinwand gebracht. Der erste und der letzte (4.) Teil des Banklakens ist in Hannover zu sehen, der zweite und der dritte Teil wird im Kloster Lüne aufbewahrt. Als »Patron« des Klosters wird Georg hier bezeichnet. Davon ist sonst nichts bekannt; aber nur so ist eigentlich auch die Ausführlichkeit der Darstellung zu erklären.

Mit immer neuem Entzücken stehe ich oft vor diesen Banklaken aus dem Lüner Kloster. Häufiger in Hannover, seltener in Lüne. Die herrlichen Farben haben sich nahezu unversehrt erhalten. Eine naive Lust am Erzählen macht sich breit, ist aber immer theologisch durchdacht und domestiziert. In den eigentlichen Märtyrerszenen dominiert das Rot des Märtyrerblutes, in anderen Szenen ist der Hintergrund oft schwarz. Die Perspektive schleicht sich langsam ein, die Räume haben ihre eigene Erstreckung. Der Fußboden hört meist knapp unterhalb der Mitte auf. Anfangs wechseln Innen- und Außenräume ab, später schiebt sich die Handlung in die Landschaften hinein.

Nicht die Geschichte des Drachentöters wird erzählt, sondern die Märtyrerlegende des Hl. Georg. Der Offizier, der an seinem Glauben festhält und bei den Christenverfolgungen unter dem römischen Kaiser Diokletian im Jahre 303 umgekommen sein soll. Selbst noch in der Rüstung ist Georg an seinem Nimbus deutlich erkennbar. Auf dem 4. Teil des Banklakens, der in Hannover hängt, wird in den Medaillons 3 bis 5 eine Nebengeschichte erzählt: Die Königin hat sich durch die Predigt Georgs zum christlichen Glauben bekehrt und wird enthauptet.

Dann kommt am Schluss die Überraschung: Nachdem Georg enthauptet worden ist, folgt als letztes Medaillon die Szene des

Hl. Georg als Drachentöter. Mit der Jungfrau, die betet, und dem König, der durch das Fenster seines Palastes schaut. Und man merkt auf einmal wieder: Nicht die kausalen Zusammenhänge einer aufeinanderfolgenden Geschichte sind dem Glaubenden des Mittelalters wichtig gewesen. Die Zeichen, die Bedeutungen sind entscheidend, und mit diesem Signal des Drachentöters, mit diesem Zeichen des Sieges über das Böse ist der christliche Held in die Geschichte des Abendlandes eingeschrieben.

Das Kloster Lüne rührt mich tief an. Nicht das Außerordentliche der Kunstschätze ist es eigentlich, das meiste davon habe ich wahrscheinlich nicht einmal genannt. Nein, es ist die Normalität eines mittelalterlichen Klosters, die ich begreife. Die lasse ich auf mich wirken, die nehme ich für eine ganze Weile mit.

»*Aufbruch der Frauen*«

Die Klöster Isenhagen und Medingen

Das ehemalige Gästehaus des Klosters lehnt sich geradezu an die St. Marienkirche an, als suche und brauche es Schutz und Hilfe. Auch bei den Zisterzienserinnen in Isenhagen mussten die Gäste vor der Klosterpforte bleiben. 1243 ist das Kloster Isenhagen von der Herzogin Agnes, die zuvor Wienhausen gegründet hatte, gestiftet worden, freilich an einem anderen, nicht weit entfernten Ort. Zweimal wurde es verlegt, bis nach 1345 die Klosterbauten an dieser Stelle in die Höhe wuchsen. Das Fachwerkgebäude des Gästehauses ist dann erst in reformatorischen Zeiten, 1591-1595, entstanden. Steht aber sicher an der Stelle, an der auch die Pilger und die Angehörigen der mittelalterlichen Klosterfrauen Unterkunft und Betreuung fanden.

Die Fahrt nach Kloster Isenhagen stimmt mich in angemessener Weise auf das Ziel ein, das mich erwartet. Hinter Celle geht die Fahrt über die Dörfer. Bei Altencelle sind alle Wiesen überschwemmt, das Hochwasser ist nur wenig zurückgegangen, die Überflutung reicht bis zum Horizont. Richtige Heidedörfer sind das, unter alten Eichen. Mit Kirchen, die Holztürme haben und aus Findlingsblöcken gebaut sind. Beedenbostel, Luttern, Eldingen, Steinhorst. Die Gottesdienste beginnen um 9.30 Uhr, wie das in Bauerndörfern üblich ist. Große Kartoffelfelder auf beiden Seiten, das Korn ist vom Sturm und Regen plattgewalzt und liegt am Boden. Auf ein stilles, verträumtes Heidekloster bin ich eingestellt, und das treffe ich auch in Isenhagen an.

In Hankensbüttel muss man ganz durch den Ort hindurchfahren, dann geht der Weg rechts ab. Ein »Otterzentrum« liegt an einem kleinen See, der – wie ich später höre – eine überflutete Wiese ist. Die Leute strömen dorthin, Busse und Autos noch und noch. Aber mir steht der Sinn nicht nach Fischottern, Dachsen und Wieseln. Noch einige hundert Meter, dann wird es ruhig. Als ich aus dem Auto steige, höre ich nur die Uhr der Kirche mit den zehn Schlägen, die Stille steht sozusagen in der Luft. Links vor der Kirche, als letztes Wirtschaftsgebäude aus dem Mittelalter, ist das Brauhaus vor dem Verfall gerettet und zum Klosterhof-Museum umgewidmet worden. Es ist in guter didaktischer Arbeit mit Ausstellung und Arbeitsheften den wirtschaftlichen Prozessen in einem mittelalterlichen Kloster auf der Spur..

Dann steige ich die Treppe zum Kloster hinauf, Elisabeth von der D. erwartet mich. Wir kennen uns seit 40 Jahren, gehören zu derselben englischen Gemeinschaft, die so etwas wie ein lockerer Orden und so typisch »englisch« ist, dass man es in Deutschland nur mit einer längeren Erzählung erklären kann. Elisabeth hat mit ihrem Mann ein Gut in der Gegend von Stade bewirtschaftet. Als 1987 ihr Mann plötzlich starb, ist sie noch im gleichen Jahr als Konventualin in das Kloster Isenhagen eingetreten. Acht Klöster hat sie sich vorher angeschaut, sich dann für dieses hier entschieden. Die Zisterziensertradition habe sie angezogen, Kindheitserinnerungen standen da auf. Die ruhige, ländliche Gegend, die geschlossene Klosteranlage. Sehr geborgen fühle sie sich hier in der Gemeinschaft.

Nach einem Begrüßungs-Sherry ziehen wir los. Wenn ich jetzt die Eindrücke dieses Tages niederschreibe, tauchen einzelne Bilder auf. Ich sehe uns im Ostflügel des Kreuzgangs stehen, den Propst Burdian 1518 mit einem Gewölbe hat eindecken lassen. Dieser Teil des Kreuzgangs hört mit einer Bretterwand in der Mitte auf. Dahinter befinden sich Wohnungen, sagt meine Begleiterin. Der West-, der Südflügel und der halbe Ostflügel des Kreuzgangs mit den darüber liegenden Gebäuden wurden zu Beginn des 18. Jahrhunderts abgerissen und von 1723-28 neu gebaut.

Hier aber, in dem erhaltenen Teil des alten Ostflügels, ist noch die Bauplastik an den Konsolen aus der ersten Phase des Klosters (1345-50) vorhanden. Zehn neutestamentliche Szenen links, mit einer typologischen alttestamentlichen, also ver-

gleichbaren Darstellung, auf der rechten Seite. Die kleinen Beobachtungen werden wichtig. Das Tuch, das der Engel bei der
Taufe Jesu im Jordan über dem Arm trägt: Woran hat der
Engel nicht alles gedacht! Die hoch liegende Maria in der Ge-
burtsszene Jesu mit dem Kopfkissen, Ochs und Esel direkt daneben. Der Einzug Jesu in Jerusalem: Dass Jesus auf dem Esel
sitzt, ist nur an dem großen Ohr zu sehen. Die kleinen Plastiken waren offenbar farbig, die roten Farbreste sind hier und da
zu sehen. Die neutestamentlichen Szenen sind präziser ausge-
arbeitet als die alttestamentlichen, man sieht, was den Künstlern am wichtigsten war.

Dann sehe ich uns in der Kirche vor dem Hauptaltar stehen.
Aus der Zeit um 1440, von Braunschweiger Künstlern soll er
stammen. Oben acht Reliefs aus dem Marienleben, von der

Kloster Isenhagen: Das Gästehaus und die Westseite der Kirche.

193

Verkündigung bis zum Tod der Maria. Wie weit ist doch der zwölfjährige Jesus im Tempel auf den Stufen hochgeklettert, Maria und Josef sitzen etwas ratlos daneben. Unten acht Reliefs aus der Passionsgeschichte Jesu, von dem Verhör vor Pilatus – der seine Hände in einer Schale wäscht – bis zum Gang Jesu in das Reich des Todes. Auf die Kreuztragung folgt direkt die Kreuzabnahme: Die Darstellung der Kreuzigung, die ganz oben den Altar beherrscht, muss man sich dazwischen denken.

Welch ein wirklich furchterregendes Maul hat der Teufel in dem letzten Bild, und mit welchem Schwung reißt Christus Adam und Eva aus dem Tor der Unterwelt heraus! Von oben, von dem Gestühl auf der Nonnenempore, in dem am Sonntag die Konventualinnen in Tracht – streng nach der »Anciennität«, nach der Eintrittszeit in den Konvent geordnet – sitzen, ist der Hauptaltar in seiner Raumwirkung besonders schön zu sehen. Ich probiere den einen und anderen Platz und Blick.

Wir stehen im lichten Innenhof, von dem aus man die verschiedenen Bauperioden, das mittelalterliche Kloster und den barocken Fachwerkbau, am besten sieht. Breit hingelagert hat sich die Katalpe. »Sie wird leider bald hinüber sein«, sagt Elisabeth, »der Stamm ist schon aufgeplatzt«. Der Perückenbaum, der Gingko: Exklusiv ist die Bepflanzung. Eine wunderbare Rosenblüte hätten sie gehabt, die ist leider jetzt vorbei.

Dunkel, nahezu finster ist es auf dem Gang des Dormitoriums. Der Hauch mittelalterlichen Klosterlebens ist hier am deutlichsten zu spüren. Man sieht die Klosterfrauen im langen Chorgewand mit einem Licht in der Hand geradezu durch die finsteren Flure zur Hora hasten. Gotische Stollentruhen stehen an den Wänden, tief sind sie, in der Dunkelheit kann man den Boden gar nicht sehen. Zwischen den Fenstern sind kleine Holzpflöcke angebracht, da hat man wohl in späterer Zeit aus dem einen großen Schlafsaal die winzigen Zellen mit Decken oder mit einer leichten Holzwand abgegrenzt. Es rührt mich zu sehen, wie man die Wände an den Gängen mit Kalk und Ruß ein wenig freundlicher zu gestalten suchte, viel hat es nicht genutzt. Bodenkammern der Konventualinnen sind überwiegend heute dort. Zwei Zellen sind als ein kleines

Museum mit Wirtschaftsgeräten ausgestaltet. Moorschuhe für Pferde habe ich noch nie gesehen.

Dann sind wir wieder auf der Nonnenempore. Die lapidare große Gestalt des Christophorus als Schlusswange des alten Chorgestühls von 1350 empfängt uns gleich am Eingang. Wenn man den Hl. Christophorus gesehen hatte, dann würde man am gleichen Tag nicht unvorbereitet sterben, so hieß es einst. Die Zisterzienserinnen wollten offenbar auch darin sicher gehen, hier kam man auf jeden Fall und dies sogar mehrmals täglich vorbei. »Bewahre uns vor plötzlichem schnellem Tod«, hieß es in vielen Gebeten. Ohne den Empfang der Sakramente war ein Sterben undenkbar in jenen alten Zeiten.

Über dem Gestühl ist eine Rückwand montiert, auf die ein Bilderzyklus aus dem Alten und Neuen Testament gemalt ist. Hans Gödecke aus Walsrode soll der Künstler sein, und 1572 ist das Jahr ihrer Entstehung. Die Reformation erwartete eine breitere Bibelkenntnis, so sind nicht nur die Hauptstücke des christlichen Glaubens dargestellt, auch die typologische Zuordnung von Altem und Neuem Testament hat aufgehört. Die Gottesgeschichte des Alten Testaments bekommt ein eigenes Gewicht.

Dramatisch sind diese Szenen oft, wie der Durchzug Israels durch das Rote Meer. Die Ägypter kämpfen verzweifelt, untergehend in den Fluten. Gott habe Pharao und sein Heer ins Schilfmeer gestoßen, jubelt Psalm 136, »denn seine Güte währet ewiglich«. Die ketzerische Frage des polnischen Philosophen Leszek Kolakowski aus seinen »erbaulichen Geschichten«, den »Himmelsschlüsseln«, kommt mir beim Anschauen des Bildes in den Sinn: »Was denken Ägypten und der Pharao über die Barmherzigkeit Gottes?« Solche Fragen hat man sich damals nicht gestellt. Aber sie sind einfach da, wenn jeden Tag die Bilder über die blutigen Auseinandersetzungen zwischen Israel und den Palästinensern über das Fernsehen in die Häuser kommen. Den Perspektivenwechsel kann man auch vor diesen Bildern üben.

Einen Altar hat auch der Nonnenchor. Auch er stammt offenbar aus Braunschweig (1515). Die Jungfrau Maria haben die

Zisterzienserinnen verehrt. Die vier Szenen des Marienlebens bilden den Mittelteil des Altars. Die 12 Apostel auf den Flügeln interessieren mich fast noch mehr, auch Paulus ist unter ihnen. Und die Väter der Ordenstradition in der Predella neben der Monstranz: Der Ordensgründer Bernhard von Clairvaux und Franziskus, der auf seine Wundmale weist. Bischof Bernward von Hildesheim und ein Papst kommen noch dazu.

Am längsten halten wir uns bei dem ältesten Stück der Klostertradition auf. Der Thronsessel der Stifterin des Klosters, der Herzogin Agnes, hat wahrscheinlich zu den Gütern gehört, die Agnes bei ihrem Tod 1247 dem Kloster vermachte. Die kostbare Drechselarbeit, die aus Gittern mit kleinen gedrehten Säulchen hergestellt ist, betrachten wir ganz genau. Zu einem Pult ist dieser Thronsitz später umgearbeitet worden: Wollte niemand mehr auf diesem fürstlichen Stuhl Platz nehmen? Die Demokratisierung, die mit der Erfindung der Buchdruckerkunst zumindest in den geistigen Gütern stattgefunden hat, ist auch an diesem Luxusmöbel nicht vorbeigegangen. Einen dieser riesigen Folianten konnte man darauflegen. Wir versuchen die Rekonstruktion des Stuhls, und siehe da, es ist nicht schwer.

Im »Museum« bin ich mit den 12 Bordüren, Antependien, Tischdecken und den Urkunden und Gegenständen aus der Klostergeschichte ganz allein. Aber dann habe ich mir in meiner Erinnerung, sozusagen als Höhepunkt, eine Geschichte aufbewahrt, die wir ganz am Anfang unseres Rundgangs erlebten und lange diskutierten. Das Schloss zu der ehemaligen Beichtkapelle gleich links unten ist schwer zu öffnen, und schließen lässt es sich nur mit Männerkraft. An der Seitenwand der Kapelle ist, als Wandmalerei aus dem frühen 15. Jahrhundert, die große Darstellung einer Kreuzigung zu sehen, mit einer knienden Figur darunter. An dem Kreuz hängt, ich glaube meinen Augen nicht zu trauen: Eine Frau. Blumen sind rings um das Kreuz und um die Frau. Eine Erinnerung an den Volto Santo von Lucca sei das, höre ich, und eine Darstellung der Legende von der Hl. Kümmernis.

Die Legende, die aus dem frühen 15. Jahrhundert und aus den Niederlanden stammt, lese ich später noch einmal. Die Hl.

Kümmernis ist die Tochter eines heidnischen Königs. Schön ist sie und weise. So wird sie von vielen Männern umschwärmt, und ein heidnischer König wirbt um ihre Hand. Kümmernis weigert sich, sie habe sich Gott als Gemahl auserwählt. Der Vater wirft sie erbarmungslos ins Gefängnis. Sie betet dort, Gott kommt und tröstet sie. Kümmernis bittet darum, Gott möge sie in eine Gestalt verwandeln, die niemandem auf Erden gefallen könne. Dies geschieht, sie wird verwandelt in die Gestalt des gekreuzigten Gottes. Dann sollst du auch am Kreuz sterben, ruft der Vater voller Zorn. In einer Kirche in Holland sei ihr Grab.

Der zweite Teil der Geschichte ist auf der Wandmalerei der Beichtkapelle von Isenhagen dargestellt. Offenbar ist vorgestellt, dass die gekreuzigte Kümmernis als ein Gnadenbild existiert, zu dem man pilgern kann. Ein armer Geiger kommt und spielt vor ihrem Bild. Auf einmal fällt von ihrem Bild ein goldener Schuh herab. Der Geiger geht zum Goldschmied und will den Schuh einlösen. Natürlich wird er des Diebstahls beschuldigt, geht – wahrscheinlich mit dem Goldschmied – hin zu dem Gnadenbild und steckt den Schuh wieder an den Fuß. Da ließ das Bild den Schuh noch einmal wieder hinunterfallen, so heißt es in der Legende, und alle konnten sehen und erleben, dass es ein Wunder war. »Da ward der Geyger gar fro und dancket Got und sant Kümmernuß«.

Eine Frau am Kreuz, in der Beichtkapelle eines Zisterzienserinnenklosters. Das muss in dieser mittelalterlichen Glaubenswelt, die gerade bei den Zisterziensern auf den gekreuzigten Herrn und Christus konzentriert war, eine Revolution gewesen sein. Eine Frau, auf ihre Bitte hin in die Gestalt ihres gekreuzigten Herrn verwandelt! In dem anderen Zisterzienserinnenkloster, in Medingen, wird mir bald darauf eine Konventualin bei einer Führung erzählen: Ein Historiker habe bei einem Vortrag die Klagen eines mittelalterlichen Abtes über die Frauenklöster zitiert. Die Frauenklöster würden ihm mehr Schmerzen bereiten als die fünf Wunden Jesu.

Die Frauenklöster sind Orte der Emanzipation der Frauen gewesen, das ist für mich gar keine Frage. Nur die historische Distanz und unsere geschichtliche Ahnungslosigkeit können das verschleiern. Stätten des geistigen Aufbruchs sind gerade die Frauenklöster immer wieder gewesen. Warum sollen sie das nicht auch heute sein oder wieder werden können? Die Atmosphäre im Kloster Isenhagen gefällt mir gut. Nachwuchs ist überall gefragt und ist, auch in Isenhagen, wie ich höre, sehr willkommen.

*

Ich bin noch nie im Kloster Medingen gewesen, merke ich. Warum kenne ich alle Klöster in unserem Land und gerade dieses nicht? Vielleicht liegt es daran, dass das gesamte mittelalterliche Kloster durch einen Großbrand am 30./31. Januar 1781 vernichtet worden ist. Der neue klassizistische Komplex, der ab 1782 errichtet wurde, erschien mir offensichtlich nicht so interessant. Ich habe mich gründlich geirrt, wie ich nach meinem Besuch jetzt weiß. Klosterfahrten halten auch für den Routinier noch ständige Überraschungen bereit.

Medingen ist ein Ortsteil von Bad Bevensen, wird mir klar. Von der B 4 herunter, und dann wird man sofort dorthin geleitet. Altenmedingen ist noch ein paar Kilometer weiter, und das Kloster hat, wie ich später höre, den Namen von dort in die neue Niederlassung – die einmal Zellensen hieß – mitgebracht.

Fast hätte ich das Kloster in dem prächtigen Renaissance-Haus vermutet, das Herzog Ernst der Bekenner mit vielen schönen Medaillons im Jahr 1541 als fürstliches Landhaus errichtet hat und in dem sich zuletzt das Amtsgericht befand. Jetzt ist die »Europäische Akademie Bad Bevensen« in diesem und in den anderen Häusern, junge Menschen aus vielen Ländern laufen draußen herum. Aber 50 Meter weiter ist alles klar. Das große Eingangstor führt den Blick und die Schritte direkt auf die Kirche zu, und links und rechts sind in strenger Symmetrie die Klostergebäude angelegt.

Christian Ludwig Ziegler war der Landbaumeister des Kurfürstentums Hannover und konnte dieses architektonische Großprojekt nach den Idealvorstellungen des ausgehenden 18. Jahrhunderts frei gestalten. Die Unterstützung des englischen

Der silbervergoldete Krummstab ist das Würdezeichen der Äbtissin von Kloster Medingen.

Königs Georg III., des »Farmer George«, der freilich nie in seinem Kurfürstentum Hannover war, hatte er bei diesem landschaftsgestaltenden Projekt voll hinter sich. Ziegler hat diese Chance gut genutzt. Ein »Gesamtkunstwerk« aus Kloster, Klostergebäuden und Landschaft hat er errichtet. Die Kirche ist der absolute und dominierende Mittelpunkt, in der Form eines breiten H ist der Komplex angelegt. 1788 konnte die Weihe der Kirche vollzogen werden.

Von dem mittelalterlichen Klosterbau ist nichts mehr zu sehen. Doch, merke ich später: Ein Gebäude hinter dem Kloster ist von dem Brand und dem Abriss verschont geblieben. Der Backsteinbau des »Brauhauses« von 1400 steht noch (1484/85 ist es umgebaut), in dem sich jetzt oben ein Konzertsaal befindet. Bier hat bekanntlich im Mittelalter eine große Rolle gespielt, war eines der Grundnahrungsmittel, hatte kaum Alkohol und schmeckte wahrscheinlich miserabel. Aber ohne die Biersuppe hätten viele Menschen kaum etwas zu essen gehabt. Von der Ansicht dieses Brauhauses aus kann man sich den Anblick des mittelalterlichen Klosters ein wenig zusammenreimen.

Die ersten Anfänge des Klosters Medingen weisen in das Zisterzienserinnenkloster Wolmirstedt. Den Ort bei Magdeburg kenne ich doch, geht mir durch den Kopf. Richtig, der heutige Konvent im Kloster Barsinghausen kommt dorther. Der Laienbruder Johannes zieht mit vier Ordensschwestern von dem 1228 gegründeten Konvent in Wolmirstedt aus, um einen neuen Filialkonvent zu gründen. Erstaunlich ist es, dass wir ihre Namen kennen: Clementia, Floria, Antonia und Zacharia heißen sie, sie sollen nicht vergessen sein. An verschiedenen Orten versuchen sie Fuß zu fassen, zuletzt in Altenmedingen. 1336 zieht der Zisterzienserinnenkonvent noch einmal um, eben hier an diesen Ort. Die Verehrung des Hl. Mauritius, des Schutzheiligen des Bistums Magdeburg, bringen die Ordensfrauen, wahrscheinlich mit einigen Reliquien, nach Medingen mit.

Ich staune immer wieder, welch tiefe Verankerung die Verehrung des Mauritius – wie eben auch hier in Medingen und in Ebstorf – in Norddeutschland gewonnen hat. Dieser wunderbare Heilige, der mit seiner thebäischen Kohorte sich dem Befehl des Kaisers Maximian, den Göttern zu opfern und die Christen zu bekämpfen, aus eigener christlicher Überzeugung verweigerte und mit seinen Männern zwischen 285 und 302 n. Chr. an der Rhone niedergemacht wurde. Den ersten Kriegsdienstverweigerer habe ich ihn bei meinen Erklärungen des Mauritius-Zyklus in der Marktkirche von Hannover oft genannt. In seiner Einstellung zu der Kriegserfahrung mit ihren entsetzlichen Auswüchsen sicher der richtige Heilige für die Frauenklöster. Seine Hautfarbe kann er wechseln, mal erscheint er in weißer, mal – wegen seiner afrikanischen Abstammung – in schwarzer Gestalt. Die großartige Mauritius-Tafel von Matthias Grünewald in der Münchener Alten Pinakothek werden viele vor Augen haben.

Drei Silberfiguren des Hl. Mauritius sind im Kloster Medingen aus dem Mittelalter erhalten. Wenn man bedenkt, was gerade in Medingen alles untergegangen ist, wie wenig von den vielen Schätzen des Mittelalters gerettet wurde, dann liegt es auf der Hand, dass man die Mauritius-Figuren vordringlich in Sicherheit gebracht hat. So wichtig war den Klosterfrauen offensichtlich gerade dies. Alle drei Figuren, vor allem die kleine Figur in der Krümme des Äbtissinnenstabs von 1494, zeigen einen jungen Ritter mit einem fröhlichen Gesicht. Dieser Schutzheilige muss geradezu die Verkörperung des Geistes gewesen sein, der im Kloster herrschte. Entgegen allen tiefsitzenden Vorurteilen von einem »finsteren Mittelalter«, davon bin ich fest überzeugt, wird es unter den Frauen im Kloster Medingen fröhlich und heiter zugegangen sein. So vieles gibt es hier, das gerade darauf deutlich und klar verweist.

In kurzer Zeit muss das klösterliche Leben im Zisterzienserinnenkloster Medingen ein erstaunliches kulturellen Niveau erreicht haben. Das Scriptorium, die klösterliche Schreibstube ist in voller Aktion. Bedeutende Handschriften, die in Medingen geschrieben worden sind, sind heute in den Bibliotheken von Hannover, Hildesheim, Hamburg und Berlin bis nach Kopenhagen, Oxford und Cambridge zu finden. Vor allem: In Medingen wird gesungen, gedichtet, komponiert. Oben im Kloster wird die Kopie einer Handschrift aus der Dombibliothek Hildesheim gezeigt, auf der, in einer Abbildung, Medinger Nonnen mit der »Korona« auf dem Kopf zusammen mit der Gemeinde im Gesang den Ostertag verabschieden. Die Nonnen singen lateinisch, die Gemeindeglieder singen deutsch: »O sote dach, woltestu bi uns bliven«.

Dringend brauchen wir eine Studie, die die verschiedenen Liedtraditionen und Liederbücher des Mittelalters in den verschiedenen Heideklöstern vergleicht und ein wenig Licht bringt in die Traditionsströme, die von einem Heidekloster zum anderen – und sicher weit darüber hinaus – gingen. Eine ganze Reihe dieser Lieder singen wir ja noch heute. »Wir wollen alle fröhlich sein, in dieser österlichen Zeit«: Das passt auch genau in das Kloster Medingen.

Das ist mein Eindruck von Medingen schon nach kurzer Zeit: Liebevoll und genau gehen die gegenwärtigen Klosterdamen mit ihrer geschichtlichen Vergangenheit um. So wenig davon erhalten ist: Es wird genutzt, gedeutet und – so gut es geht und man es theologisch verantworten kann – lebendig gehalten. Ein Beispiel dafür sind die Tafelbilder über die Geschichte des Klosters.

Beim Großfeuer des Klosters im Januar 1781 verbrannten im Hause der Äbtissin auch 15 farbige Tafelbilder aus dem späten Mittelalter, auf denen Ereignisse aus der Geschichte des Klosters dargestellt waren. 1499 werden sie erwähnt und, auf Veranlassung des Propstes Ulrich von Bülow, mit lateinischen Erläuterungen »im Hause der Abbatißen der Nachwelt zum Unterricht aufgestellet«. 1772 hat Johannes Ludolph Lyßmann eine Klostergeschichte geschrieben, hat die Tafelbilder in schwarzweißen Nachzeichnungen in diese Klostergeschichte aufgenommen und sie durch niederdeutsche Erklärungen ergänzt. So sind die Darstellungen der Tafelbilder wenigstens erhalten geblieben.

Eine herrlich naive Bildergeschichte ist es, fast im Stil von Comics, mit Umrisszeichnungen von Menschen, Pferden, Wagen und Gebäuden, mit Sprechblasen und Namensangaben. Von daher stammen auch die Namen der vier Nonnen, die von Wolmirstedt mit dem Laienbruder Johannes ausgezogen sind. Die einzelnen Stationen des Konvents werden ausgiebig geschildert. Auf Tafel 11 wird das Kloster in Medingen gebaut, ist aber auf Tafel 12 nur so schematisch dargestellt, dass man nicht viel daraus ersehen kann. Mit der Einsegnung der Äbtissin Margareta im Jahr 1494 auf Tafel 15 endet die Bildergeschichte.

Eine Konventualin hat diese Bildergeschichten in originalgetreuer Abbildung auf größere Leinwände gestickt. So hängen sie in einem der Klostergänge und werden bei jeder Führung eingehend erklärt. Verlebendigung von Geschichte nenne ich das. Das Kloster ist auch nie formell aus dem Zisterzienserorden ausgetreten, hält den ökumenischen Kontakt aufrecht. Und bei den feierlichen Prozessionen werden der Krummstab, das Zeichen des Hirten, und die Mauritius-Statue aus der Silberkammer geholt. Die Äbtissin hält den Krummstab hoch, mit der Krümme über ihrem Kopf, und die Kaplanin trägt die Mauritius-Statue vor dem Konvent einher.

Die gegenwärtige Gestalt des Klosters wird dabei nicht vergessen, die Chancen werden klug genutzt. Im »Damenchor« kann sich die ganze Gruppe setzen, und die temperamentvolle Führerin hält eine kleine Werberede für das Kloster der Gegenwart, lässt sich fragen über Probejahr, Aufnahme und Gemeinschaft und schließt, anhand des großen niederländischen Joseph-Gobelins von 1570, geradezu eine kleine Andacht an. Die Gottesvergessenheit vieler Menschen, auch die eigene, spricht sie an. »Aber wenn wir in Not sind, dann erinnern wir uns«. Als Teil einer lebendigen deutschen Kultur- und Sozialgeschichte sieht sie das Kloster. Dies zu erhalten und zu gestalten, das empfindet der Konvent als Aufgabe hier in diesem Haus.

Der Festsaal, der Kapitelsaal, die Silberkammer, die Mittelhalle vor der Kirche, wo zwischen den Epitaphen der beiden Äbtissinnen, der letzten katholischen und der ersten reformatorischen, die Verstorbenen aufgebahrt werden: Anlässe für eingehende Erklärungen und Vergegenwärtigungen gibt es genug. Der Zentralbau der spätklassizistischen Kirche fesselt meine besondere Aufmerksamkeit mit der ungewöhnlichen Altarskulptur. Der geöffnete Sarkophag Jesu, die erloschenen Fackeln, Mantel und Dornenkrone, Würfel und Nägel liegen herum. Das Haupt Christi ist in einem Medaillon festgehalten. Jesus blickt zum Himmel, umfangen von den Strahlen der Ostersonne. Christian Ludwig Ziegler hat von den zeitgenössischen Kunsttheorien gelernt, geht mir durch den Kopf. Der Assoziationsreichtum, die Anmutungsqualitäten führen direkt zu den klassizistischen Skupturen eines Canova und anderer großer Meister seines Fachs. Auferstehung Christi einmal wirklich umgesetzt und anders dargestellt. »Christentum muss Ermutigung sein«, sagt unsere Klosterführerin, und entlässt uns.

Ich gehe mit der Äbtissin, Monika von K., und einer Gruppe durch die Gärten. Die Ausstellung »Verborgene Gärten hinter hohen Mauern«, die durch die Heideklöster wandern wird, ist gerade in Medingen eröffnet. Das schöne Wort von Lessing begleitet mich noch eine Zeit: »Wenn Kunst sich in Natur verwandelt, so hat Natur mit Kunst gehandelt«. Die Gärten sind wirklich der gleichgewichtige, andere Teil des Klosterlebens. Man kann nur immer wieder staunen über diesen Reichtum, den die Natur von Jahr zu Jahr ins Leben ruft. Die meisten in der Gruppe sind Experten in der Kunst der Gärten, da kann ich überhaupt nicht mit. So freue ich mich einfach an der Vielfalt der 15 Gärten, an den 200jährigen Blutbuchen, von denen eine leider gefällt werden musste. Vor allem an dem schönsten Garten, dem der Äbtissin, mit der geschwungenen Rasenfläche, dem Rosengarten, den Sitzgruppen und dem oktogonalen Teehaus mit der kommunikativen Doppeltoilette. Eine unglaubliche Arbeit steckt in einem solchen Garten. »Das mache ich alles eigenhändig«, sagt die Äbtissin, »dabei habe ich die besten Ideen«.

Dann gehe ich noch, auf einem Pfad rechts am Kloster vorbei, durch den Wald zur Ilmenau hinunter. Der Sturm hat gewütet, die Bäume liegen kreuz und quer und auch im Fluss. Die Ilmenau hat noch immer Hochwasser, fließt mit rasender Geschwindigkeit an Medingen vorbei auf Lüneburg und auf das Kloster Lüne zu.

»Übung im Gotteslob«

Das Kloster Wienhausen

Pfingsten ist die hohe Zeit im Heidekloster Wienhausen. Seit mehr als 50 Jahren werden, am Freitag nach Pfingsten, für 10 Tage die gotischen Bildteppiche des Klosters zur Besichtigung freigegeben. Unterstrichen wird der Festcharakter durch Konzerte im Nonnenchor, die sich der mittelalterlichen Musik mit dem Schwerpunkt des »Wienhäuser Liederbuchs« widmen. Das touristische Interesse fordert seinen Tribut: Seit 1994 ist das Winterrefektorium als Ausstellungsraum für die Bildteppiche ausgebaut, und seit der EXPO in Hannover im Jahr 2000 sind die Teppiche – mit Audioführungen – auch noch von Juli bis September zu sehen. Aber die beiden Wochen nach Pfingsten tragen noch immer den besonderen Akzent.

Ich bin mit meiner Frau am Sonnabend nach Pfingsten von Hannover nach Wienhausen hinausgefahren. Nach der schnellen Fahrt auf der Moorautobahn in Richtung Celle stimmt die Fahrt über die Dörfer auf ein langsameres Tempo ein. Lang hingestreckt ist Nienhagen. In Wathlingen werden wir noch immer umgeleitet, an der Hauptstraße scheinen sie jahrelang zu bauen. Der schöne Gutshof rechts vor der B 214. In Eickeloh geht es scharf nach links, dann tauchen die Wälder von Wienhausen auf. Auf dem Parkplatz am Mühlengraben neben dem Kloster steht schon eine lange Autoreihe; zu den Konzerten muss man früh da sein, um einen guten Platz zu ergattern. Vor dem Eingang die Menschenschlange, erst eine halbe Stunde vorher wird aufgemacht. Aber dann habe ich Zeit genug, vor der Musik und auch währenddessen die Augen im Nonnenchor wandern zu lassen.

Dieser Nonnenchor im Kloster Wienhausen, der jetzt durch einen Priechenaufbau und einen Marienaltar von der Kirche abgetrennt ist, ist wirklich einzigartig. Wiebke Michler hat 1968 in einem Führer eine Analyse der Wandmalereien des Nonnenchors vorgenommen, die in ihrer kunsthistorischen Präzision noch immer unübertroffen ist. Der Nonnenchor von Wienhausen ist die absolute Ausnahme von der Regel, ist mir bei dieser Lektüre noch einmal bewusst geworden. In kunstgeschichtlicher Sicht: Die Gotik löst die zusammenhängenden Wandflächen auf, die die Basis für großangelegte Wandmalereien bieten könnten.

In theologischer Hinsicht: Der Zisterzienserorden, zu dem Wienhausen gehörte, ist für eine intensive künstlerische Betätigung die verkehrteste Wahl, die man treffen kann. Ja, Bernhard von Clairvaux, der Begründer der Zisterzienser im frühen 12. Jahrhundert, wütet geradezu gegen die wertvollen künstlerischen Ausstattungen der Kirchen, in denen er den Verrat am Armutsideal der mönchischen Bewegung und der Kirche sieht. Was soll im Heiligtum Gold, wenn wirklich Arme darin sind! Und das ästhetische Ideal der mittelalterlichen Kunst, nach der die sinnliche Erscheinung der Schönheit zur Anschauung der universalen Schönheit und der Vollkommenheit Gottes führt, ist dem Mystiker Bernhard völlig fremd. Nur die innere Sammlung, die Kontemplation und die Nachfolge führe zur Erkenntnis Gottes.

Aber Wienhausen existiert. Die Ausmalung des Nonnenchores sei »das einzige deutsche hochgotische Beispiel einer lückenlosen farbigen Gesamtfassung eines großen Innenraumes mit figürlicher Malerei« (W. Michler). Zumindest in der Idee der Gesamtausmalung kommt einem Giotto, etwa in der Ausmalung der Arenakapelle in Padua oder der Franziskanerkirche in Assisi, in den Sinn. Was die Zisterzienser betrifft: Ist es der Widerstand der Frauen gegen den ethischen Rigorismus Bernhards oder ist es die eher lockere Anbindung des Klosters an den ansonsten straff geführten Orden? Die Ursachen wird man nicht mehr erforschen können. Das Ergebnis liegt vor Augen.

Man sitzt gut in dem alten Chorgestühl an der Seite. Die Nonnen haben viele Stunden ihres Lebens hier zugebracht. Siebenmal täglich fanden die Horen statt. Hingerissen schaue ich nach allen Seiten und nach oben. Ich weiß, mit dem Studium dieser Wandmalereien werde ich nie an ein Ende kommen. Wirklich: ein horror vacui, eine Angst vor der unbemalten Fläche macht den ganzen Nonnenchor zu einer „farbigen Haut«, stellt das Ornamentale gleichrangig neben die Figur. Die verschiedenen Zyklen sind klar zu unterscheiden.

Unten, über dem Chorgestühl, an der Südwand die Märtyrerszenen der Männer, an der Nordwand die der Frauen. Darüber das Alte Testament. Ausführlich und mit ungewöhnlichen Akzenten wird die Schöpfungsgeschichte bis zum Sündenfall erzählt. An der Nordwand laufen die alttestamentlichen Szenen aus mit der Arche Noah, der Opferung Isaaks, der Himmelsleiter des Jakob, der Berufung des Mose bis zum Untergang der Ägypter im Roten Meer. Dazwischen, an der Nordwand, gegenüber den Fenstern auf der anderen Seite, einzelne große Heiligengestalten. Oben im Gewölbe die Fülle der Medaillons und Deckenmalereien. Im Westteil die Geschichte Jesu von der Geburt bis zur Auferstehung. Im Ostteil die neue Welt Gottes, das Himmlische Jerusalem mit der Herrschergestalt Christi in der Mitte.

Direkt vor mir habe ich, während des ganzen Konzerts, über der östlichen Eingangstür der Nordwand die Abbildung des Klosters Wienhausen. Cherubim auf beiden Seiten bewachen es. Links neben der Tür steigt gerade Zachäus vom Baum herab. Souverän sind die Frauen von Wienhausen in den von ihnen sicherlich mitbestimmten Bildprogrammen mit der Geschlechterproblematik umgegangen. Um die Einkehr des Herrn im Kloster anzudeuten, haben sie die weiblichen Szenen der Bibel (Maria/Martha oder die Salbung durch die Sünderin) nicht gewählt. Die im Kloster praktizierte Gastfreundschaft sollte offenbar klar herauskommen, und das gilt für Mann wie Frau. „Heute muss ich in deinem Haus einkehren!«, sagt Jesus.

Kommt Gast, kommt Gott, sagen die Mönche in Polen. Und die schönen Jünglinge, die ich vor mir habe: Den heiligen Alexander (ganz links), den heiligen Mauritius in vornehmer Kleidung mit der zeitgenössischen farbigen Halbteilung (diesmal als weißer Ritter), die Heiligen Christophorus und Michael haben die Frauen sicher gerne angeschaut.

Insgesamt begeistert mich das kühne Selbstbewusstsein der Nonnen von Wienhausen. Die Erschaffung der Welt und des Menschen ist mit einer fast dramatischen Steigerung erzählt. Während Gott an den ersten Schöpfungstagen nahezu unbeteiligt, gelegentlich sogar mit einem Buch, danebensteht, wird sein Schöpfungsgestus zunehmend eindringlicher und kommt bei der Erschaffung Evas zu seinem Höhepunkt. Die „ungewöhnlich beteiligte Haltung des Schöpfers« (W. Michler) gerade bei ihrer Erschaffung spiegelt die Selbstbeziehung der Frauen im Kloster Wienhausen in schöner Weise.

Auch das ausgewogene Verhältnis zwischen Männern und Frauen in den verschiedenen Bildprogrammen scheint mir, bei der so patriarchalisch bestimmten Gesellschaft des Mittelalters, absolut ungewöhnlich zu sein. Sogar biblische Beispielerzählungen sind offenbar emanzipativ überhöht. Bei den Erlösten in Gottes neuer Welt dominiert die Zehnerzahl und erinnert an die fünf klugen und die fünf törichten Jungfrauen im Gleichnis Jesu. Aber die törichten sind längst von den klugen aufgesogen.

Je länger ich im Chorgestühl sitze, umso gelassener und ruhiger werde ich. Sicher, ich schaue noch immer in die Runde und nach oben. Aber ich spüre es direkt körperlich: Diese Malerei, die mich von allen Seiten umgibt, will mich nicht in Aufregung, sie will mich nicht in Bewegung setzen. Keine Szenen des Weltgerichts oben, keine Teufel, kein Höllenschlund, keine verdammten Seelen. Die Bilder wollen mir sagen, dass ich am rechten Ort, dass ich angekommen und zu Hause bin. Die »Richtungslosigkeit« dieser Malerei ist immer wieder hervorgehoben worden. Sicher, eine Rangordnung ist spürbar, und die verschiedenen Zyklen gipfeln in den besonders figuren- und farbenreichen Szenen des Himmlischen Jerusalem. Aber das drängt die anderen Malereien, die biblischen Geschichten und die Märtyrerszenen nicht in den Hintergrund.

Die Zeit steht sozusagen still, es gibt kein Vorher und kein Nachher. Ewigkeit bricht hinein in unsere Zeit. Im Hause Gottes bin ich real angekommen, und der Gottesdienst an diesem Ort ist die vorweggenommene Vollendung. So wie es die Schenkungsurkunde des Hildesheimer Bischofs von 1229 ausdrückt, der dem Kloster einen Zehnten zueignet, damit die Nonnen von Wienhausen sich »mit Körper und Geist zu jeder Stunde im Gotteslob üben« (ad laudem dei omni hora corpore et animo se exercent). Himmlischer Gottesdienst ist, was sich im Nonnenchor ereignet. Aber da man auf Erden ist, muss man sich darin noch ein wenig üben.

Nonnenchor im Kloster Wienhausen: Basis für großangelegte hochgotische Wandmalerei.

Man kommt vom Kreuzgang in den Nonnenchor hinein, und hat auf der gegenüberliegenden Wand sofort die Zinnen des Neuen Jerusalems vor Augen. Dann beginnt das Konzert. Eine Konventualin steht auf, heißt alle willkommen und sagt, man möge doch die Musik nicht als Konzert, sondern als Gottesdienst ansehen, und deshalb auf das Klatschen zwischendurch und am Ende verzichten. Das entspricht dann auch völlig der Musik, die gesungen wird. Seit 36 Jahren singt die »Schola Cantorum St. Godehard Hannover« unter der Leitung von Peter Kaufhold am Sonnabend nach Pfingsten dieses Konzert, kontrastiert den »Gregorianischen Choral« mit dem »Wienhäuser Liederbuch« von 1460.

Die Männer der Schola sind in dieser Zeit älter geworden, an Nachwuchs scheint es zu fehlen. Aber der Gewinn des Abends ist die lebenslange Beschäftigung mit der mittelalterlichen Musik, und jüngere Frauenstimmen kontrastieren wirkungsvoll mit dem sonoren Klang der Schola. Gerade rechtzeitig zu Pfingsten ist in diesem Jahr die Neuausgabe des »Wienhäuser Liederbuchs« herausgekommen, die auch von Peter Kaufhold ediert ist. Das ist nun wahrlich eine Entdeckerstory: 1934 findet Heinrich Sievers, der hannoversche Musikhistoriker, im Klosterarchiv von Wienhausen dieses Kleinod mittelalterlicher Gesänge und Dichtung im Taschenbuchformat 14 x 10 cm. Seit der Reformation hat es 400 Jahre dort geschlummert, selbst die Suche des 19. Jahrhunderts nach den mittelalterlichen Quellen, gerade auch der Dichtung und der Lieder, ist daran vorübergegangen. 59 Gesänge enthält das »Wienhäuser Liederbuch«, 55 sind geistlichen und 4 weltlichen Inhalts. 17 von ihnen sind in lateinischer Sprache geschrieben, 6 in lateinisch-deutscher Wechselsprache, 36 Lieder sind niederdeutsch verfasst. In den niedersächsischen Frauenklöstern ist am Ende des Mittelalters eben, außer in den Gottesdiensten und in den Horen, vorwiegend niederdeutsch gesprochen worden. 15 Lieder sind mit ihren Melodien notiert, 30 Lieder sind »Wienhäuser Eigengut«, kommen also in anderen Liedersammlungen nicht vor. Die Edition von Peter Kaufhold enthält alle Texte und Melodien, auch die niederdeutschen Texte im Original, und auch sie sind zum besseren Verständnis noch ins Hochdeutsche übersetzt. Eine Fundgrube der mittelalterlichen Poesie und Frömmigkeit.

Es ist still geworden im Nonnenchor. Der Raum ist voll besetzt, es mögen fast 200 Besucher sein. Nein, die Melodien und Inhalte des »Wienhäuser Liederbuchs« sind keine Gregorianik mehr. Die Schola singt zur Einstimmung eine gregorianische Antiphon, ein Ruf zum Beginn des Stundengebets mit der Bitte um den göttlichen Beistand. »Deus in adiutorium meum intende«. Dann folgt sofort ein Sopransolo aus dem Wienhäuser Eigengut: Guden rat hebbe ik vernommen. Die Strophenform hat Einkehr gehalten, der Kehrreim hat hier und da die wichtige Funktion, die Aufmerksamkeit zu erhalten.

Weisheitlichen Charakter haben manche Lieder, Glaubenserfahrungen werden weitergegeben. Evangelienerzählungen kommen hinzu. Bekannte Melodien, die wir noch heute – in leichter Abwandlung – singen, wie das Osterlied »Wir wollen alle fröhlich sein«, erfreuen mich und andere (die Nr. 7 im »Wienhäuser Liederbuch« »Resurrexit dominus« mit dem niederdeutschen Kehrvers »We schullen alle vrolik sin«). Aber die Besinnlicnkeit, die Ruhe der Gregorianik hat sich erhalten. Die Emotionalität ist gestiegen, aber sie ist noch immer gebändigt und zur Ruhe des Gemeinsamen gebracht.

Eine Ausnahme gibt es: Der Gesang, der als Textvorlage das Liebeslied aus dem »Hohenlied Salomos« benutzt, hat die extremen Tonsprünge, die man aus den Kompositionen der Hildegard von Bingen kennt. Dilectus meus – Mein Geliebter sprach zu mir: Steh auf, eile, meine Freundin, meine Schöne und komm (Nr. 23). Der bewegte Text mag auch die Melodie erregt haben. Mystisches Empfinden ist auf einmal im Raum zu spüren. Liebespoesie wird zum Ausdruck der Gottesminne, der Herr umfasst die Seele und die Seele den Herrn in leidenschaftlicher Umarmung. Die Sinnenhaftigkeit und Körperlichkeit des Glaubensausdrucks gefällt mir, und die Doppelbödigkeit der Metaphern lässt einen denken, woran man auch immer denken will.

Eine Breite der Gedanken und Empfindungen ist angelegt, die wohl überhaupt der mittelalterlichen Welt eigen ist und von der wir viel verloren haben. Im Einklang von Seele und Körper ist gerade die Musik zugleich irdisch und himmlisch. Bringt mit irdischen Mitteln die himmlische Konsonanz zustande, die vormals im Paradies war oder künftig in der himmlischen Vollendung herrschen wird. Die Musik ist »symphonisch, symphonialis«, wie Hildegard von Bingen es nannte: Bringt die himmlische und die irdische Harmonie für eine kurze Zeit zusammen. Glaube ist sinnlich, und die Sinnlichkeit wird zum Lobgesang des Geschöpfes vor seinem Gott. Beim Hören der CD, die Peter Kaufhold mit seiner Schola mit den fast gleichen Liedern gestaltet hat, kann ich das auch zu Hause noch lange Zeit nachschwingen lassen.

Die Beobachtungen und Gedanken jagen sich an diesem Abend. Mit welcher Selbstverständlichkeit haben doch die Wienhäuser Nonnen den gemeinsamen Sündenfall von Adam und Eva dem Adam angelastet, und den gefallenen Adam dann nicht mit dem Erlöser Christus, sondern mit Maria konfrontiert (Nr. 41 Ave Hierarchia): »Der Herr bildete den Adam, der sündigte und das Böse tat; dann rief Er dich (Maria) und segnete dich schon im Mutterleib (der Anna)«. Eine Marienkrönung gibt es auch bei den Wandmalereien im Nonnenchor, aber eine ganz besondere Betonung der Maria kann ich im Nonnenchor nicht erkennen (wenn man von dem eigenständigen Marienaltar absieht).

Hier nun, im »Wienhäuser Liederbuch«, gibt es allein 12 Marienlieder. Und nimmt man noch den Weihnachtskreis hinzu mit seinen 14 Gesängen, die mit der Verkündigung und der Geburt Jesu auch um Maria kreisen, so hat die Hälfte der Lieder mit der Gottesmutter zu tun. Macht das allein die Differenz der Zeiten aus (die Wandmalereien sind wahrscheinlich um 1330 herum entstanden, die Aufzeichnung der Gesänge – von denen viele älter sind – scheint mit der Wirkungszeit der später abgesetzten Äbtissin Katharina von Hoya um 1460 zusammenzuhängen)? Hat der Marienkult im »Herbst des Mittelalters« alles andere überwuchert?

Der lateinisch-deutsche Christushymnus, der in seiner letzten Zeile – nachdem er in vielen Strophen Christus gepriesen hat – Maria an die Seite des Weltenherrschers setzt (»ubi regnat perpetuo myt syner moder reyne«), klingt lange in mir nach (Nr. 15). Und entgegen aller besseren theologisch-protestantischen Erkenntnis: Ich kann es erstaunlich gut nachempfinden, dass Frauen im Kloster in den Frömmigkeitsformen einer innigen mystischen Verschmelzung eine weibliche Identifikationsgestalt im Himmel brauchen. Übergangsräume wollen betreten werden, und die Frauen, die hier auf Erden das Gelübde der Jungfräulichkeit abgelegt haben, sind mit der Gottesmutter, die jungfräulich (»sine semina«, »ohne Samen« Nr. 5) empfangen hat, an der Seite dessen, der die Welten und die Himmel regiert.

Dass solche Projektionen für eine Identitätsbildung nicht unproblematisch sind und für eine Frömmigkeitsgestaltung auch in Wienhausen nicht unbestritten waren, zeigt die schöne Geschichte, die die »Chronik« des Klosters erzählt. Die Gründerin des Klosters Agnes von Landsberg, die mit dem ältesten Sohn Heinrichs des Löwen verheiratet war (das Gründungsdatum des Klosters muss vor 1229 liegen), begegnet in der Kirche dem heiligen Alexander »in der Gestalt eines schönen Jünglings mit einem majestätischen Angesicht«. Als Agnes einwilligt, ihn als Patron des Klosters zu akzeptieren, verspricht er dreierlei: 1. Die Frauen »bei unverletzter Jungfrauschaft« zu erhalten. 2. Den notwendigen Unterhalt an Speise und Trank zu bescheren. 3. Wenn jemand die Jungfern beleidigen solle, diesen öffentlich zu bestrafen«. Über die Hintergründe dieser Geschichte und ihre Beziehungen zum Leben der Frauen in einem mittelalterlichen Kloster könnte man lange diskutieren. Der Patron habe alle diese Versprechungen »bisher redlich gehalten«, vermeldet die Chronik, deren einzelne Teile offensichtlich aus verschiedenen Zeiten stammen.

Ein finsteres Kapitel des »Wienhäuser Liederbuchs« will ich nicht verschweigen. An diesem Abend ist dieses Lied nicht zu hören; es wird hoffentlich auch nie mehr zu hören sein. Der Judenhass des Mittelalters findet in dem Lied über den »Judenfrevel in Breslau« einen erschreckenden Ausdruck (Nr. 21). Sogar mit Melodie ist das seitenlange Gedicht notiert, also ist es wohl auch oft gesungen worden. Um den Hostienkauf durch Juden und den Hostienfrevel handeln solche Erzählungen oft, so auch diese. Juden aus Breslau bestechen den Küster mit 30 Gulden (Judas!), nehmen die geweihten Hostien in frevlerische Hände und damit den, der am Kreuz gestorben und auferstanden ist. (Die Transsubstantiationslehre, die reale Verwandlung von Brot und Wein in Leib und Blut Christi ist vorausgesetzt.) Die Juden bespeien und verspotten den Herrn, also eine neue Passion. Die Folge ist ein Judenpogrom, 140 Juden werden verbrannt. »Von den Juden kommt niemals etwas Gutes«. »Wir wollen sie alle schlagen!« Schreckliche Wirklichkeit ist das in unserer Zeit geworden. Die Wurzeln dieser Ereignisse reichen tief in den Boden unserer abendländischen, vom Christentum geprägten Geschichte. Die Projektionen der Reinheit und die Verdrängungen des Schattens gehen vielleicht doch Hand in Hand.

Aber für problembeladene Gedanken ist es heute nicht der Abend. Mit einem niederdeutschen Marienlied (»Maria zart von edler Art, eine Rose ohn' alle Dornen«) und dem biblischen Magnifikat geht das Konzert zu Ende. Ich werfe beim Hinausgehen einen Blick auf die »Monatsbilder«, die an dem Gewölbebogen zur Kirche hin infolge des Priechenaufgangs nur schwer zu sehen sind. Beim Übergang in die Welt und in ihr Treiben spielt dann die Zeit wieder eine Rolle.

In 12 Monatsbildern, paarweise angeordnet, wird der Ablauf des Jahres in den jeweils üblichen Tätigkeiten angezeigt: Pflügen und Säen, Schweine füttern und Schweine schlachten und dergleichen. Am meisten interessieren mich im Augenblick die beiden Medaillons links unten: »Weinernte« und »Aderlass«. Auch wenn es stimmen mag, dass viele der Malereien und so auch diese auf die einst zum Kloster gehörende kostbare Reliquie eines Tropfens vom Blut Christi Bezug nehmen: Man sollte das Realitätsbewusstsein und den Humor der Nonnen von Wienhausen nicht unterschätzen. Man kann eben auch so viel Wein trinken, dass es nur noch hilft, zur Ader gelassen zu werden.

Für die Begegnung mit den gotischen Bildteppichen von Wienhausen muss man sich mehr Zeit nehmen. Ich bin ein weiteres Mal, kurz vor dem Ende der Festwoche, früh am Morgen nach Wienhausen gefahren. Das Kloster ist noch nicht geöffnet, der Tag scheint schön zu werden, die Kühle des Morgens ist zu spüren. Alles ist menschenleer. Die Vögel in Park und Garten haben die Welt für sich. Ich habe Zeit, die schlichten und eindrucksvollen Staffelgiebel der Kirche und des

Klosters mit den polygonalen Treppentürmen in Ruhe zu studieren. Ich erinnere mich, dass auf Malereien im Kloster die Treppengiebel wiederkehren – schön, dass die Backsteingotik auch im Himmlischen Jerusalem zu Hause ist. Den kleinen Dachreiter hat man mitten auf das Kirchenschiff gesetzt!

Dann beginnt der Strom der Besucher. Ein gutes Standing muss man mitbringen für die Teppichführungen, glücklicherweise gibt es Hocker in den Räumen. Alle 15 Minuten geht eine Führungsgruppe los, bewegt sich mit der Präzision von Gongschlägen für anderthalb Stunden durch die Räume. Aber die Führungen sind individuell gestaltet und die angesetzte Zeit ist eigentlich ein Mindestmaß. Denn was es hier zu sehen gibt, ist einzigartig. Ich kenne keine andere Ausstellung, Bayeux vielleicht ausgenommen, in der mir die Welt des Mittelalters in solcher Prägnanz und Dichte gegenübertritt. Die Konventualinnen können den Ansturm der Menschen in diesen Tagen längst nicht mehr allein bewältigen; das ganze Dorf kommt ihnen zu Hilfe, scheint mir. Eine pensionierte Lehrerin habe ich als Führerin der Gruppe von vielleicht 20 Personen bekommen; sei weiß lebendig zu erzählen und klug zu deuten.

Da sind die berühmten Teppiche nun alle im früheren Winterrefektorium beieinander, durch bestimmte Temperaturen und besonderes Licht geschützt. Erst bei den großen Teppichausstellungen des Jahres 1928 in Berlin, Köln und Hannover hat man gemerkt, welche Schätze hier in Wienhausen verborgen sind. Die drei »Tristan-Teppiche« (von etwa 1300, von 1330 und vom Ende des 14. Jahrhunderts): Alle in Wollstickerei auf Leinen im Klosterstich gefertigt und in den Räumen dieses Klosters entstanden. Der »Jagdteppich« von etwa 1430 mit den vielen Hunderassen (»...de mot snelle hunde han«). Der »Propheten-Teppich« von 1300 mit der einen Hälfte der Propheten in Achtpässen und deren Lebens- und Glaubensweisheiten in oft erschreckender Direktheit. Etwa bei Micha: »Bewahre die Tür deines Mundes vor der, die in deinen Armen schläft« (Micha 7, 5). Allein über den größten Teppich, den »Heilsspiegel-Teppich« mit den 136 Szenen von 1420/30 (mit den Maßen 3.67 x 6.10 m) könnte man ein ganzes Buch schreiben. Der »Thomas-Teppich« von etwa 1410, in dem die räumliche Darstellung Gewicht gewinnt. Ähnlich in dem »Anna-Teppich« (um 1480) und dem vergleichbaren »Elisabeth-Teppich« aus derselben Zeit, der mir besonders gut gefällt.

Aber ich will mich auch hier konzentrieren. Die »Tristan-Teppiche« beschäftigen mich vor allem. Da ist die überragende älteste Darstellung dieser berühmtesten Liebesgeschichte des Mittelalters im Tristan I. Wie diese anscheinend so weltliche Geschichte in ein Kloster kommt, und dies so massiv, mit einem Drittel des Teppichbestandes, ist für mich eine zweitrangige Frage. Sicher werden es Auftragswerke des braunschweigisch-lüneburgischen Fürstenhauses sein, und dass sie im Kloster verblieben, mag mit den häufigen – auch längeren – Aufenthalten von Mitgliedern des Herrscherhauses im Kloster Wienhausen zusammenhängen. Aber man unterschätzt auch hier immer wieder die geistliche Zentrierung des gesamten Lebens in diesen Jahrhunderten, in denen Glaube und Leben noch eins waren.

Längst war die Tristan-Sage auch heilsgeschichtlich gedeutet, ohne dass dies der erotischen Faszination und Ausstrahlung des Stoffes die geringsten Einbußen zugefügt hätte. In Gottfried von Straßburgs Epos »Tristan und Isolde« (um 1210 entstanden) kann man dies alles lesen. Der Liebestod der beiden wird zum Gleichnis des stellvertretenden Opfertodes Christi, das Vertrauen des Paares in die Liebe ist das Vertrauen in Gott, das Christus in der Eucharistie in uns nährt. »Wir lesen von ihrem Leben, wir lesen von ihrem Tod, und es erscheint uns erquicklich wie Brot. Ihr Leben und ihr Tod sind unser Brot. Also lebt ihr Leben, lebt weiter ihren Tod« (Schlussworte des Prologs). Und da mag es sein, dass die unmittelbare Vorlage für die Wienhäuser Tristan-Teppiche der »Tristant« des niedersächsischen Aristokraten Eilhard von Oberge aus dem 12. Jahrhundert war, wie die Textstreifen in mittelniederdeutscher Sprache andeuten. Aber der geistige Hintergrund dieser Zeit tritt mir in diesen Bildteppichen noch immer in der Kombination mit Gottfrieds »Tristan« am deutlichsten entgegen.

Schon der Prolog in Gottfried von Straßburgs »Tristan« schlägt das Thema der Geschichte an, das durch 20 000 Verse durchgehalten wird. »Swem nie von liebe leit geschach / Dem geschach auch liep von liebe nie«. Liebe und Leid sind die Geschwister des Lebens. Anarchisch ist die Liebe, kennt kein Gesetz und keine Ordnung. Begehrt als Leidenschaft das Unmögliche. Das Leid und der Untergang ist vorprogrammiert, da die Gesellschaft ihre Ordnungen wahren und bewahren muss.

Der Teppich «Tristan I» beschreibt diese Geschichte in prägnanten Bildern. Der Mann ist mutig und kühn, wie sitzt er doch da auf seinem Ross beim Zweikampf. Aber auch verletzbar, wie zerzaust sind die Segel in seinem Boot. Die Frau ist schön und sie kann Wunden heilen. König Marke ist der sympathische Vertreter der Ordnung, dem der Brautwerber Tristan die Frau zuführen soll. Aber er schläft mir ihr: Die Anarchie feiert ihren Triumpf, und es hat seine Bedeutung, denke ich, dass Tristan I mit genau diesem Bild endet. Endzeitstimmung durchzieht diese ganze Tristan-Geschichte, die Morbidität dieser Gesellschaft liegt zu Tage. Das schlimme Ende ist zu ahnen, wenn es nicht von ganz anderen – heilsgeschichtlichen – Perspektiven aufgefangen wird.

Tristan III schreibt die Geschichte weiter. Die Episode von dem Liebestrunk rückt vom Ende des Teppichs in das Zentrum, in der Mitte der zweiten Reihe wird sie gezeigt. Die Bedeutung wird noch gesteigert: Nicht die Dienerin oder Brangäne, Tristan ist es, der Isolde den Becher reicht. Der Liebestrunk, der gewürzte Wein, der als Liebeszauber der erotischen Begegnung das völlige Vergessen aller anderen Dinge beimischt, hat in Gottfried von Straßburgs »Tristan« noch eine besondere Wirkung. Nein, es war nicht Wein, was die beiden tranken, wenn es ihm auch glich, sagt der Dichter. »Diu endelôse herzenôt, von der si beide lâgen tôt«: Die endlose Herzensqual tranken sie, an der sie beide sterben sollten.

Der Dichter wie auch der Betrachter des Teppichs ist den Ereignissen immer einen Schritt voraus, er weiß, was folgen wird. Die Macht der Liebe kommt über sie, die Welt versinkt, die immerwährende Vereinigung kann nur im Tode enden. Im Bildteppich Tristan III wird die Vereinigung nicht einmal gezeigt, wird der Phantasie des Betrachters überlassen. Nur die Folgen wie der Betrug in der Hochzeitsnacht mit König Marke, um den Verlust der Jungfräulichkeit zu vertuschen, werden klar benannt. Mit welchen Sehnsüchten nach der totalen Liebe und Verschmelzung, aber auch mit welchen Realitäten, wenn man die spirituellen Deutungen der Tristan-Sage in den Blick nimmt, haben sich doch die Frauen im Kloster Wienhausen intensiv beschäftigt. Liebe und Leid sind untrennbar miteinander verbunden.

Es stimmt so vieles gut zusammen in diesem Kloster. Ich stehe vor der kleinen Glasmalerei der »Kreuzigung Christi durch die Tugenden« im oberen südlichen Kreuzgangflügel. Auch hier ist der Bestand in Wienhausen exzeptionell, und ich kann den Besucher von Wienhausen nur auf den Führer der Glasgemälde und auf das dortige Urteil des besten Kenners der mittelalterlichen Glasmalerei Norddeutschlands verweisen. »Wienhausen besitzt einen umfangreichen Bestand von Glasgemälden von der Hochgotik bis in die Barockzeit, der in dieser Vielfalt einzigartig ist«, schreibt Ulf-Dietrich Korn. Nur das eine Fenster will ich noch sehen, das wohl auch aus der Zeit um 1330, aus der Zeit der beiden ersten Tristan-Teppiche stammt. Das übliche Kreuzigungsbild mit Christus am Kreuz und Maria und Johannes darunter ist um fünf Gestalten vermehrt. Über dem Kreuzesbalken erscheinen, als Halbfiguren, Gerechtigkeit und Friede, unten am Kreuzesfuß, Barmherzigkeit und Wahrheit.

Die Auswahl der vier Tugenden mag auf Psalm 85 zurückgehen. Aber das eigentlich Bestürzende an diesem Glasgemälde: Neben dem Gekreuzigten steht, als Ganzfigur, die Caritas, die Liebe. Wird von dem Sterbenden liebevoll umfasst und umarmt ebenfalls diesen mit dem linken Arm. Mit der rechten Hand stößt Caritas Christus einen Dolch in die Brust. Sicher wird das Bild auf die Mystik zurückgehen, vielleicht dann doch auf Predigten des Ordensgründers Bernhard von Clairvaux. Aber da ist es wieder: Liebe und Leid gehören zusammen. Die verwundete und die verwundende Liebe, die gerade den Heiland, den großen Liebenden mit dem Schwert durchbohrt.

Ich frage die Äbtissin des Klosters, ob die große Tradition und das künstlerische Gewicht der Vergangenheit nicht das gegenwärtige Leben belastet und erschwert. Wir sitzen in ihrem kleinen Büro im Obergeschoss des Klosters bei einer Tasse Kaffee

beieinander. Fast heftig verneint sie meine Frage. Nein, die
Würde der Vergangenheit, die man auf Schritt und Tritt spürt
in diesem Kloster, sei Reichtum und ständige Herausforde-
rung für sie alle. 16 Konventualinnen sind sie. Die Kapazität
des Klosters ist erschöpft, mit Wartelisten müsse sie arbeiten.
Der Kontakt zu den Menschen in den Führungen ist der Auftrag. »Kein Museum, eine lebendige christliche Gemeinschaft
wollen wir sein. Hier soll nur das geschehen, was dem Geist
des Hauses angemessen ist«.

Vor 4 1/2 Jahren ist Renate von R. aus München gekommen.
Für das Lehramt ist sie ausgebildet; ein Hotel, das der Familie gehört, hat sie zuletzt geführt. Ob das nicht ein Schock gewesen sei, von München nach Wienhausen? Sie lacht rund-
heraus. »Aber das ist doch wunderschön hier!« Und dann gehen wir beide durch das Kloster. Gehen durch die niedrigen
Kreuzgänge oben und unten mit den so klar gegliederten Back-
steinbogen. In die Unterkirche schauen wir hinein mit der
Kalksteinfigur der Stifterin Agnes von Landsberg und in das
Sommerrefektorium mit den bunten Deckenbalken. Das Klos-
termuseum, 1953 nach den sensationellen Funden unter dem
Fußboden des Nonnenchors eingerichtet, kenne ich schon. Bril-
len, Haushaltsgegenstände und mittelalterliche Miniaturen
hatten die Jahrhunderte in sicherem Versteck überdauert. Den
Konventsraum zeigt mir die Äbtissin. In ihm ist schon alles
für das Mittagessen vorbereitet, das während der Festwoche
mit dem ganzen Konvent und allen Mitarbeiterinnen aus dem
Dorf gemeinsam eingenommen wird.

Der Klostergarten, mit den Sitzgruppen hinter Bäumen und
Büschen, den Gemüse- und Blumenbeeten vor der Mauer, ist
eine einzige Idylle. Das Nest auf dem Klosterdach mit den beiden Störchen, die jedes Jahr wiederkommen, ist von dort aus
gut zu sehen. Direkt darunter nisten Turmfalken, weiter unten Schwalben. Irdische oder himmlische Heimat, das Kloster
von Wienhausen? Zumindest wie ein kleines Stück vom Paradies erscheint es dem Besucher heute. Vielleicht mag es morgen anders sein. Aber die Menschen werden – in der einen oder
anderen Stimmung – diesen abgelegenen Ort voller Geschichten und Erinnerungen zu finden wissen, und dies vermutlich
immer mehr.

Diese niedersächsischen Klöster sind wirklich ein Reichtum unseres geistigen Lebens, danke ich. Und Power steckt in den Frauenklöstern! Der Mut zur Bewahrung und zum Aufbruch: Beides ist deutlich zu spüren auf unseren Klosterfahrten zwischen Harz und Heide, Weser und Leine.

Nachwort

Ein Resümee meiner Klosterfahrten zwischen Harz und Heide, Weser und Leine zu ziehen, fällt schwer. Zu verschieden sind die Situationen vor Ort und die Zielsetzungen im Einzelnen. Man hätte den Radius natürlich auch noch weiter spannen können. Man hätte die Stifte in Niedersachsen noch dazunehmen können, in Bassum, Börstel, Fischbeck, Obernkirchen. Rund um den Harz herum befinden sich weitere Klöster. Der ganze Braunschweiger Raum ist überhaupt nicht vertreten und bedacht. Aber irgendwo muss man immer Grenzen ziehen. Nicht distanzierte Beschreibungen, sondern persönliche Erfahrungen sollten ja die Ausgangslage sein. Über das, was mein Interesse geweckt und geleitet hat, lässt sich abschließend doch noch etwas im Zusammenhang sagen.

Die Klöster sind, selbst in unserem überwiegend protestantisch geprägten Land, ein exemplarisches Beispiel für die Vergegenwärtigung von Vergangenheit. Ich wüsste keinen anderen Ort, an dem man den Geist vergangener Zeiten so hautnah spüren kann wie in vielen unserer Klöster. Das hat schon immer mein Interesse erregt. Wir kommen von weit her. Wir sind uns dessen allerdings nur selten bewusst. Es ist – wie in der Psyche des Einzelnen – auch in der geistigen Landschaft der Menschheit nichts verschwunden, was einmal gewesen ist. Es ist verschüttet, verdrängt, vergessen. Aber es ist da. Und wartet auf die Augen und Ohren, die es wahrnehmen und aufnehmen können. Die Klöster in unserem Land reißen ganze Dimensionen unserer abendländischen Geschichte auf.

Klöster sind auf diese Weise Erinnerungsorte meiner eigenen Geschichte. Sie sind Räume des Bewahrens. Wenn man älter wird, wird »das Bewahren« wichtiger. Jedenfalls, mir geht das so. Nun ist das Verhältnis von Vergangenheit und Gegenwart komplex. Jede Vergangenheit ändert sich unter dem Blick der Gegenwart. Deshalb habe ich mich bemüht, aus der Beschreibung der Klöster keine Beschreibung von Museen zu machen. Der spannungsvolle Prozess zwischen Vergangenheit und Gegenwart ist das, was mich interessiert. Das, was in diesen Klöstern an Potential für die Zukunft steckt. Erfahrungen sind das, mit denen man nie am Ende ist.

Ein zweites kommt hinzu. Von den siebzehn Klöstern, die ich aufgesucht und beschrieben habe, sind zwölf Frauenklöster. Die Rolle von Frauen in unserer Geistesgeschichte hat mich als Mann schon lange brennend interessiert. Gerade, weil auch diese Geschichte über Jahrhunderte hinweg eine verborgene Geschichte ist. Die Nähe zwischen dem »Bewahren« und der Art und Weise, wie viele Frauen mit grundlegenden Lebenserfahrungen umgehen, kommt mir als erstes in den Sinn. Aber die Rolle von Frauen in der Entstehung der Moderne muss neu gesehen und gewichtet werden.

Die Funktion, die gerade die Frauenklöster bei der Entwicklung der deutschen Sprache gespielt haben, habe ich schon beim Besuch des Klosters Marienwerder erwähnt. Der Germanist Heinz Schlaffer, den ich dort zitiert habe, hat noch eine weitreichendere These hinzugefügt. Diese hat es spezifisch mit der Religion zu tun, und darin auch mit der tragenden Bedeutung von Frauen in den religiösen Aneignungsprozessen.

Die Blütezeit der deutschen Literatur, die sich auf die wenigen Jahrzehnte von 1750 bis 1830 erstreckt, hat − samt der Zeit davor und danch − nach Schlaffer ihr Charakteristikum in der engen Beziehung auf die christliche Religion, und dies in ihrer protestantischen Ausprägung. Ein überproportional großer Anteil der Musensöhne sind Kinder aus protestantischen Pfarrhäusern. Der Pietismus, in dem Frauen eine besondere Bedeutung hatten, schafft die Basis für die Intensität der subjektiven Erfahrung, für Emotionalität, Metapherndichte und Unendlichkeitssehnsucht.

Freilich musste das religiöse Potential noch in ästhetisches verwandelt werden. Dies vollzog sich in einem Aufklärungs- und

Säkularisierungsprozess, der kirchenkritisch, aber nie religionskritisch war. Bis dann, nach der Zeit der Romantik, mit Feuerbach, Marx und Nietzsche sich andere Zeiten ankündigten. Bis dahin aber wirkte die Religiosität sozusagen als Durchlauferhitzer für gesellschaftliche und ästhetische Prozesse. Soweit die Thesen von Heinz Schlaffer. Sie haben für mich eine hohe Plausibilität.

Dies wirft ein neues Licht auf unsere Frauenklöster. Als »Versorgungsanstalten« für die Töchter des alten und neuen Adels sind sie – vor- wie nachreformatorisch – weithin beschrieben worden. Ich halte dies für eine oberflächliche Betrachtungsweise. Die Frauen und Töchter stammten ja aus einem Adel, der seine gesellschaftliche Bedeutung immer mehr verlor, und diese an die städtischen Oberschichten und das sich langsam herauskristallisierende Bildungsbürgertum abgab Offenbar hatten die Frauenklöster gerade in dieser Situation eine hohe Attraktivität für die Adelsfamilien. Dies nicht nur im Sinne der Versorgung, sondern gerade auch im Sinne der gesellschaftlichen Aufwertung. Die Bedeutung der Adelsfamilien lässt sich sicher oft besser über die Töchter der Familien beschreiben, die in den Klöstern waren, als über die übrigen Angehörigen des Adelshauses. Gerade die religiöse Zentrierung der Klöster war entscheidend für Transformationsprozesse, die in alle gesellschaftlichen Bereiche hinein wirkten. Die soziale Bedeutung der Frauenklöster ist bekannt. Ihre ästhetische Bedeutung – in Verbindung mit der religiösen – muss neu untersucht werden.

Schießlich sind für mich die Klöster der sinnliche Ausdruck einer alle Konfessionen umspannenden Ökumene. Sicher, die Benedktinerinnen des Mittelalters sind in ihrer Glaubenspraxis und in ihrem Denken sehr anders als die Frauen in einem – nachreformatorischen – Evangelischen Damenstift. Aber sie leben in demselben Kloster, feiern zumindest ihren Gottesdienst in derselben Klosterkirche. Wir begreifen allmählich, dass diese verschiedenen Existenzformen des Glaubens aufeinander bezogen sind.

So ist die Beachtung, die die Klöster als Orte der Besinnung, der Ruhe und der Spiritualität neu finden, im Protestantismus eine Wiederentdeckung einer vergessenen Lebensform. Die elitären Sonderwege des früheren Mönchtums sind vergangen. Geblieben ist die Aufgabe der Gestaltung einer christlichen Gemeinschaft. Dietrich Bonhoeffer hat – am Anfang des Kirchenkampfes im Dritten Reich – in seinem Buch vom »Gemeinsamen Leben« von einer »seelischen Nächstenliebe« gesprochen, die die Wechselseitigkeit von Liebe erwartet. Er hat die »Christusliebe«, die die Freiheit des Anderen achtet und den Anderen um Christi willen liebt, weit über jene gesetzt.

Vielleicht haben wir, gerade auch aus Bonhoeffers späteren Briefen aus dem Gefängnis, inzwischen gelernt, dass die geistliche und die seelische Gemeinschaft viel enger zusammengehören, als man früher meinte. Klöster als Experimentierfelder des Glaubens und der Gemeinschaft, das könnte eine Beschreibung ihrer Zukunftsaufgabe sein. So werden die Klosterfahrten und die Klosterbesuche vermutlich noch interessanter werden, als sie es heute schon sind.

Begriffserklärungen

Ablassbrief
Im Mittelalter Nachlass zeitlicher Sündenstrafen, vom Papst
oder von Bischöfen ausgestellt. Häufig eingesetzt zur Finan-
zierung kirchlicher Bauvorhaben. Einer der Auslöser der Reformation Luthers

Abt
Abbas (griech. = Vater) Leiter eines Klosters. Die Gehorsams-
verpflichtung der Mönche gab dem Abt eine überragende Stellung

Äbtissin
Leiterin eines Nonnenklosters

Altarretabel
Altaraufsatz, ein viereckiges Gemälde oder Relief direkt über
dem Altartisch

Annaselbdritt
Gemälde, die die Mutter Marias, die Hl. Anna zeigen mit ihrer Tochter Maria und dem Jesuskind

Antependien
Bekleidung, meist aus besticktem Leinen, an der Vorderseite
und an den Seiten des Altars

Apsis
Halbrunder überwölbter Altarraum in den Kirchen

Askese
(griech: Übung) Entsagung und Selbstzucht, in den Klöstern
zum Programm erhoben

Canonissen
auch Chanoinessen (franz.):Klosterdamen

Chorfrauenstift
Bezeichnung eines Frauenklosters nach dem Chor, in dem die
Frauen bei den Tagesgebeten ihren Platz haben

Chorgestühl
Fest installiertes, oft künstlerisch gestaltetes Gestühl im Altarraum für die Stundengebete der Mönche und Nonnen

Complet
(von lat. completorium »Schlussandacht«) Bezeichnung für die
letzte Gebetsstunde am Abend

Domina
Bezeichnung für die Äbtissin in den ersten Jahrhunderten nach
der Reformation in den Evangelischen Damenstiften

Dormitorium
(von lat. dormitorius »Schlafsaal«) Schlafraum der Mönche oder
Nonnen, zunächst als Gemeinschaftsschlafsaal, später Einzel-
zellen

Druidenaltar
Druiden sind der Priesterorden der Kelten. Mit ihren Altären
sollen Menschenopferriten verbunden gewesen sein

Epitaphien
Künstlerisch gestaltete Grabmale, die häufig in oder an den
Kirchen aufgestellt sind

Eucharistie
(griech. »Danksagung«) Katholische Bezeichnung für das
Abendmahl als Altarsakrament

Exerzitien
(lat. »Übungen«) Bemühungen um die Erkenntnis der Glau-
benswahrheiten, die in Einsamkeit oder in Gemeinschaft, oft
mit Fasten und Beten nach bestimmter Ordnung durchgeführt
werden

Fraternität
(lat. frater »Bruder«) Bruderschaft der Mönche, oft auf die
Laienmönche (Konversen) begrenzt

Habit
(lat. habitus »Aussehen, Tracht, Kleid«) Bezeichnung für das
Ordenskleid, oft auch der Amtstracht

Hora
(lat. »Stunde«) Bezeichnung für die sieben Gebetszeiten der
Mönche

Hostienfrevel
Das – nach traditioneller katholischer Lehre – beim Abendmahl in den Leib Christi verwandelte Brot (Hostie) ist, nach
den Befürchtungen früherer Zeiten, manchem frevlerischen
Missbrauch Ungläubiger ausgesetzt gewesen. Oft hat man –
als Auslöser für Pogrome – den Hostienfrevel Juden in die
Schuhe geschoben

Kapitelsaal
Raum für die regelmäßige Versammlung der Mönche und
Nonnen eines Klosters, die mit der Lesung eines »Kapitels«
aus der jeweiligen Ordensregel eröffnet wurde

Klerus
Katholische Geistlichkeit

Klosterkammer
Die Klosterkammer in Hannover verwaltet als niedersächsische Spezialbehörde ehemaligen kirchlichen Besitz, sorgt auch
für die Erhaltung vieler Klöster und kirchlicher Gebäude und
führt ihre Erträge sozialen und kulturellen Zwecken zu

Klosterpatrone
Viele Klöster sind als adlige Eigenklöster gegründet worden,
bei denen sich der Stifter als Patron die Einsetzung der Geistlichkeit vorbehielt. Die Verpflichtungen des Patrons erstreck-
ten sich auf die Versorgung des Klosters mit Ländereien und
Finanzen

Klosterstich

Eine in den Frauenklöstern angewandte Technik der Stickerei, bei der ein in Rahmen eingespannter Leinengrund mit farbigen Wollfäden überzogen wird. Ein langer Spannstich wird mit mehreren Überfangstichen befestigt. Die Stickereien (Antependien, Banklaken) ähneln einer gewebten Arbeit

Klostervisitationen

Klöster wurden von Abordnungen ihres Ordensverbandes regelmäßig besucht (»visitiert«) und begutachtet. Eine besondere Rolle spielten die Visitationen in den Zeiten von Reformbewegungen

Konvent

Bezeichnung für die Versammlung aller stimmberechtigten Mönche und Nonnen eines Klosters, wie auch für das Kloster als solches

Konventualinnen

Die zu einem Konvent gehörenden Nonnen eines Klosters. In evangelischer Zeit wird die Bezeichnung identisch mit den Klosterdamen, die zu diesem Kloster oder Stift gehören

Konversen

Bezeichnung für die Laien, die in ein Kloster eintreten, dort nicht Vollmönch werden, und die Hand- und Feldarbeit innerhalb und außerhalb der Klostermauern verrichten

Krypta

Der unterirdische Raum, meist unterhalb des Chorraumes romanischer Kirchen. Oft mit besonders schönen Säulen ausgestaltet

Laienbrüder

siehe Konversen

Lapidarium

(lat. lapis »Stein«) Steinhaus. Aufbewahrungsort von Steinen, die eine besondere Bedeutung für die Stätte haben

Levitenstuhl
Das Gestühl für die Gehilfen, die Diakone und Subdiakone
(»Leviten«) beim feierlichen Hochamt

Löwen-Aquamanile
Gerät für Wasser bei den Handwaschungen der Eucharistie,
hier in Löwengestalt geformt

Matutin
Die morgendliche Gebetsstunde der Mönche und Nonnen. Die
Matutin wurde später Laudes genannt

Misericordien
(lat. misericordia »Barmherzigkeit«) Kleine Ausbuchtungen
am aufgeklappten Chorgestühl, auf denen sich die Mönche und
Nonnen beim langen Stehen während der Gebetsgottesdienste und Hochämter – ohne dass es auffiel – ein wenig setzen
konnten

Monstranz
Gefäß für die Ausstellung der geweihten Hostie oder der Reliquie

Nokturn
Die nächtliche Gebetszeit im klösterliche Stundengebet, oft
auch Vigil genannt

Non
(lat. nonus »der neunte«) Das Gebet zur neunten Stunde (nach
antiker Tageseinteilung), also etwa 15.00 Uhr

Nonnenempore
Der Teil der Kirche, meist auf der Empore, auf der die Nonnen – abgesondert von der Gemeinde – ihre Stundengebete
verrichteten und dem Gottesdienst in der Hauptkirche bei-
wohnten. Auch Damenempore, niederdeutsch Prieche genannt

Novizenkurs
Die »Neulinge« in einem Orden müssen eine mehrjährige Pro-
bezeit, ein Noviziat, absolvieren. Bestimmte Kurse gehören
dazu

Oberin
Leiterin einer Schwesternschaft

Oratorium
(lat. orare »beten«) Bezeichnung für die Kapelle oder Kirche eines Klosters, als Ort des Gemeinschaftsgebetes und auch des Privatgebetes der Mönche und Nonnen

Ordensschwester
Angehörige eines bestimmten Ordens oder einer bestimmten Gemeinschaft

Pietà
Darstellung der trauernden Maria mit dem Leichnam Jesu im Schoß

Piscinien
Abflussbecken in den Kirchen für die Waschungen und Reinigungen bei der Eucharistie

Postulantinnen
Vor dem Noviziat haben die Männer oder Frauen, die in einen Orden eintreten wollen, ein Postulat als Anwartschaft auf einen Ordenseintritt zu absolvieren. Postulantinnen tragen noch nicht die Kleidung der Novizinnen

Predella
Sockel des Altartisches, oft plastisch oder malerisch geschmückt

Prieche
siehe Nonnenempore

Priorat
Der Prior ist – als älterer Mönch – der ständige Vertreter des Abtes. In späterer Zeit werden gelegentlich Abt/Prior und Äbtissin/Priorin austauschbar. Priorat ist das Amtsgebäude des Priors

Priorin
siehe Priorat

Propst

Bei den Frauenklöstern hatte ein Geistlicher, der Propst, die Verwaltung des Klostergutes und die geistliche Leitung der Gottesdienste und der Seelsorge (Beichte!). In der evangelischen Zeit übernahm ein Klosteramtmann, anstelle des Propstes, die Verwaltung der Klostergüter

Prozession

Gottesdienstlicher Umzug der Geistlichkeit und der Gläubigen an Heligentagen, auch als Bittgäng

Quietismus

Eine bestimmte Form des Pietismus, die in der völligen inneren Versenkung und in der Abwendung von weltlichem Erfolgs- und Durchsetzungsstreben ihr Zentum hatte

Refektorium

Bezeichnung für den Speisesaal eines Klosters

Reformkonzilien

Die »Reform der Kirche an Haupt und Gliedern« wurde im Spätmittelalter von den Zusammenkünften der westlichen Kirche (»Konzilien«) in Pisa (1409), Konstanz (1414-1418) und Basel (1431-1449) getragen.
Trotz des damaligen Bewusstseins, dass das Generalkonzil dem Papst überlegen sei, blieb man innerhalb der Grenzen der katholischen Heilslehre

Retraite

Einkehrtagung

Romanisches Tympanon

Geschmücktes Bogenfeld über dem Eingangsportal von Kirchen und Kathedralen, in der romanischen Zeit häufig mit einer Darstellung des Weltgerichts

Sakramente

Gnadenmittel als Zeichenhandlungen. Die evangelische Kirche kennt zwei Sakramente (Taufe, Abendmahl), die katholische sieben (außer den beiden noch Firmung, Buße, Eheschließung, Letzte Ölung, Priesterweihe)

Sakristei
Raum in der Kirche, meist neben dem Altarraum, zur Aufbewahrung der gottesdienstlichen Gewänder und Geräte und zur Vorbereitung der Geistlichen auf den Gottesdienst

Säkularisation
Umwandlung von geistlichen Besitztümern in weltliche. Aufhebung der geistlichen Territorien durch den Reichsdeputationshauptschluss von 1803

Schola
Gesangsgruppe, die den Gottesdienst begleitet.
In nachreformatorischer Zeit war es die Aufgabe der Schulen und Gymnasien, mit ihrem Chor als Schola die Gottesdienste und die Beerdigungen zu begleiten

Scriptorium
Schreibsaal der Klöster

Sext
Gebet in der 6. Stunde des Tages, also um 12.00 Uhr mittags

Sommer-Remter
Speisesaal der Mönche und Nonnen, der nicht heizbar war, während der Winter-Remter in einigen Klöstern eine Heizung hatte

Subdiakon
Eine Durchgangsstufe auf dem Weg zum Priesteramt, die erste der drei höheren Weihen

Subprior
Stellvertreter des Priors

Synkretismus
Verschmelzung verschiedener Religionen

Tedeum
(lat. Te Deum laudamus »Herr Gott, dich loben wir«) Lobgesang, auch allgemeiner Dankgottesdienst

Terz
Gebet zur dritten Stunde, also um 9.00 Uhr vormittags

Väterlesungen
Bei den Schweigemahlzeiten der Mönche und Nonnen liest ein
Vorleser/eine Vorleserin Abschnitte aus den Schriften der Kir-
chenväter, der Theologen der ersten nachchristlichen Jahrhunderte

Vesper
(lat. vesper »Abend«) Gebet zur Zeit des Lichtanzündens. In
der evangelischen Kirche sind von den sieben klösterlichen
Stundengebeten weitgehend nur die Mette und die Vesper als
Morgen- und Abendgebet übriggeblieben

Winter-Remter
siehe Sommer-Remter

Zisterzienser
benannt nach dem Kloster Citeaux, gegründet 1098. Die Zisterzienser waren ursprünglich eine Reformbewegung innerhalb des Benediktinerordens zwecks strikter Durchführung der
Benedikts-Regel. Ihr großer Aufschwung hängt mit der Per-
sönlichkeit Bernhard von Clairvaux's zusammen. Im 12. und
13. Jahrhundert waren die Zisterzienser die herausragenden
Kulturpioniere, vor allem auch in der Kultivierung des Lan-
des.Kleidung: »weiße Mönche«

Zwei-Reiche-Lehre
Auf Augustinus zurückgehende, von Luther weitergeführte
Lehre von der relativen Eigenständigkeit des Reiches zur Rech-
ten und zur Linken, des Reiches Gottes und der staatlichen
Macht

Literatur

Dagmar Albrecht (Hrsgb.): Heute in Marienwerder. 1992

Horst Appuhn:
Der Fund vom Nonnenchor. Kloster Wienhausen Bd. IV. 1973
– Kloster Ebstorf. Große Baudenkmäler Heft 176. 1984
– Das Paradiesgärtlein des Kloster Ebstorf. 1970
– Kloster Isenhagen.
  Große Baudenkmäler Heft 231. 1989
– Bilder aus Kloster Isenhagen. Die Blauen Bücher. o. J.

Hans Urs von Balthasar:
Die großen Ordensregeln. 1994

Benediktinerinnen-Priorat Kloster Marienrode. 1992.
Schnell Kunstführer Nr. 1953

Ernst Berneburg/Christine Kalko:
Kloster Loccum. Große Baudenkmäler. Heft 160, 1997

Manfred Boethkau (Hrsgb.):
Goethes glückliche Zeichnerin? Das unvollendete Künstlerleben
der Julie von Egloffstein (1792-1869). 1992

Otto Borst:
Alltagsleben im Mittelalter. 1983

Johanna Brandstädter:
Botschaft der Symbole im Ostkreuzgang des Klosters Isenhagen.
1998

Stefan Bringer:
Das Augustiner-Chorherrenstift St. Maria in Riechenberg.
In: Die Diözese Hildesheim in Vergangenheit und Gegenwart
67. Jahrgang 1999, S. 111-173

Dieter Brosius:
Kloster Walsrode. 1991

Dieter Brosius u. a.:
1000 Jahre Kloster Walsrode. Geschichte – Kunst – Konvent.
1986

Johannes Bühler (Hrsgb.):
Klosterleben im Mittelalter. Insel-Taschenbuch 1135. 1989

Antje Busch-Sperveslage:
Die Klosterkirche in Wennigsen. Studien zur Bauforschung
Nr. 18. Koldewey-Gesellschaft. 1999

Axel Frhr. von Campenhausen/Josef Fleckenstein:
1000 Jahre Kloster Walsrode. Vorträge und Ansprachen. 1986

Axel Freiherr von Campenhausen:
Klosterfonds und Klosterkammer Hannover. 1999

Chronik und Totenbuch des Klosters Wienhausen.
Eingeleitet und erläutert von Horst Appuhn. 1986

Corvey. Ein Wegweiser durch seine Geschichte und die heutige
Anlage. 1996

Jörg-Michael Dehio:
Kurt Sohns. Werkverzeichnis. 1992

Hermann Dörries:
Die Bursfelder Reform. 1434-1934. Zeitschrift der Gesellschaft
für Niedersächsische Kirchengeschichte. 40. Jg., 1935, S. 23-40

Hermann Dörries/Georg Kretschmer:
Ansgar. Seine Bedeutung für die Mission. 1965

Erik Ederberg:
Kloster und Klosterkirche Hannover-Marienwerder. 1975
– Kloster und Kirche Barsinghausen.
  Schnell-Kunstführer 1983. 1992
– Kloster und Kirche Wennigsen. 1987.
  Schnell-Kunstführer Nr. 1625

Karin Ehrich/Christiane Schröder:
Frauen im Kloster. Wennigser Impressionen. 2000

Wolfgang Ewig:
Porträtbilder des Ludwig Maximilian Mehmet von Königstreu
und seiner Nachkommen im Kloster Barsinghausen. 1992

Freundesbriefe der Gethsemane-Bruderschaft und des
Trägerkreises Evangelisches Kloster e.V.

Führungsblätter des Kestner-Museums Hannover. o.J.

J. Gardill/M. Wolfson:
Überlegungen zu Stil und Ikonographie des Wennigser
»Marientodes«.In: Niederdeutsche Beiträge zur Kunstgeschichte.
31, 1992, S. 38-49

Gebetbuch des Klosters Walsrode vn 1649. Nachdruck 1995 mit
einem Kommentar von Renate Oldermann-Meier.

Christa Graefe:
Kloster Mariensee. 1989

Karl Grube:
Johannes Busch. Augustinerpropst in Hildesheim. 1884

Birgit Hahn-Woernle:
Kloster Ebstorf. Die Bauplastik. o. J.
– Die Ebstorfer Weltkarte. 1993

Manfred Hamann/Erik Ederberg:
Die Calenberger Klöster. 1977

Nicolaus Heutger:
Das Kloster Amelungsborn. 2000

Horst Hirschler/Ernst Berneburg (Hrsg.):
Geschichten aus dem Kloster Loccum. 2000

Historische Gärten in Niedersachsen
Katalog zur Landesausstellung. 2000

Joachim Homeyer:
750 Jhre Kloster Medingen. 1978
– 500 Jahre Äbtissinnen in Medingen. 1994

Johan Huizinga:
Herbst des Mittelalters. 1953

»In Treue und Hingabe«. 800 Jahre Kloster Ebstorf. o. V.

Klaus Jaitner:
Kloster Ebstorf. 1984

Rotraut Kahle:
Kostümhistorische Betrachtungen im Kloster Lüne. 1997

Walther Killy:
Geschichte gegen die Geschichte. Raabes »Das Odfeld«.
In: Walther Killy, Wirklichkeit und Kunstcharakter.
Neun Romane des 19. Jahrhunderts – 1963. S. 146-165

Heinz Klaffke/Gesa Klaffke-Lobsien:
Hannover – Stadt der Gärten. 2000

Hans-Curt Köster (Hrsg.):
Bilder aus Kloster Ebstorf. 2000

Helmut Koopmann:
Goethe und Frau von Stein. 2002

Ulf-Dietrich Korn:
Die Glasmalereien. Kloster Wienhausen Bd. V. 1975
Kunst und Kultur im Weserraum 800-1600. Ausstellung des
Landes Nordrhein-Westfalen. Corvey 1966. Bd. I und II

Dietrich Kunze:
Die ev. Kirche St. Cosmas und Damian Marienrode. 1992

Otto Lauckert:
Marienwerder. 1927

Hanns Lilje:
Memorabilia. Schwerpunkte eines Lebens. 1973

Johanna Lanczkowski:
Kleines Lexikon des Mönchstums und der Orden. 1995.
Reclam Universal-Bibliothek Nr. 8867

Angela Lorenz-Leber:
Kloster Lüne. Die Blauen Bücher. o. J.

Peter von Magnus:
Pietati et Verecundiae. Die hannoverschen Stiftsorden von 1842
und 1853. Sonderdruck aus dem Niedersächsichen Jahrbuch für
Landesgeschichte. Band 53/1981

Marienrode. Gegenwart und Geschichte eines Klosters.
Herausgegeben vom Bistum Hildesheim. 1991

Fritz Martini:
Deutsche Literaturgeschichte. 1952

Konrad Meier:
Kloster Wienhausen. Geschichte, Architektur und bildende
Kunst. Ein Überblick. Kloster Wienhausen Bd. I. 1997

Wiebke Michler:
Die Wandmalereien im Nonnenchor Kloster Wienhausen Bd. II.
1968

Ernst Müller:
Ludwig Christoph Heinrich Hölty. Leben und Werk. 1986
Ulfrid Müller:
Kloster Wülfinghausen. Große Baudenkmäler Heft 332. 1994

Klaus Mlynek/Waldemar R. Röhrbein (Hrsgb.):
Geschichte der Stadt Hannover. Bd. I 1992, Bd. II 1994

Hans Otte:
Zeitgeist und Klostergemeinschaft in Marienwerder.
1196-1996. In: Jahrbuch der Gesellschaft für Niedersächsische
Kirchengeschichte, 94. Band 1996, S. 165-194

O, sink hernieder, Macht der Liebe. Tristan und Isolde –
Der Mythos von Liebe und Tod. Herausgegeben von Sabine Borris
und Christiane Krautscheid. 1998

Ursula Pechhoff:
Kloster Medingen. Peda-Klosterführer Nr. 69/2000

Lothar Perlitt:
Professoren der Theologischen Fakultät in Göttingen als Äbte von
Bursfelde. Sonderdruck 1984/85 – (Hrsgb.): Kloster Bursfelde.
1999

Christian Pietsch:
Kloster Lüne. Textilmuseum im Evangelischen Damenstift. 1996

Wilhelm Raabe:
Das Odfeld. Eine Erzählung. Reclam Nr. 9845

Kurt Röchener:
Das Zisterzienserkloster Amelungsborn. Große Baudenkmäler
Heft 338. 1983

Heinz Schlaffer:
Die kurze Geschichte der deutschen Literatur. 2002

Christiane Schröder:
Mauern mit offenen Pforten. Konventualinnen in den fünf

Calenberger Klöstern vom 17. bis zum 19. Jahrhundert.
In: Karin Ehrlich/Christiane Schröder (Hrsgb.):
Frauenleben in Stadt und Region Hannover.
Materialien zur Regionalgeschichte. Band 1. 1999

Gottfried von Straßburg:
Die Geschichte der Liebe von Tristan und Isolde. Reclam 4774

Louis Sturlese:
Die deutsche Philosophie im Mittelalter. 1993

Günter Tiggesbäumker:
Die Fürstliche Bibliothek zu Corvey. 1994

Das Wienhäuser Liederbuch.
Herausgegeben von Peter Kaufhold. 2002

Pia Wilhelm:
Die Bildteppiche. Kloster Wienhausen Bd. III. o. J.

Jürgen Wilke:
Die Ebstorfer Weltkarte. 1. Textband, 2. Tafelband. 2001.

Adressen

Kloster Marienwerder
Quantelholz 62
30419 Hannover
Telefon (05 11) 79 53 51
Telefax (05 11) 75 13 51

Kloster Mariensee
Höltystraße 1
31535 Neustadt a. Rbg.
Telefon (0 50 34) 47 77
Telefax (0 50 34) 92 67 34

Kloster Barsinghausen
Bergamtstraße 8
30890 Barsinghausen
Telefon (0 51 05) 6 19 38
Telefax (0 51 05) 6 19 38

Kloster Wennigsen
Haus der Stille
und Begegnung
»Via Cordis«
Klosteramthof 3
30974 Wennigsen
Telefon (0 51 03) 4 53, 4 54
Telefax (0 51 03) 4 96

Kloster Wülfinghausen
31832 Springe
Telefon (0 50 44) 13 05
Telefax (0 50 44) 81 82
E-Mail: CCB-Kloster-
Wuelfinghausen@t-online.de

Schloss Corvey
37671 Höxter
Telefon (0 52 71) 69 44 02
Telefax (0 52 71) 69 44 00
E-Mail: info@schloss-corvey.de

Kloster Loccum
Kloster 2
31547 Rehburg-Loccum
Telefon (0 57 66) 9 60 20
Telefax (0 57 66) 96 02 11

Kloster Amelungsborn
37643 Negenborn
Telefon (0 55 32) 83 00
Telefax (0 55 32) 98 31 09

Evangelische Tagungsstätte
Kloster Bursfelde
Klosterhof 5
34346 Hann. Münden
Telefon (0 55 44) 16 88
Telefax (0 55 44) 17 58
E-Mail: Kloster.Bursfelde@
t-online.de

Evangelisches
Gethsemanekloster
Goslar-Riechenberg
Riechenberg 1
38644 Goslar
Telefon (0 53 21) 2 17 12
Telefax (0 53 21) 16 83

Benediktinerinnenkloster
Marienrode
Auf dem Gutshof
31139 Hildesheim
Telefon (0 51 21) 93 04 10
Telefax (0 51 21) 93 04 16 0
www.kloster-marienrode.de

Kloster Walsrode
Kirchplatz 2
29664 Walsrode
Telefon (0 51 61) 53 43
Telefax (0 51 61) 91 23 13

Kloster Ebstorf
Kirchplatz 10
29574 Ebstorf
Telefon (0 58 22) 23 04
Telefax (0 58 22) 23 19

Kloster Lüne
Sophie-von-Bodendiecke-Platz
21337 Lüneburg
Telefon (0 41 31) 5 23
Telefax (0 41 31) 5 60 52
E-Mail: Kloster.Luene@gmx.de

Kloster Isenhagen
Klosterstraße 2
29386 Hankensbüttel
Telefon (0 58 32) 3 13
Telefax (0 58 32) 97 94 08

Kloster Medingen
Klosterweg 1
29549 Bad Bevensen
Telefon (0 58 21) 22 86
Telefax (0 58 21) 96 77 51

Kloster Wienhausen
An der Kirche 1
29342 Wienhausen
Telefon (0 51 49) 3 57
Telefax (0 51 49) 9 28 67
E-Mail: Kloster.Wienhausen@
arcormail.de

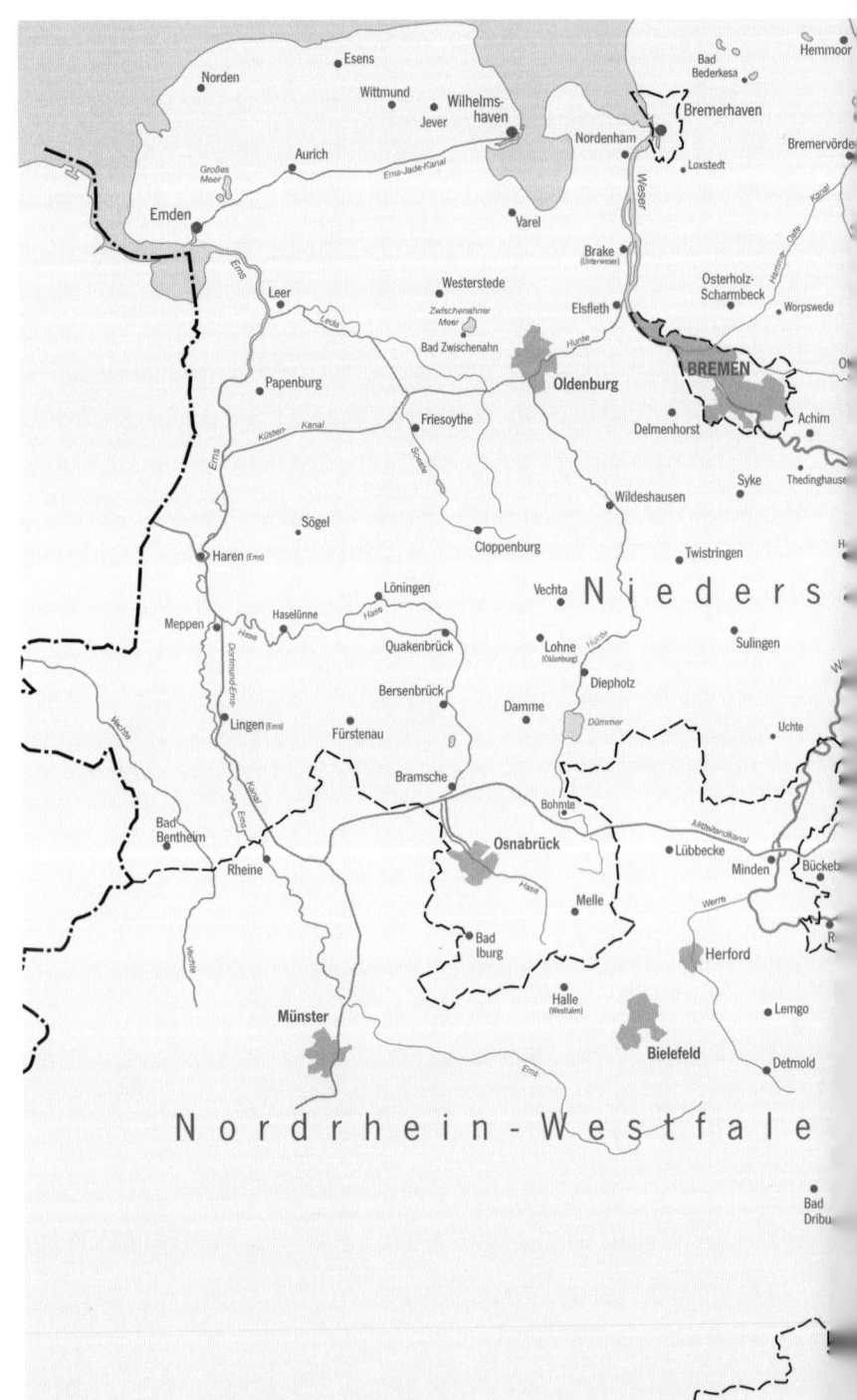

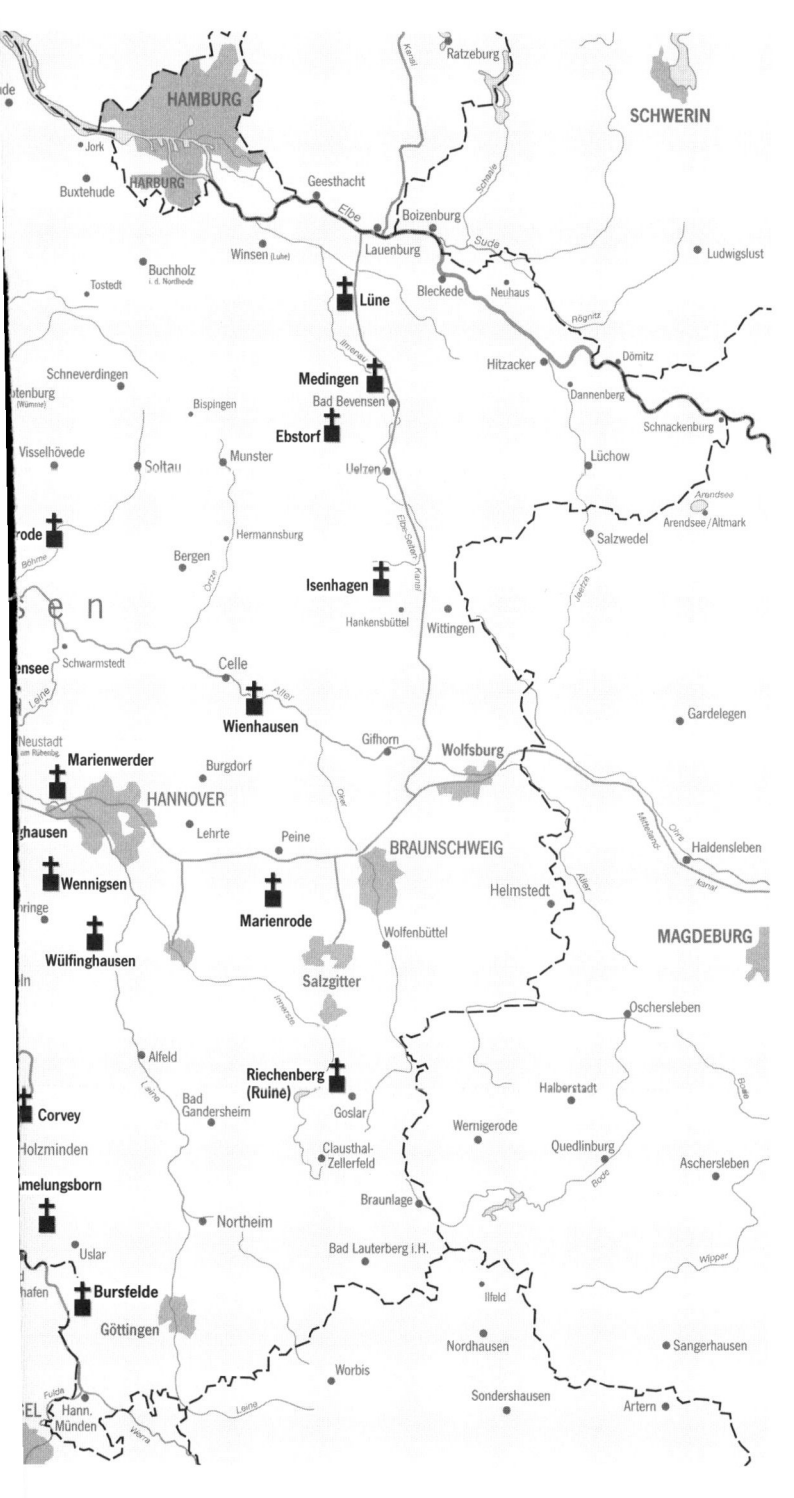

Hans Werner Dannowski

Dann fahren wir nach Hannover

Ansichten und Eindrücke aus einer Stadt.
Mit acht Collagen von Siegfried Neuenhausen

Hans Werner Dannowski beschreibt liebevoll und lebendig
„sein" Hannover. Kenntnisreich und anschaulich füllt er
Straßen, Plätze und Gebäude mit Leben. Ein amüsanter
Stadtführer, in dem der Autor die Atmosphäre Hannovers in
Gegenwart und Vergangenheit einfängt.

2000. 164 Seiten, 8 Collagen, 12,8 x 21,0 cm, Hardcover
ISBN 3-87706-569-4
€ 22,–

Hans Werner Dannowski

Hannover – weit von nah

In Stadtteilen unterwegs

Wieder fasst der Autor den Leser an die Hand und streift mit
ihm durch Hannover. Plötzlich werden die Besonderheiten
der verschiedenen Stadtteile und deren Menschen deutlich.

2002. 208 Seiten, 25 Abbildungen, 12,8 x 21,0 cm,
Hardcover mit Schutzumschlag
ISBN 3-87706-653-4
€ 19,90

Hans Werner Dannowski

Mit Hans Werner Dannowski in Hannover

Der Autor liest aus seine beiden Büchern
Musikalisch unterstützt von Elisabeth Laage, Oboe
und Ulfert Smidt, Organist

Hörbuch auf CD
2002. 74 Minuten,
ISBN 3-87706-720-4
€ 17,90

Stand Oktober 2002. Änderungen vorbehalten.